Winfried Noack

Gemeinwesenarbeit
Ein Lehr- und Arbeitsbuch

Winfried Noack

Gemeinwesenarbeit
Ein Lehr- und Arbeitsbuch

Lambertus

Die Deutsche Bibliothek - CIP-Einheitsaufnahme

Noack, Winfried:
Gemeinwesenarbeit : ein Lehr und Arbeitsbuch / Winfried Noack. - Freiburg im Breisgau : Lambertus, 1999

ISBN 3-7841-1160-2

Alle Rechte vorbehalten
© 1999, Lambertus-Verlag, Freiburg im Breisgau
Umschlaggestaltung: Christa Berger, Solingen
Herstellung: Druckerei F.X. Stückle, Ettenheim
ISBN 3-7841-1160-2

Inhalt

7		EINLEITUNG
8	1.	GEMEINWESENARBEIT - EINE GRUNDLEGUNG
8	1.1.	Die Ursprünge der Gemeinwesenarbeit
9	1.2.	Die Rezeption der Gemeinwesenarbeit in der Bundesrepublik Deutschland
11	1.3.	Das Arbeitsprinzip gemeinwesenorientierter Sozialarbeit
15	1.4.	Vier Thesen für die Umsetzung der Gemeinwesenarbeit
18	1.5.	Formen der Gemeinwesenarbeit
23	2.	NETZWERKBILDUNG UND GEMEINWESENARBEIT
24	2.1.	Soziale Netzwerkarbeit
25	2.2.	Polylinearität
25	2.3.	Gruppenarbeit
26	2.4.	Gemeinwesenarbeit
33	3.	BEISPIEL EINES MODELLS LOKALER GEMEINWESENARBEIT
33	3.1.	Polylinearität der Angebote
34	3.2.	Integration
35	3.3.	Alltagswelt und Lebenswelt
36	3.4.	System
39	3.5.	Die Netzwerkbildung
39	3.6.	Geh-Struktur
49	3.7.	Beziehungsorientierung
51	3.8.	Reversibilität
51	3.9.	Gruppenarbeit
52	3.10.	Autopoiese
54	3.11.	Das Kommunikationsnetz
56	3.12.	Die Finanzierung des Netzwerkes
57	3.13.	Die Normen und Werte des Netzwerkes
57	3.14.	Gemeinwesenarbeit

59	4.	ARBEITSFELDER DER GEMEINWESENARBEIT MIT ZUKUNFTSBEDEUTUNG
59	4.1.	Friedensarbeit
63	4.2.	Die Vermenschlichung der Wohnwelt
68	4.3.	Die Behebung von Not
73	4.4.	Die Geschlechterverhältnisse als Grundlage für zukunftsorientierte Gemeinwesenarbeit
98	4.5.	Wertevermittlung an Kinder, Jugendliche und Erwachsene
132	4.6.	Prävention
135	4.7.	Bildungsarbeit
141	5.	DIE ÄSTHETISIERUNG DER LEBENS- UND ALLTAGSWELT
145	6.	DAS KONZEPT FREUNDSCHAFT UND VERSÖHNUNG
145	6.1.	Versuch eines begriffsgeschichtlichen Überblicks der Freundschaft
147	6.2.	Merkmale der Freundschaft
154	6.3.	Ressourcen in der Freundschaftsbeziehung
158	6.4.	Versöhnung
162	7.	ERGEBNIS
163		LITERATUR
171		DER AUTOR

Einleitung

Gemeinwesenarbeit ist einerseits fast zu einem Modewort geworden. In der sozialarbeiterischen Welt und sogar in Ämtern und Behörden wird sie geschätzt, was nicht verwundert, da sie ja im Vergleich zur Einzelfallhilfe und sozialen Gruppenarbeit gesellschaftsbezogen definiert ist. Unter allen Formen der Sozialarbeit ist sie am stärksten mit dem Ganzen der Gesellschaft verflochten und von ihr mitbestimmt (J. Boer, K. Utermann, 1970: 211). Andererseits ist Gemeinwesenarbeit begrifflich unklar und unsicher, da sie unterschiedliche Traditionen und Konzepte einschließt (M. Mohrlok, u. a. 1993: 9). Es soll darum zunächst ein Überblick über die Entstehung und Rezeption der Gemeinwesenarbeit gegeben werden, dann will ich ihre Grundformen und Arbeitsweisen und Wirkungsmöglichkeiten nachweisen, darauf werde ich zeigen, wie sich ein soziales Netzwerk ausweitet zur Gemeinwesenarbeit und schließlich entwickle ich wichtige Arbeitsfelder, die eine Zukunftsbedeutung haben.

1. Gemeinwesenarbeit - eine Grundlegung

1.1. Die Ursprünge der Gemeinwesenarbeit

Der Ursprung der Gemeinwesenarbeit muß in den amerikanischen Settlements (vgl. I. Richter, 1996: 1-8; W. R. Wendt, 1989: 1-34) gesehen werden, wie sie in den 80er Jahren des vorigen Jahrhunderts in Nordamerika durch junge, humanistisch engagierte Menschen der gehobenen bürgerlichen Schichten entstanden ist. Sie versuchten, das Zusammenleben der Menschen in den Slums zu verbessern, was sie „social work" nannten. Sie arbeiteten milieuorientiert, indem sie das soziale Beziehungsgeflecht unter den Bürgern zu verbessern trachteten, wobei das Gemeinwesen mitgestaltet wurde. Die Akteure kamen, wie das heute noch im volunteering (freiwillige Helfer in der sozialen Arbeit) zu beobachten ist (H. Seibert, W. Noack, 1996: 68 f.), aus der oberen Mittelschicht und der Oberschicht, wodurch die Hilfe eine Oben-Unten-Struktur hatte. Ihre Hilfe war philanthropisch-humanistisch, d. h., sie wollten kulturell auf das Milieu einwirken und Lebenslagen verbessern. Dies sollte durch eine geistige und moralische Erneuerung geschehen, um das Zusammenleben der Menschen zu verbessern, wobei sie eine Solidarisierung von oben nach unten anstrebten.

Aus den Settlements entwickelte sich in den 20er Jahren die Community Organisation. Sie arbeitete in den amerikanischen Großstädten als ein Bündel von Verfahren, um in neu gebildeten Stadtteilen oder auch in heruntergekommenen alten Stadtquartieren die sozialen Beziehungen zwischen den Bürgern und die Partizipation der Bürger am Gemeinwesen zu fördern. Sie entwickelte sich als eine Methode von social work, durch die soziale Dienstleistungen koordiniert und ausgebaut wurden, was eine wohlfahrtsstaatliche Ausprägung bedeutete. Außerhalb des social work entstand in den 40er Jahren das volunteering, bürgerliche Aktivitäten auf Stadtteilebene, mit dem Ziel, die Lebensverhältnisse im Stadtteil zu verbessern. Als Methoden kamen Gemeinwesen-Planung und Gemeinwesen-Organisation zur Anwendung. Beide Wege, die Community Organisation und das bürgerliche volunteering, verbanden sich zur Community Organisation als dritter Methode der Sozialarbeit. Der Stand der Entwicklung am Ende der 60er Jahre stellte den Ausgangspunkt dar für die Rezeption der sozialen Gemeinwesenarbeit in der BRD. Allerdings soll nicht unerwähnt bleiben, daß auch in Nordamerika in den 20er Jahren sich die Sozialarbeit von dem „mass betterment", der Lebensverbesserung der großen Mehrzahl der armen Bevölkerung, abwandte und sich dem „individual betterment", der Lebenshilfe für den Einzelnen, zuwandte, wodurch sich die Gemeinwesenarbeit verengte auf das social casework, eine immer mehr psychologisch orientierte Einzelfallhilfe, bei der die Berücksichtigung des Arbeits-, Wohn- und Freizeitmilieus wenig Beachtung fand. Auch das social group work trat gegenüber der Einzelfallhilfe zurück. Jedoch bahnten die Verfahren der community organisation der sozialen Arbeit den Weg, die Gemeinwesenarbeit wieder zu besetzen.

1.2. DIE REZEPTION DER GEMEINWESENARBEIT IN DER BUNDESREPUBLIK DEUTSCHLAND

Auch in Deutschland gab es schon früh Ansätze zur Gemeinwesenarbeit (W. R. Wendt, 1985: 22 ff.). Schon die bürgerlichen Patrioten und Philanthropen seit der Aufklärung (etwa ab 1750) beschäftigten sich mit örtlichen, moralischen, kulturellen, hygienischen und auch wirtschaftlichen Zuständen im Gemeinwesen und suchten sie zu verbessern. Schon damals wurden die Wechselwirkungen zwischen dem Wohn- und Arbeitsmilieu einerseits und den sittlichen, pädagogischen und gesundheitlichen Zuständen andererseits gesehen. Armut, Elend, Krankheit, Invalidität und Arbeitslosigkeit waren ja in bestimmten sozialen Milieus und Quartieren anzutreffen, und die aufgeklärten, humanistischen Bürger waren bestrebt, diese zu sanieren. Wichtig für die Entwicklung der Gemeinwesenarbeit in Deutschland war auch die diakonische Arbeit Wicherns in Hamburg. Er sah bereits die Wechselbeziehungen zwischen den armen, kranken Menschen der Unterschicht und dem Wohn- und Arbeitsmilieu. Neben der kirchlichen Diakonie gab es im letzten Drittel des vorigen Jahrhunderts patriotische und gemeinnützige Gesellschaften, deren Augenmerk allerdings mehr auf die konkreten Lebenslagen in den Industriestädten gerichtet war als auf eine Veränderung der Gesellschaft. Denn der Zusammenbruch der Revolution von 1848 führte ja zum Biedermeier, dem auf sich selbst zentrierten, schöngeistigen, unpolitischen Bürgertum. Anders die frühsozialistischen Bewegungen; sie forderten eine Neugestaltung des gesamten Lebensmilieus der unteren Volksschichten.

Obwohl also die soziale Arbeit in Deutschland mit einem praktischen Interesse am Gemeinwesen begonnen hat und der Blick auf das Ganze des Lebensmilieus gerichtet war, ist dieser Aspekt später verschwunden. Gemeinwesenarbeit ist erst in den 70er Jahren zu einer dritten Methode der Sozialarbeit geworden. Trotzdem lassen sich zwei Traditionen erkennen: Zum einen wird Gemeinwesenarbeit als eine Re-

formbewegung innerhalb der gesellschaftlichen Bedingungen gesehen, die besonders für benachteiligte und randständige Gruppen lebensverbessernde Maßnahmen erstrebten, und zum anderen entwickelte sie sich zu einer gesellschaftsverändernden Bewegung, die nicht zufrieden war, gesellschaftlich bedingte Mißstände nur abzuschwächen.
Dabei fallen in einem Sozialraum materielle, ökonomische, politische, kulturelle und psychosoziale Lebensbedingungen zusammen. Dies erfordet, daß die sozialpädagogischen Methoden der Einzelfallhilfe, der sozialen Gruppenarbeit und der Gemeinwesenarbeit bzw. Milieuarbeit nicht mehr voneinander abgegrenzt und isoliert angewendet werden dürfen, sondern daß sie integriert werden.
Die Anfänge einer wissenschaftlichen Gemeinwesenarbeit finden sich in den Veröffentlichungen von Hertha Kraus, die in den USA geforscht hatte, und die darüber hinaus sowohl das social case work als auch das social group work in die BRD einführte. Die Übernahme erfolgte schnell. 1951 veröffentlichte sie einen Aufsatz über „Amerikanische Methoden der Gemeinschaftshilfe" (H. Kraus, 1951: 184-192). Doch hatte diese Arbeit kaum eine Wirkung auf die Forschung. Eine zweite frühe Arbeit über Community Organisation stammt von Herbert Lattke (H. Lattke, 1955: 29 ff.). Auch seiner Arbeit blieb die Wirksamkeit versagt. Die Rezeption der Einzelfallhilfe und der sozialen Gruppenarbeit nahm die Aufmerksamkeit der Sozialarbeit in Anspruch.
Erst seit 1966 erschien eine Reihe von Artikeln, die die Gemeinwesenarbeit als eine vorbeugende Wohlfahrtsplanung, an der die Betroffenen beteiligt sein sollten, und als integrative Kraft im Gemeinwesen charakterisieren. Gemeinwesenarbeit wird also als integrierende Gemeinwesenarbeit gesehen mit den zentralen Begriffen Anpassung und Kooperation.
Die eigentliche (erste Phase) der Rezeption der Gemeinwesenarbeit erfolgte in den Jahren der Wirtschaftsrezession 1967/68. Es entstand eine aggressive, konfliktorientierte Gemeinwesenarbeit mit „disruptiven" Taktiken (R. Wendt, 1989: 10), die es mit den gesellschaftlichen Institutionen zum Bruch kommen lassen wollte, ohne sie zu zerstören. Die Methoden der Einzelfallhilfe und der sozialen Gruppenarbeit wurden als unzureichend angesehen. Favorisiert wurde die Gemeinwesenarbeit als Mittel, die strukturellen Ursachen sozialer Probleme zu überwinden und die gesellschaftlichen Widersprüche durch Gesellschaftsveränderung aufzulösen. Demonstrationen, Streiks, Besetzungen, Ungehorsam, gewaltloser oder gewaltsamer Widerspruch wurden praktiziert.
In der zweiten Phase der Rezeption in den 70er Jahren wurde die Gemeinwesenarbeit durch die Studentenbewegung und ihren Protest geprägt. Soziale Arbeit sollte Gesellschaftsveränderung und Umsturz

herbeiführen. Dieses aggressive Konzept bekämpfte die systemangepaßte Gemeinwesenarbeit und ihre Vertreter. Ebenso wandte es sich gegen die Behörden und Institutionen. Noch hat darum die Gemeinwesenarbeit bei den Behörden zuweilen einen zweifelhaften Ruf, was die Chancen für Innovationen und die Kooperation mit den Institutionen reduziert. Heute kann m. E. der aggressive Ansatz nicht mehr vertreten werden. Unter den Bedingungen der Studentenrevolution war sie möglich. Langfristig aber stellte sie ein Mißverständnis von Sozialarbeit dar. Seit Mitte der 70er Jahre ließ der Höhenflug der Gemeinwesenarbeit jäh nach, als sich das politische Klima änderte und die Gesellschaft wichtige Forderungen der Revolutionäre integrierte. Und während ab Mitte der 70er Jahre das Interesse an Gemeinwesenarbeit nachließ, gingen ihre Arbeitsmethoden in alle Bereiche der Sozialarbeit ein (J. Boulet, E. J. Kraus, D. Oelschlägel, 1980: 60). Die Gemeinwesenarbeit läßt sich differenzieren in (J. Boer, K. Uterman, 1970: 169-173):

1. Territoriale Gemeinwesenarbeit. Sie bezieht sich auf einen geographisch abgegrenzten Sozialraum, wie einen Stadtteil, eine kleine Stadt oder einen Dorfverbund. In ihm soll Sozialplanung und Koordinierung der Sozialeinrichtungen erfolgen.
2. Funktionale Gemeinwesenarbeit. Sie bezieht sich auf Bereiche wie Arbeit, Familie und Wohnen, Verkehr, Freizeit, Bildung und religiöses Leben. Das Gemeinwesen findet in diesen Lebenswelten statt. Die Aufgabe der Gemeinwesenarbeit ist es, eine funktionale Besserung zu erreichen, z. B. bessere Wohnbedingungen, Schaffung von Arbeitsplätzen, Einrichten von Bildungsmöglichkeiten, Erhöhung des Freizeitwertes einer Wohngegend, um einiges zu nennen.
3. Kategoriale Gemeinwesenarbeit. Sie richtet sich auf bestimmte Bevölkerungsgruppen, die strukturell benachteiligt sind, wie Jugendliche, Behinderte, Obdachlose und alte Menschen, mit dem Ziel, die Entfaltungsräume ihres Lebens und ihres Alltags zu erweitern und ihre Lebenslage zu verbessern.

Alle drei Handlungsformen der Gemeinwesenarbeit dürfen allerdings niemals unabhängig voneinander praktiziert werden, sondern sie bilden eine integrative Einheit.

1.3. DAS ARBEITSPRINZIP GEMEINWESENORIENTIERTER SOZIALARBEIT

Ein Gemeinwesen ist nicht einfach die Summe aller Einzelindividuen innerhalb einer Lokalität, vielmehr ist es ein soziales System mit fünf Funktionen (R. L. Warren, 1970: 20-22; P. Friese, 1989: 51):

1. Produktion, Distribution (Verteilung), Konsumtion (Verbrauch). Diese Funktion beschreibt die Teilhabe von Individuen an der Produktion, Verteilung und möglichem Verbrauch von Gütern und Dienstleistungen, die zum täglichen Leben gehören und die in der Lokalität zugänglich sind. Lieferer solcher Angebote sind alle Institutionen des lokalen Gemeinwesens, wie Industrie, Geschäftswelt, Berufe und ihre Arbeitsplatzchancen sowie religiöse, erzieherische und verwaltungsmäßige Dienstleistungseinrichtungen. Für ein Gemeinwesen und den Bürger, der in ihm wohnt, ist es wichtig, ob und auf welche Weise solche Einrichtungen zur Verfügung stehen.
2. Sozialisation. Sie bedeutet, daß die Mitglieder eines Gemeinwesens durch die Erziehung der Familie, Schule und des Stadtteil-Milieus Wissen, soziale Werte und Verhaltensmuster vermittelt bekommen. Dadurch nimmt das Individuum den Lebensstil seiner Gesellschaft an und nicht den einer anderen. Die Art der Sozialisation ist dabei entscheidend, ob sie autoritär vermittelt wird, sozial-integrativ oder verwildernd.
3. Reproduktion der Arbeitskraft. Unter ihr verstehen wir die Bereitschaft, Kinder zu zeugen, zu ernähren und ihnen alle Möglichkeiten einer gesunden Entwicklung zu geben. Das Klima eines Gemeinwesens und die Verteilung der Einkommensmöglichkeiten mit der Fähigkeit, Güter zu erwerben, beeinflussen ungemein die Bereitschaft der Bevölkerung, Kinder zu wünschen.
4. Soziale Kontrolle. Sie schließt jenen Prozeß ein, durch den eine soziale Gruppe das Verhalten der Mitglieder zur Konformität mit den Normen bringt. Auch diese Funktion nehmen mehrere Institutionen eines Gemeinwesens wahr, vor allem die Regierungs- und Verwaltungsinstanzen und die Polizei, die ja durch die Anwendung der geltenden Gesetze die stärkste zwingende und kontrollierende Gewalt über den Menschen ausüben. Allerdings spielen andere soziale Einheiten, wie Familie, Schule, Kirche und soziale Verbände ebenfalls eine große Rolle bei der Kontrolle und beim Einüben von sozial gewünschtem Verhalten.
5. Soziale Partizipation. Eine wichtige Funktion des lokalen Gemeinwesens ist, dem Einzelnen die Möglichkeit sozialer Partizipation zu schaffen. Es gibt eine Fülle von Teilhabe-Möglichkeiten: Religiöse Organisationen, vor allem, wenn sie eine vorwiegend horizontale Organisation haben, geben viele Möglichkeiten der Teilhabe; oder freie Vereinigungen, wie Vereine, gewähren Zugänge zu freiwilligen sozialen Engagements. Soziale Partizipation geben aber auch Familie, Verwandtschaft, Freundschaft und andere nichtformale Kreise. Formale Partizipation wird um so stärker möglich sein, je mehr demokratische Strukturen in einem Gemeinwesen zu finden sind.

6. Gegenseitige Unterstützung ist eine der Hauptfunktionen der Lokalgemeinde. Sie erfolgt zunächst durch Primärgruppen, wie Familie, Nachbarschaft, Verwandtschaft, Nachbarn, Freunde und örtliche religiöse Gruppen. Wenn diese überfordert sind, treten öffentliche Wohlfahrtseinrichtungen, private Wohlfahrts- und Gesundheitseinrich-tungen, Versicherungsgesellschaften usw. an ihre Stelle. Begleitet werden diese Unterstützungsleistungen durch die Sozialgesetzgebung: Kranken-, Alters-, Invaliditäts- und Arbeitslosenunterstützung sowie viele andere Leistungen des Sozialstaates, die im lokalen Gemeinwesen zur Geltung kommen.

Um ein solches Gemeinwesen beschreiben zu können, muß man sich für vier Faktoren interessieren (P. Friese, 1989: 51):

- Topographische Faktoren, wie Ausdehnung, Einwohnerzahl, Standort, Serviceeinrichtungen eines Gemeinwesens.
- Das Selbstverständnis einer Bevölkerung, z. B. die Beurteilung des Milieus, Wertvorstellung, vorherrschende Lebensstile, Kultur usw.
- Gruppen im Sozialraum und ihr Zusammenspiel: Autorität, Machtverteilung, Prestigeträger, Kommunikation.
- Das Zusammenspiel der lokalen Ressourcen, das bedeutet, welche Hilfseinrichtungen und Formen gegenseitiger Hilfe vorhanden sind.

Folgende *Merkmale der Gemeinwesenarbeit* lassen sich daraufhin aufstellen (T. Lehn, D. Oelschlägel, 1981: 51; R. Wendt, 1989: 13; W. Hinte, F. Karas, 1989: 35):

Gemeinwesenarbeit ist zuförderst auf ein Gemeinwesen gerichtet und sucht sozialpädagogische Einflußnahme auf ganze Nachbarschaften, Stadtteile und Gemeinden.

Probleme werden dabei nicht nur als individuelle Schwierigkeiten oder als Gruppen betreffend angesehen, sondern aus übergeordneten gemeinwesenbezogenen Erklärungszusammenhängen heraus definiert und bearbeitet.

In ihrer Arbeitsweise integriert Gemeinwesenarbeit nicht nur die Methoden der Sozialpädagogik, wie Einzelfallhilfe, Gruppenarbeit, Therapie, Beratung usw., sondern auch politische Arbeitsweisen, wie Demonstrationen und Bürgerversammlungen. Ebenso werden Methoden der empirischen Sozialforschung angewandt, z. B. action research (Aktionsforschung), self survey (Selbstüberprüfung) und andere. Schließlich wird bei der makrosystemischen Vorgehensweise auch eine enge Zusammenarbeit mit Behörden und Institutionen angestrebt mit dem Ziel, ein das Gemeinwesen durchdringendes Netzwerk zu schaffen.

Deshalb ist die Gemeinwesenarbeit trägerübergreifend mit dem Ziel der Kooperation mit der Bevölkerung und ihren Gruppen wie auch mit den

Behörden, Institutionen, Parteien, Kirchen usw. Ein zentraler Bestandteil von Arbeit am Gemeinwesen ist darum die Organisation und Kooperation unter den Trägern sozialer Dienste und anderer Organisationen (Vereine, Kirchengemeinschaften usw.) im Stadtteil bzw. der kleinen Stadt (der lokalen Fachbasis) und die Verknüpfung der Pläne und Konzepte mit den Vorhaben und Planungen anderer kommunaler Dienststellen.

Dabei arbeitet die Gemeinwesenarbeit zielgruppenorientiert, aber auch zielgruppenübergreifend mit der Absicht, die Selbsthilfekräfte und Eigeninitiativen der Bürgerschaft zu aktivieren. Die Ressourcen des Gemeinwesens werden dabei so weit wie möglich genutzt und die Interessen der Bewohner mit den kommunalen Dienstleistungen verknüpft.

Ausgangspunkt für die Gemeinwesenarbeit werden in der Regel soziale Konflikte und kommunale Mißstände sein. Allerdings versucht sie heute, präventiv zu wirken, damit eine menschengerechte kommunale Lebenswelt entsteht. Sie darf also nicht erst einsetzen, wenn deutliche Mißstände im Gemeinwesen manifest werden, sondern sie ist auf eine generelle Verbesserung der Lebenslagen gerichtet. Dabei lassen sich drei Ebenen der Prävention unterscheiden (P. Friese, 1989: 48):

- Primäre Prävention. Hierbei versucht man, direkt Ursachen sozialer Probleme aufzudecken und zu beseitigen. Diese Arbeit zielt auf alle Bewohner eines lokalen Gemeinwesens ab.
- Sekundäre Prävention. Wenn es nicht gelingt, für alle Bewohner der Lokalität die Lebenslage zu verbessern, richtet sich die Arbeit auf besonders gefährdete Gruppen und soziale Milieus. Dies müssen nicht Randgruppen sein; weit häufiger sind es Teile der Wohnbevölkerung, die problematisch und konfliktuell werden: Arbeitslosigkeit, Jugendarbeitslosigkeit, Jugendcliquen, Altersverwahrlosung, Aussiedlerproblematiken usw.
- Tertiäre Prävention. Wenn es auch nicht gelingt, den Problemen von Risikogruppen vorzubeugen, dann zielt die Prävention auf Einzelne und Gruppen ab.

Oftmals verschmelzen diese drei Präventionsebenen in der Praxis der sozialen Arbeit.

Gemeinwesenarbeit versteht sich auch als schichtenspezifische Bildungsarbeit, durch die sie politisch aktives Lernen und Handeln ermöglicht und Einsichten in die strukturelle Bedingtheit von Konflikten vermittelt. Damit trägt sie zur Überwindung der Entfremdung bei und ermöglicht die Entwicklung von selbstbestimmt handelnden Personen. Sie ist in gewissem Sinne Befreiungsarbeit, indem sie Scheinbedürfnisse aufdeckt, Grundbedürfnisse bewußt macht und indem sie hilft, solche Bedürfnisse durchzusetzen, z. B. eine menschenwürdige Wohnwelt.

Gemeinwesenarbeit ist also hochkomplex. Sie integriert sozialpädagogische, politische und soziologische Methoden miteinander. Für die Sozialarbeit bedeutet dies, daß auch die Einzelfallhilfe und die Gruppenarbeit nicht mehr isoliert angewandt, sondern in ein Konzept gemeinwesenorientierter Netzwerkarbeit eingeschlossen werden. Das stellt natürlich große Anforderungen an die Kompetenz des sozial Tätigen. Denn er kann ja nicht von außen her als ein Unbeteiligter handeln in einer therapeutischen Distanz, sondern subjektives Erleben und Erkennen des sozial Tätigen fließen in sein Handeln ein. Er ist verflochten mit den sozialen Prozessen des Gemeinwesens. Was die Gemeinwesenarbeit weiterhin erschwert, ist die Verflochtenheit des Gemeinwesens mit der Gesamtgesellschaft und der Globalisierung. Für die Praxis lassen sich zwei Gesichtspunkte in den Mittelpunkt stellen:

- Die Betonung der Kooperation des Sozialpädagogen und seiner Konzepte mit den sozialen Einrichtungen und Diensten und deren Verknüpfung zu einem Makronetzwerk.
- Der handlungsleitende Beitrag des sozial Professionellen gegenüber den Bürgerinnen und Bürgern.

Mit der Kooperation der Institutionen untereinander, d. h. ihrer intensiven Zusammenarbeit auf der Stadtteilebene (bzw. der kleinen Stadt oder der dörflichen Verwaltungsgemeinschaft) sollen institutionelle und methodische Beschränkungen überwunden werden. Sie bilden ein Makronetzwerk, das besser auf die Bedürfnisse der Bevölkerung reagieren kann als es das einzelne Amt tun kann. Gleichzeitig werden die Ämter nicht mehr als gesellschaftliche Feinde (wie bei der aggressiven Gemeinwesenarbeit) oder als Konkurrenten gesehen, sondern sie werden als wichtige Partner mit einbezogen, wovon die Wohnbevölkerung nur profitieren kann. Durch solch eine Kooperation mit Ämtern und Einrichtungen können die Räume für die Eigeninitiative der Bewohnerschaft erweitert und eine Verbesserung der Lebenverhältnisse erreicht werden. Schließlich werden durch solch eine Kooperation die Institutionen selbst verändert, hin zu einer größeren Bürgernähe.

1. 4. VIER THESEN FÜR DIE UMSETZUNG DER GEMEINWESENARBEIT IN PRAKTISCHE HANDLUNGSBEZÜGE

Ilona Richter stellt fünf Thesen auf, die sie operationalisiert (I. Richter, 1996: 29-35). Operationalisierung meint die Erarbeitung von Handlungsanweisungen für die empirische Ebene der Forschung.

1. These:

Gemeinwesenarbeit kann nur dann erfolgreich in die Praxis umgesetzt werden, wenn die beteiligten Personen ein gemeinsames Ziel verfolgen und den Willen zur Veränderung öffentlich machen. Der Wille zur Veränderung ist als zentrales Ziel der Gemeinwesenarbeit zu benennen. Zwei wesentliche Merkmale sind zu beobachten:

- Das gemeinsame Ziel.
- Der öffentlich und transparent gemachte Anspruch auf Veränderung.

Diese beiden Merkmale müssen vorhanden sein, wenn Gemeinwesenarbeit erfolgreich eingeführt werden soll. Die sozial Tätigen werden sich demzufolge die Frage stellen, ob sie diese Merkmale erfüllen.

2. These:

Es ist erforderlich, zielgerichtete Handlungsspielräume zu finden, die sich an den Möglichkeiten und Grenzen sowohl der Gemeinwesenarbeit als auch des Handlungsgebietes orientieren.
Die beiden Merkmale dieser These sind:

- Zielgerichtete Suche nach Handlungsspielräumen.
- Erschließung von Handlungsspielräumen.

Diese beiden Aspekte ermöglichen die Gemeinwesenarbeit als Prozeß. Es ist nicht möglich, mit kurzfristigen Projekten ein Gemeinwesen zu beeinflussen und zu verändern. Dazu bedarf es langfristiger Prozesse, die kontinuierlich und regelmäßig in Gang gesetzt werden.

3. These:

Die klare Benennung des Handlungsrahmens ermöglicht die Berücksichtigung konkreter Rahmenbedingungen und Bedarfslagen. Als günstigstes Arbeitsfeld hat sich der Stadtteil oder die Kleinstadt oder ein Dorfverbund herausgestellt, d. h. ein überschaubares Territorium, in dem es gelingt, die Kommunalpolitik und die kommunale Verwaltung in die Gemeinwesenarbeit zu integrieren.
Die beiden Merkmale der dritten These sind:

- Gemeinwesenarbeit reflektiert die Kommunalpolitik.
- Die kommunale Verwaltung reflektiert die Gemeinwesenarbeit.

Gemeinwesenarbeit muß sich also in die kommunale Verwaltung einmischen, sich kundig machen, mit den Behörden der Verwaltung kooperieren und die Schlüsselpersonen gewinnen.

Gemeinwesenarbeiter werden sich darum stets fragen, ob sie die kommunale Verwaltung und die Akteure der Kommunalpolitik in den Prozeß der Gemeinwesendurchdringung eingeschlossen haben.

4. These:

Weil die Gemeinwesenarbeit das ganze Handlungsgebiet erfassen und verändern will, muß sie versuchen, eine Kooperation der Institutionen herbeizuführen. Dies geschieht durch die Organisation der Makronetzwerke, um Ressourcen aufzuschließen und besser zu nutzen.
Als Merkmale sind zu nennen:

- Beteiligung der Institutionen am Prozeß der Gemeinwesenarbeit.
- Kooperation mit den Behörden und Institutionen.

Kooperation hat also zwei Seiten: Einmal kooperieren die Behörden miteinander und zum andern kooperiert die Gemeinwesenarbeit mit den Behörden. Wer in der Gemeinwesenarbeit tätig ist, muß sich deshalb immer fragen, ob seine Kooperation mit der kommunalen Verwaltung und der Schlüsselpersonen lebendig und beziehungsorientiert ist.

5. These:

Wenn die Kooperation zwischen den Institutionen zu einem Bestandteil der Gemeinwesenarbeit wird und sie ihrerseits kooperiert, werden strukturelle Veränderungen auch in den Organisationen selbst geschehen.
Merkmale sind:

- Veränderungsbereitschaft wird von wichtigen Entscheidungsträgern signalisiert.
- Behörden verändern ihr Verhalten.

In dieser These wird behauptet, daß die Einbindung in die Gemeinwesenarbeit die Behörden selbst verändert zu größerer Bürgernähe und zum Willen, das Gemeinwesen zu humanisieren.
Wann können wir von einer Verbesserung und Humanisierung der Lebensbedingungen sprechen? Vier Bedingungen müssen erfüllt sein:

- Neue Projekte entstehen. Es müssen neue Projekte installiert worden sein, die an den Bedürfnissen der Bewohner anknüpfen.
- Erhöhung der Nutzerzahlen. Wenn durch ein besseres Zusammenspiel der Handelnden eine größere Bekanntheit der Angebote erreicht wird, wird sich die Nutzung dieser Angebote durch die Zielgruppen vergrößern.

- Fälle von erfolgreicher Weitervermittlung. Alle Hilfegruppen des Gemeinwesens müssen bekannt sein, damit Klienten nicht abgewiesen, sondern weitervermittelt werden (Kooperation der Institutionen).
- Projekte werden von mehreren Trägern organisiert und durchgeführt. An die Stelle destruktiver Konkurrenz muß ein kooperatives Miteinander in der Trägerlandschaft entstehen. Dann führt dies zu einer Minimierung gleicher Angebote und einer Erweiterung der Vielfalt, zugeschnitten auf eindeutig definierte Zielgruppen.

1. 5. FORMEN DER GEMEINWESENARBEIT

Im folgenden soll ein Überblick gegeben werden über die Grundformen von Gemeinwesenarbeit, wie sie sich seit etwa 1970 herausgebildet haben (vgl. W. Hinte, F. Karas, 1989: 11-28).

1. 5. 1. Wohlfahrtsstaatliche Gemeinwesenarbeit

Bei der wohlfahrtsstaatlichen Gemeinwesenarbeit geht es nicht primär um die Selbstorganisation der Betroffenen, um durch Gemeinwesenarbeit die Verhältnisse im Wohnbereich zu verändern, und zwar in Selbsthilfe, sondern um eine Verbesserung des Dienstleistungsangebots der im Wohnviertel tätigen Institutionen und Behörden. Beispielsweise wird eine Hausaufgabenhilfe organisiert, eine Spielstube eingerichtet, und alle Jahre findet eine Ferienfreizeit statt. Lebensweltliche Arbeit, die den Menschen in allen Lebenssegmenten aufsucht, geschieht kaum. Und vor allem wird kein Netzwerk aufgebaut. Die Bürger dürfen zwar mitentscheiden, die Gemeinwesenarbeit leistet soziale Hilfe, aber alle wichtigen Entscheidungen werden durch die Institutionen getroffen. Soziale Konflikte, Mißstände oder überholte Dienstleistungen werden nicht wahrgenommen. Vor allem besteht die Gemeinwesenarbeit als wohlfahrtsstaatliche Hilfe vorwiegend in der Einzelfallhilfe und im Aufbau von Gruppen.
Nun ist zwar eine Gemeinwesenarbeit ohne ein Netzwerk pluriformer Gruppen nicht möglich, aber sie darf sich nicht darin erschöpfen. Lebensbedingungen dürfen nicht als unbeeinflußbares äußeres Geschick verstanden werden, sondern sie bedürfen der Analyse und Veränderung. Auch erfolgt die Hilfe bei der wohlfahrtsstaatlichen Gemeinwesenarbeit durch die Eliten, die die Betroffenen zu passiven Empfängern sozialer Hilfe machen.

1. 5. 2. Integrative Gemeinwesenarbeit

Nach der Vorstellung der integrativen Gemeinwesenarbeit (M. G. Ross, 1971) sollen alle Gruppen eines Gemeinwesens ihre Probleme erkennen und aufgrund eines gemeinsamen Wertekanons versuchen, die bestehenden Mißstände zu beseitigen. Dabei ist es wichtig, daß alle Untergruppen und Subkulturen auf der Basis gemeinsamer Werte zusammenwirken. Das Ergebnis solch einer integrativen Gemeinwesenarbeit sieht Ross dreifach:

- Alle Bürger und Gruppen identifizieren sich mehr als bisher mit dem Gemeinwesen.
- Es entwickelt sich ein verstärktes Interesse und eine intensivere Teilhabe an den Problemen des Gemeinwesens.
- Durch gemeinsame Wertvorstellungen ist es möglich, integrativ Probleme zu lösen.

Ross strebt also ein harmonisches Klima im Gemeinwesen an, was voraussetzt, daß es allgemein anerkannte gesellschaftliche Spielregeln gibt. Weiterhin darf bei aller Betroffenheit die Harmonie nicht durch negative Darstellung und Inangriffnahme der Probleme gestört werden. Mit unserem Projekt Freundschaftsinitiative (vgl. 3. 13.) versuchen wir, einen alle Subgruppen und Subkulturen Genthins umfassenden Wertekonsens zu schaffen: Freundschaft und Versöhnung, Wert und Würde des Menschen, sein Personsein und Geistsein, Lebensschutz und Liebe zum Leben betrachten wir als zentrale Werte. Durch solche harmoniestiftenden Werte wollen wir dazu beitragen, das Stadtklima zu verbessern.

1. 5. 3. Aggressive Gemeinwesenarbeit

1971 entwickelte sich als Kritik an der wohlfahrtsstaatlichen und der integrativen Gemeinwesenarbeit ein aggressives Konzept (C. W. Müller, P. Nimmermann, 1971; P. Aich, O. Bujard, 1972). Es zielt ab auf eine Veränderung der Kräfte-Verhältnisse und Macht-Strukturen innerhalb eines Wohngebietes, indem sich benachteiligte Minderheiten zusammenschließen zur Revolution von unten. Sie hat zum Ziel eine gerechte Verteilung von Macht und Herrschaft und damit eine grundlegende Gesellschaftsveränderung. Vor allem soll sich die Arbeiterklasse organisieren, da sie unter den sozialen Bedingungen der Unterprivilegierung am bewußtesten leidet und darum am leichtesten für eine Gesellschaftsveränderung zu organisieren ist. Auf diese Weise soll in der Basis eine Gegenmacht aufgebaut werden, die den Willen hat, die Herrschaft zugunsten den unteren und benachteiligten Bevölkerungsschichten neu zu verteilen. Die Aktionsformen sollten disruptiv sein, d. h. dazu dienen, daß die Aktionen die Arbeit der Behörden und Institutionen unterbrechen, nicht aber zerstören oder verletzen. Solche disruptiven Taktiken waren die Verletzung von Verkehrsregeln, Demonstrationen, Mietstreiks, Besetzungen, Steuerverweigerung, sit in, verbunden mit teach in, öffentlicher Ungehorsam usw.

Was an diesem Konzept richtig ist, das ist die Einsicht, daß ein Gemeinwesen kein harmonisches Ganzes ist, sondern antagonistisch, disparat, verschwommen und oft kaum greifbar. Andererseits verstehen wir, warum die Gemeinwesenarbeit bei vielen Institutionen und Behörden in Verruf gekommen ist. Und sicher ist die Zeit aggressiver Gemeinwesenarbeit vorbei.

1. 5. 4. Katalytisch-aktivierende Gemeinwesenarbeit

Dieses Konzept ist von Karas/Hinte entwickelt worden (F. Karas, W. Hinte, 1978). Katalytische Gemeinwesenarbeit geht aus von der Vorstellung einer herrschaftsfreien Gesellschaft, in der es keine patriarchischen Hierarchien und keine Unterdrückung mehr gibt, sondern alle Teilnehmer des Gemeinwesens (Gruppen, Subgruppen, Subkulturen, Individuen) sich selbst oder solidarisch einander helfen, wobei sie ein kreativ-soziales Leben entwickeln. Der Sozialpädagoge hat bei diesen Prozessen eine katalytische Funktion, das bedeutet, er vermittelt die einzelnen Gruppen miteinander und schafft aus ihnen ein Netzwerk gegenseitiger Unterstützung.

Die Aufgabe katalytischer Gemeinwesenarbeit ist sechsfach:

- Gemeinwesenarbeit entwickelt methodische, durchdachte Wege der Problemlösung.
- Sie dehnt ihre Arbeit auf den Stadtteil (bei großen Städten) bzw. auf die Stadt aus.
- Sie hat nun die Aufgabe, Interessengegensätze, Konflikte, Mißstände und gefährliche Entwicklungen im Gemeinwesen aufzudecken.
- Sie wird sich mit Betroffenen solidarisieren und Auswege organisieren.
- Wichtig ist es, die Individuen zu verändern durch soziales Lernen, damit sie sich in die Harmonie des Gemeinwesens integrieren.
- Schließlich wird die Gemeinwesenarbeit versuchen, die Verhältnisse zu ändern.

Ein zentraler Gedanke der katalytischen Gemeinwesenarbeit ist nach Hinte die Gruppenarbeit, in der Individuen geholfen wird, aber auch

Gruppenarbeit als Arbeit mit unterschiedlichen Gruppen, die sich zur Gruppenselbsthilfe zusammenschließen. Darum ist es notwendig, möglichst viele Initiativgruppen zu gründen, die als Mikro-Netze sich selbst helfen, als Meso-Netze miteinander kooperieren und als Makro-Netze mit den Behörden in Verbindung stehen.

1. 5. 5. Integrative, lebensweltliche Gemeinwesenarbeit als Netzwerk

Noack (W. Noack, 1998), geht davon aus, möglichst viele und pluriforme Gruppen zu bilden, um mehrfache und verschiedenartige Zugänge zum Gemeinwesen zu finden. Es entsteht ein Netzwerk verschiedenartigster Gruppen unterschiedlicher Größe, das sich mit anderen Einrichtungen verbindet und mit den Institutionen und Behörden verknüpft. Dabei ist sie innerhalb der Interventionsniveaus sozialer Arbeit aufsteigend (P. Friese, 1989: 40-44). Sie setzt an bei der Einzelfallhilfe, die es mit dem Individuum und seinen Problemen zu tun hat. Das nächste Niveau ist die Familie und die Gruppe. Durch die lebensweltliche Arbeit erreicht die soziale Intervention einerseits die Primärgruppen Familie, Verwandtschaft, Nachbarschaft, Freundschaft und Kollegialität, in denen das Individuum lebt, in denen es pathologisiert oder auch gestützt wird, und integriert andererseits das Individuum in aufnehmende, helfende und heilende Gruppen. Sie alle bilden das Netzwerk, das helfend das Gemeinwesen durchdringt. Das nächste Interventionsniveau ist das Gemeinwesen, das der Gemeinwesenarbeiter analysiert, verbessert und humanisiert. Schließlich ergibt sich als letzte Interventionsebene die Gesellschaft. Denn sie beeinflußt das Gemeinwesen durch die Behörden, die Gesetze und Verordnungen, durch Bewilligungen und Kürzungen von Mitteln usw. Die Gemeinwesenarbeit versucht deshalb möglichst viele Aktionsgruppen zu gründen, um mehrfache, verschiedenartige Zugänge zum Gemeinwesen zu finden. In ihnen wird soziales Lernen eingeübt, und alle Gruppen sollen als Mikro-Netze, als kleine Netze, heilend sein. Schließlich werden alle Gruppen miteinander als Meso-Netzwerke integriert und das ganze Netz mit den Makro-Netzwerken des Gemeinwesens und der Gesellschaft verknüpft.
Dieses Konzept hat zum Mittelpunkt die lebensweltliche Arbeit (vgl. 3. 3.). Lebenswelt meint, daß der Mensch in einem Netzwerk von Beziehungen und Interaktionen lebt. Lebenswelt (G. Hellrich 1990; W. Noack, 1998) verklammert das Ich mit der Welt, indem die Ichlichkeit mit der Weltlichkeit zur Lebenswelt verknüpft wird. Weiterhin ist die Lebenswelt intentional, da sie ja vom Individuum subjektiv auf die Welt und den Mitmenschen hin gerichtet ist. Auch ist die Lebenswelt perspektivisch, weil sie ja in ihrer Jemeinigkeit immer individuell ist.

Ebenso ist Lebenswelt geschichtlich-kulturelle Lebenswelt. In der Welt zu sein, bedeutet zugleich ein Mit-Sein, Eingebundensein in eine im Handeln und Erleiden geschichtliche und gleichzeitig eine spezifische, gemeinsame kulturelle Welt. Daraus ergibt sich, daß die Lebenswelt inter-subjektiv ist. Das Individuum teilt seine Lebenswelt mit anderen Personen, wodurch sich die Lebenswelten vieler Menschen gegenseitig durchdringen. Schließlich ist Lebenswelt immer zugleich Alltagswelt, wodurch lebensweltliche gleichzeitig alltagsweltliche soziale Arbeit ist.

2. Netzwerkbildung und Gemeinwesenarbeit

Beispiele für zielgruppenorientierte Gemeinwesenarbeit sind die Arbeit mit Obdachlosen, Randgruppenarbeit, mobile Jugendarbeit und Arbeit mit alten Menschen. Zweifellos ist damit die Zielgruppenbestimmung erfüllt, aber kaum der Anspruch auf Gemeinwesenarbeit. Diese Projekte sind im wesentlichen punktuell, zeitlich begrenzt, nicht prozessual, wenig kontinuierlich und selten langzeitlich (vgl. W. Hinte, 1991: 254). Soll der Sozialraum eines Gemeinwesens durchdrungen werden, ist lebensweltliche Netzwerkarbeit erforderlich. Nur so kann stadtteilbezogene (kleinstädtische oder dorfverbundliche) soziale Arbeit und lebensweltliche Orientierung zu einem Netzwerk führen, das die Funktionen von Wohnen, Konsum, Freizeit, Bildung, Kultur, Gesundheit, Verkehr, Ökonomie, Beruf, Ausbildung bzw. Schule als sinnvoll erlebten Alltag miteinander verknüpft und materielle sowie kommunikative Netze der Bewohner mit den sozialen, kulturellen, bürokratischen und ökonomischen Institutionen und Behörden bzw. den dort Tätigen aufbaut (vgl. W. Springer, 1987: 13).

Dabei ist es hilfreich, die verschiedenen Interventionsniveaus sozialer Arbeit zu unterscheiden (P. Friese, 1989: 40-44). Die Einzelfallhilfe hat es mit dem Individuum zu tun. Das nächste Interventionsniveau ist die Gruppe bzw. durch die lebensweltliche Arbeit die Familie als Primärnetz. Darüberhinaus hat jedes Individuum ja ein Netzwerk von Freunden und Bekannten. Schließlich ist jeder Mensch ein kleiner Teil des lokalen Gemeinwesens, das in die Gesamtgesellschaft eingebettet ist. Wir unterscheiden also:

- Individuum
- Familie - Gruppe
- Netzwerk
- Lokales Gemeinwesen
- Gesellschaft

Soziale Arbeit ist auf allen fünf Interventionsniveaus möglich. Und bei der heutigen sozialen Arbeit werden stets mehrere Niveaus einbezogen. Denn die Ursachen von Problemen liegen ja nicht ausschließlich in der Lebens- und Sozialisationsgeschichte des Individuums, sondern auch in systemischen und lebensweltlichen Ursachen, während gleichzeitig diese kleinen Netze den Erfolg einer Intervention fördern können. In der Regel ist dabei der Interventionsweg aufsteigend vom Individuum zur

Familie und dem lokalen Gemeinwesen. Bei der Gemeinwesenarbeit dagegen kann der Weg auch umgekehrt erfolgen: Sie geht aus von den politischen Lagen und dem lokalen Gemeinwesen und bezieht Netzwerke, Gruppen, Familien und Individuen ein. Dabei geht sie von der Annahme aus, daß Veränderungen von Individuen zu Veränderungen im lokalen Milieu führen, während Veränderungen im lokalen Milieu die Veränderung von Individuen mit sich bringt. In jedem Fall, ob wir uns aufsteigend oder absteigend in der Interventionsskala bewegen, sind die Arbeitsmethoden die gleichen:

- Soziale Arbeit mit Einzelpersonen.
- Soziale Gruppenarbeit.
- Lebensweltliche Arbeit mit Familien und kleinen Netzen.
- Netzwerkarbeit.
- Gemeinwesenarbeit.
- Sozialverwaltung und -planung.
- Erforschung sozialer Arbeit.

2. 1. SOZIALE NETZWERKARBEIT

Unter sozialen Netzen verstehen wir zunächst Personen, die die Punkte bilden, und Beziehungen, die die Punkte miteinander verbinden. Von partiellen Netzwerken sprechen wir, wenn nicht alle Beziehungen einer Person untersucht werden, sondern nur einige. Ermittelt man dagegen alle, dann handelt es sich um ein „totales Netzwerk", d. h. ein umfassendes. Solche personenzentrierten Netze sagen etwas aus (J. Friedrichs, 1995:156) über

- die Größe des Netzwerkes, d. h. der Zahl der anderen, zu denen eine Beziehung besteht,
- die Dichte, das heißt die Zahl der vorhandenen und realisierten Kontakte,
- die Intensität, das bedeutet die Häufigkeit und Dauer der Kontakte und die emotionale Nähe,
- die Reziprozität, ob diese Beziehung erwidert wurde oder nicht,
- die Multiplexität, das bedeutet wie vieldimensional und inhaltlich vielfältig die Beziehung ist,
- die Art der Beziehung, ob es Verwandte, Freunde, Kollegen usw. sind.

Solch eine Netzwerkanalyse ist außerordentlich fruchtbar für die Einzelfallberatung, wenn wir sie lebensweltlich durchführen. Denn das Fehlen eines Netzwerkes zeigt den Grad der Isolation des Klienten auf,

wie im Gegensatz dazu die Ausbildung eines Netzwerkes die möglichen tragenden und helfenden Strukturen und mögliche Ressourcen deutlich machen.
Diese Definition trifft also durchaus auf die kleinen egozentrischen Primärnetze zu. Aber nach unserer Vorstellung können die Punkte des Netzes auch Gruppen sein, die durch Kommunikation untereinander verknüpft sind, und somit die Linien des Netzes bilden, und schließlich können wir unter den Netzwerk-Punkten sogar Institutionen und Behörden verstehen, die auch kommunikativ zu einem Netz verknüpft sein sollten. Bei der Gemeinwesenarbeit sehen wir jedoch die Netzwerkbildung dreidimensional: Es werden nämlich die Netze nicht nur horizontal miteinander verbunden, sondern es werden vertikal Mikronetze, Mesonetze und Makronetze zu einem Verbundsystem aufgebaut. Das bedeutet, daß sich Netzwerke vieldimensional aufbauen.

2. 2. Polylinearität

Es ist nicht möglich, mit einem einzigen und darüber hinaus zeitlich begrenzten Projekt wirkungsvolle Gemeinwesenarbeit zu leisten, wie die Einrichtung eines Kinderspielplatzes, eines Kindergartens, eines Jugendtreffs, eines Seniorenclubs, der Kulturarbeit leistet, usw. Monolinearität und zeitliche begrenzte Punktualität kann ein Gemeinwesen nicht durchdringen und gestalten. Darum sind (je nach den Ergebnissen einer Gebietsanalyse) eine Vielzahl von Angeboten notwendig, die nach unserer Erfahrung den drei Wirkprinzipien unterliegen:

- Kontinuität: Konzepte müssen über viele Jahre hinweg kontinuierlich durchgehalten werden, wobei sie sich autopoietisch selbst gestalten und verändern.
- Periodizität: Ein Konzept muß periodisch erfolgen, nicht zufällig oder willkürlich. Periodizität schafft Vertrauen, Verläßlichkeit, Überschaubarkeit und Verhaltensveränderung.
- Integration: Sie ermöglicht die Netzwerkbildung, weil jedes Einzelprojekt mit allen anderen und dem Gesamtnetz verknüpft ist.

2. 3. Gruppenarbeit

Unser Konzept, das wir entwickelt haben (vgl. 3.), ist der Aufbau der Gemeinwesenarbeit von unten nach oben, vom Individuum über die Gruppenarbeit zum lokalen Gemeinwesen. Für die Einzelgruppe innerhalb des Netzwerkes gelten zwar die Kenntnisse der Gruppendynamik, der Funktionen eines Leiters usw., und doch liegen die eigentlichen Kompetenzen auf dem Gebiet der alltagsweltlichen Hilfe, die sowohl Einzelfallhilfe einschließt als auch Hilfe für ganze Familien, und zwar, wie gesagt, Alltagshilfe. Darum sind weniger die professionellen Kenntnisse gefragt als vielmehr die Fähigkeit zum situativen Lernen und zur Beziehungsfähigkeit.

Hinte faßt die Funktion von Gruppen in der Gemeinwesenarbeit wie folgt zusammen (W. Hinte, F. Karas, 1989: 84):

- Gemeinwesenarbeit sollte erstreben, daß sich eine Vielzahl von Gruppen bildet, die unterschiedliche Aktivitäten entwickeln oder auch helfende und betreuende Aufgaben für die Bewohner des Gemeinwesens übernehmen.
- Diese Gruppen müssen kontinuierlich begleitet werden. Professionelle Leiter der Gruppen halten die Kontinuität aufrecht und sorgen dafür, daß die freiwilligen Helfer nicht entmutigt die Arbeit aufgeben.
- Wenn sich einzelne Initiativgruppen wieder auflösen, dann bedeutet dies nicht sogleich ein Scheitern der Arbeit, sondern dies kann auch ganz einfach bedeuten, daß ein Bedürfnis erloschen ist. Wenn diese Gruppen ihre Funktion erfüllt haben, dann gelang es ihnen doch, das Bewußtsein der Teilnehmer durch Lernprozesse und emotionale Beteiligung zu verändern.
- Schließlich sollten in einem Gemeinwesen eine Vielzahl von Gruppen als ein Netzwerk entstehen und gemeinwesenbezogene Aktivitäten entwickeln. Dies wird das Klima des Gemeinwesens verbessern, die Bürgerkommunikation verstärken, die Institutionen zugänglicher und bürgernäher machen (wenn sie es nicht schon sind), sie werden Lücken im Netz der sozialen Versorgung füllen, indem sich die Bürger durch die Selbsthilfeaktivitäten gegenseitig helfen und aufeinander eingehen.

Wir haben bereits auf das Prinzip der Reversibilität hingewiesen, wonach Personen, die in einer Gruppe Hilfe erfahren, in einer anderen Gruppe unter Umständen freiwilliger Leiter sind. Dennoch braucht das Netz mehrere professionelle, vollzeitlich angestellte Leiter. Die Funktion des professionellen Helfers ist dabei zwar auch die des Leiters, aber besonders die des *Mediators* (vgl. 2. 4. 2. Intermediarität).

2. 4. GEMEINWESENARBEIT

Wenn sich das Netzwerk der vielfältigen Gruppen ausbreitet, wächst es zur Gemeinwesenarbeit. Dabei verknüpfen sich alle Ebenen der Netzwerkbildung miteinander.

2. 4. 1. Gemeinwesenarbeit als Gemeinwesennetzwerk

Es entsteht durch die Vernetzung auf der Mikro-, Meso- und Makroebene.

- Auf der Ebene der Mikronetzwerke werden Individuen und Teile ihres informellen, primären Netzwerkes (Familie, Freunde, Bekannte, Kollegen) in die Gruppen integriert.
- Auf der Ebene der Mesonetzwerke werden die einzelnen Gruppen miteinander zu einem Gesamt-Mesonetzwerk verknüpft. Sowohl Mitarbeiter (meist freiwilliger Helfer) als auch die Nutzer des Netzes werden zwischen den Gruppen integriert. Die Mitarbeiter lernen durch Besuch der Gruppen das Gesamtnetz kennen, während die Nutzer mehrere Gruppen besuchen können.
- Auf der Ebene der Makronetze werden sowohl Einzelgruppen des Netzes wie auch das gesamte Netzwerk verknüpft mit den anderen Institutionen der Lokalität wie auch mit den Behörden.

2. 4. 2. Intermediarität

Dies ist die Hauptfunktion vorwiegend der professionellen Mitarbeiter, obwohl auch die freiwilligen Helfer immer wieder intermediäre Funktionen erfüllen. Mediation bzw. Intermediarität ist die Position des Dazwischen, vermittelnd zwischen den Lebenswelten und Institutionen. Dabei arbeitet der intermediäre soziale Arbeiter auf mehreren Ebenen (W. Hinte, 1991; W. Hinte, 1994: 77-89).

Mediation zwischen verschiedenen Lebenswelten und sozialen Netzen. Wer im und am Gemeinwesen arbeitet, hat es zunächst oft mit Individuen in ihren Lebenswelten und Netzen zu tun. Eine Problemperson wieder in die Familie einzugliedern, ist ein Stück Heilung auch für das Gemeinwesen. Intermediär ist aber auch die Familienarbeit. Bei jeder Paarberatung und bei jeder systemischen Familienberatung, bei der auch die Kinder, Großeltern, beste Freunde usw. in das System einbezogen werden, muß der Berater intermediär vermitteln, indem er keines Partei ist. Er wird für die Mediation immer wieder die Technik des Doppelns verwenden (Ch. Thomann, F. Schulz von Thun, 1993: 108-122), wobei der Berater zunächst die eine Seite mit völliger Perspektivübernahme vertritt, dann jedoch die andere. Doppeln erscheint mir für alle Formen der Mediation eine hilfreiche Methode zu sein. Eine weitere intermediäre Situation ist die Vermittlung zwischen lebensweltlichen Netzen, etwa zwischen Kindern und Schule, zwischen Nachbarn (besonders kritisch zwischen interkulturellen Nachbarschaften), zwischen Klient und Arbeitgeber, zwischen Familien und ihren Verwandtschaften. Solche Mediation zwischen Lebenswelten beeinflußt bereits das Gemeinwesen sehr stark.

Mediation zwischen Problempersonen und Institutionen bzw. Behörden. Zwischen der Lebenswelt und den Institutionen besteht eine bedauerliche Distanz, die dazu führt, daß heute die Intermediarität des Mediators auch von den Behörden geschätzt wird. So ist es für institutionelle Sozialarbeiter eine grundlegend neue Erfahrung, wenn der Mediator ihn zu lebensweltlicher Arbeit bewegen kann, und er den Klienten nicht nur in der Amtsstube, sondern auch in einer fremden Wohnung mit einem unbekannten Familiensystem kennenlernt. Mediation zwischen Behörden und Lebenswelten ist wichtig, um die Entkoppelung von System und Lebenswelt zu heilen (W. Noack, 1997: 90-92). In dieser Funktion muß der Mediator wiederum in einer wechselseitigen Perspektivübernahme doppeln. Als vermittelnde Instanz zwischen den Lebenswelten der Bürgerinteressen im lokalen Gemeinwesen und den Entscheidungsträgern und steuernden Instanzen in Politik, Verwaltung und Wirtschaft darf er keine Partei ergreifen. Er gehört keinem der beiden Systeme an, übernimmt beider Perspektiven und vermittelt sie. Dies ist einerseits eine höchst schwierige Situation, andererseits eine immer mehr notwendige und geschätzte Aufgabe des Mediators.

Mediation zwischen den Behörden und Institutionen untereinander. Gemeinwesenarbeit als Mediation versucht im Sinne des Sozialmanagements (W. R. Wendt, 1990: 151-165) die kommunalen Angebote zu ermitteln und zusammenzuführen als Makronetzwerkarbeit. Ein Problem ist ja die betreuende Zielgruppenorientierung der Träger, wodurch sie nur schwerfällig auf gesellschaftliche und und sozialpolitische Entwicklungen und Veränderungen reagieren können. Entsprechend ist das Kompetenzprofil der in diesem Arbeitsfeld tätigen Professionellen eingeengt, denn sie haben sich zu Spezialisten auf einem bestimmten Handlungsgebiet, für eine bestimmte Zielgruppe entwickelt. So, nach Problemlagen zersplittert, werden die Menschen der lokalen Wohnungswelt nicht als Ganzheit gesehen, und schon gar nicht als Menschen in einer sozialräumlichen Lebenswelt (vgl. W. Hinte, 1992: 120). Darum ist es wichtig, die verschiedenen Behörden und Institutionen miteinander zu verbinden, damit Klienten ganzheitlich beraten werden, daß die konzertierte Aktion der Behörden die Verhältnisse in dem lokalen Gemeinwesen humanisiert und die Gemeinwesenarbeiterin bzw. der Gemeinwesenarbeiter als Mediator die Vertreter der Behörden aufklärt, motiviert und ermutigt. Schließlich bilden sie ja auch die Ressourcen für die Arbeit am Gemeinwesen.

Mediation zwischen Bürgern und Politik und Schaffung einer intermediären Kultur. Dies geschieht, indem der Mediator die einzelnen lokalen Ressourcen zusammenführt, Bedarf ermittelt, Interessen organisiert und dabei zwischen den Hilfemöglichkeiten der Behörden und anderer Einrichtungen und den Lebenswelten der Bürger mediatisiert. Er ist gleichsam ein Gelenkstück, das zwischen allen Ebenen Vernetzungen herstellt. Deshalb ist es notwendig, daß er sowohl Milieuanalysen und Bedürfnisse ermittelt als auch Aufklärungs- und Organisationsarbeit gegenüber den Behörden, aber auch für die Bürger leistet im Sinne eines Dialogmanagements. Eine intermediäre Kultur entsteht, wenn sich offene, vermittelnde, transzendierende, assimilierende, integrierende und orientierende Milieus entwickeln (J. Huber, 1980: 96).
Somit bewegen sich Intermediäre gleichzeitig auf drei Praxisebenen:

- Auf der Ebene des direkten Kontaktes mit den Klienten.
- Auf der Bearbeitungsebene in der Verwaltung.
- Auf den Entscheidungsebenen der Politik.

Ihre wichtigste Kompetenz ist dabei die Kontakt- und Beziehungsfähigkeit und die Offenheit für komplexe Strukturen und für ständige Veränderung (Autopoiese). Dazu ist die erlernte Kompetenz durch ein Studium hilfreich, aber entscheidend ist die Beziehungsfähigkeit. Beziehung und Kontakt entstehen (W. Hinte, W. Springer, 1987), wenn jemand in der Lage ist, in nicht festgelegter Weise und mit einer breiten Wahrnehmungsperspektive an komplexe Situationen herangehen zu können. Dabei ist es wichtig, nicht aufgrund der eigenen lebensgeschichtlichen Tradition heraus zu entscheiden, sondern die vorhandenen Strukturen möglichst objektiv wahrzunehmen. Lebenstraditionen, die hindern, wären beispielsweise:

- Übertragung von positiven Elternbindungen auf den Amtsleiter, wodurch die Ämterinteressen über die Bürgerinteressen gestellt werden.
- Übertragung von negativen Elternbindungen auf Institutionen, wodurch die Chance der Kooperation mit der Hierarchie vertan wird.
- Enttäuschungen und Berufspessimismus bremsen die Gemeinwesenarbeit.
- Weibliche Mediatorinnen, obwohl sie im allgemeinen eine bessere Beziehungsfähigkeit besitzen als Männer, können eine weibliche Minderwertigkeitseinschätzung ablehnend auf die männlichen Hierarchen richten und Kooperation verhindern.

- Männliche Mediatoren hingegen können, einem traditionellen Männerbild folgend, unfähig zu kreativen, nichtfestgelegten, offenen Konzepten sein, wie sie in der Gemeinwesenarbeit notwendig sind.

2. 4. 3. Netzwerktypen

Nach B. S. Jensen lassen sich verschiedene Netzwerktypen unterscheiden (B. S. Jensen, 1989: 85-90). Je mehr Netze ein Gesamtnetz hat und je pluriformer sie sind, desto lebendiger und wachstumsfähiger ist es und desto mehr durchdringt es das Gemeinwesen. Wir unterscheiden:.

Klassenspezifische Netzwerke. Netzwerke der Arbeiter bestehen vor allem aus Familien- und Nachbarschaftsbeziehungen Das Netzwerk ist klein, aber dicht und mehrdimensional. Weil der Arbeiter in der gesellschaftlichen Hierarchie unten steht, hat er ein passives Verhaltensmuster entwickelt, und er wird kaum die engen Familiengrenzen überschreiten, um ein soziales Netzwerk aufzusuchen oder in ihm mitzuarbeiten. Allerdings sind die Arbeiter auch nicht so stark auf sozial unterstützende Netzwerke angewiesen, da sie die auf die Einzelperson bezogenen Netzwerke in Krisenzeiten rasch aktivieren können. Im Gegensatz dazu ist das Netzwerk der Menschen in der oberen Mittelschicht groß; es besteht aus Familie, Verwandten, Freunden, Kollegen, Nachbarn usw. Die meisten Beziehungen sind eindimensional, d. h. die Freunde einer Person sind mit dieser verbunden, aber nicht untereinander. Positiv ist, daß Menschen der oberen Mittelschicht aktiv an ihren persönlichen Netzwerken bauen, da sie ja durch ihre Positionierung im oberen Teil der Gesellschaftshierarchie gewöhnt sind, aktiv zu sein, zu leiten sowie Ziele zu planen und zu verwirklichen. Sie sind darum gern bereit, in sozialen Netzen mitzuwirken und als freiwillige Helfer aktive Funktionen zu übernehmen.

Geschlechtsspezifische Netzwerke. Frauen haben allgemein mehr Kontakte als Männer. Man kann auch sagen, daß es die Frauen sind, welche die auf die Einzelperson bezogenen, natürlichen Netzwerke aufrechterhalten. Männer haben eher Kontakte nach außen, z. B. zu Arbeitskollegen, zu Parteien und Vereinen, allerdings nur, wenn sie dem Bürgertum angehören. Darum werden in den sozialen Netzwerken vorwiegend Frauen Teilnehmerinnen, aber auch Mitarbeiterinnen sein.

Netzwerke von Kindern. Kinder bauen kaum externe Beziehungsnetze auf. In der Regel finden sie ihre Freunde im engsten Milieu, und zwar Schulkameraden und Spielfreunde der Straße. Darum werden Kinder entweder nur zu nahen sozialen Angeboten kommen oder als geschlossene Gruppe auftreten.

Typen von lokalen Netzwerken. Drei Soziotope sind besonders der natürlichen Netzwerkbildung abträglich: die alten Innenbezirke der Großstädte, wenn sie zerfallen und sich entleeren; die Etagenbauten der Vorstädte, gekennzeichnet durch schnelle industrielle Bauweise und Monotonie (vgl. U. Herlyn, 1970); abgelegene und entvölkerte Dörfer, die im Gegensatz zur engen Dorfgemeinschaft gekennzeichnet sind durch absterbende Beziehungen (R. Rüschendorf, 1994: 184-195). In solchen lokalen Gemeinwesen ist die Wiederherstellung natürlicher Netze und eine soziale Netzwerkbildung besonders wichtig.

2. 4. 4. Umsetzung von Gemeinwesenarbeit im Lokalmilieu in praktisches Handeln

Sie besteht vor allem in der Entwicklung neuer Gemeinschaftsfunktionen. Dies wird nötig sein, wenn solche absterben oder bedroht sind. Beispiele für die Schaffung von Gemeinschaftsmöglichkeiten sind Freizeiteinrichtungen und Treffpunkte für Kinder und Jugendliche, Betreuung von Kindern und Alten, Mieterinformationen, Bildungs- und Kulturangebote, wobei diese Gemeinwesenarbeit immer zugleich lebensweltlich gesehen werden muß. Weitere Gemeinschaftsfunktionen erwachsen aus der Bedrohung der Gemeinschaft, wie extreme Mieterhöhungen, Bauschäden, geplante Industrieansiedlungen, Verkehrsintensivierung, sog. Sanierungen, Abbau von Grünflächen, Schließung von Schulen (lange Schulwege für die Kinder; Beziehungsbruch), Abbau von sozialen Leistungen im Lokalmilieu und ähnliche Bedrohungen des Gemeinwesens. Wenn ein ausgedehntes Netzwerk vorhanden und die Verknüpfung mit den Makronetzen eng ist, kann es seinen Einfluß geltend machen, solche Mängel des Gemeinwesens zu beheben und Bedrohungen von ihm fernzuhalten.

2. 4. 5. Phasen der Gemeinwesenarbeit.

Wir können sechs Phasen in der Gemeinwesenarbeit unterscheiden (P. Friese, 1989: 61-63; H. Seibert, W. Noack, 1996: 81 f.). Diese sind nicht linear aufeinander folgend gedacht, sondern zyklisch. Gleichzeitig ist dieser zirkuläre Prozeß offen, niemals abgeschlossen, vielmehr autopoietisch sich selbst gestaltend. Im folgenden sollen die einzelnen Phasen dargestellt werden.

- *Gründliche Analyse der Lokalität.* Dies beinhaltet die Geburt und Einführung eines Konzeptes. Dann werden Informationen gesucht und eine quantitative und qualitative Gebietsanalyse vorgenommen. Schließlich wird das Material gesichtet und interpretiert.
- *Planung der Strategie.* Jetzt werden die Ziele für das Handlungsprogramm formuliert, wobei differenziert wird zwischen übergeordne-

ten Zielen und operationalen Teilzielen. Dabei ist es gut, Parallelmöglichkeiten zu entwickeln, um flexibel auf Realisierungschancen reagieren zu können.
- *Aktion.* Das Handlungsprogramm wird gestartet und durchgeführt.
- Resultate. Das Konzept wird evaluiert, was möglicherweise zu einer Veränderung der Aktionen führt oder zum Beginn neuer Gruppen oder auch zu einem autopoietischen Wachstum des Gemeinwesennetzes.
- *Nachbereitung.* Nach dem Start des Konzeptes und der Aktionen geschehen oft Veränderungen. Oft müssen begleitende Aktionen geschaffen werden. Beispielsweise muß ein Sprachkurs für Aussiedler oder Ausländer flankiert werden durch Gesprächskreise und Nachbarschaftskreise, die Erwachsenenbildungs- und Kulturarbeit leisten und zusätzlich eine offene Jugendarbeit, damit den Kindern und Jugendlichen des Sprachclubs der Weg ins Netzwerk eröffnet wird.
- *Beurteilung; Rückblick.* Immer wieder ist eine Wirkungsanalyse angebracht, die zeigt, ob das Netz seine erwünschten Wirkungen auch bringt oder ob es wirkungsarme Routinen produziert. Dann müssen neue Ziele formuliert, neue Projekte entwickelt und bestehende Aktionen wirkkräftig gemacht werden. Das Netzwerk ist ja autopoietisch. Es gestaltet sich selbst, wächst und stirbt ab. Darum bedarf es der ständigen Beobachtung und Erneuerung.

2. 4. 6. Ergebnis

Gemeinwesenarbeit unterscheidet sich vom Individual- oder Gruppenniveau, obwohl sie nach unserem Konzept darauf aufbaut, durch folgende Akzentverschiebungen:

- Gemeinwesenarbeit verschiebt den Schwerpunkt von der Behandlung zur Vorbeugung.
- Sie wechselt von der Fallorientierung zur Systemorientierung.
- Sie ersetzt die Krankheitsbekämpfung durch das psychosoziale Wachstum.
- Sie verläßt die Problemorientierung und handelt im Sinne von Ressourcenvermittlung (Sozialmanagement).
- Sie steigt auf vom Individualniveau zum Gemeinwesenniveau und dem Gesellschaftsniveau.
- Sie setzt an die Stelle der Einzelfachlichkeit des Professionellen seine Mehrfachlichkeit.

3. Beispiel eines Modells lokaler Gemeinwesenarbeit

Das Institut für integrierte Kinder-, Jugend- und Erwachsenenarbeit der Theologischen Hochschule Friedensau (Hochschule mit Universitätsrang) hat ein Modell für lokale Gemeinwesenarbeit entwickelt, das zur Zeit (Januar 1998) folgende Struktur hat:

3. 1. POLYLINEARITÄT DER ANGEBOTE

Weil die Lebenswelten der Bevölkerung hochkomplex und segmentiert sind, ist es notwendig, mehrere Angebote zu machen. Aufgrund der Gebietsanalyse und der Fähigkeiten der Studenten und freiwilligen Helfer ergaben sich folgende Angebotslinien:

- Die Genthiner Pfadfinder mit etwa 35 Kindern und Jugendlichen, sowie 8 Mitarbeitern, bestehend aus Genthiner Bürgern und Studenten: Sie bieten Freizeit-, Erlebnis- und Abenteuerpädagogik und leisten lebensweltliche Eltern- und Familienarbeit. Kleingruppenbildung soll die Kinder und Jugendlichen auch während der Woche zusammenführen.
- Die Kinderfreizeitstube mit etwa 25 Kindern: Die Kinder werden betreut von zwei vollberuflich angestellten Mitarbeiterinnen und einigen ehrenamtlichen Helfern. Alltagslernen und Lebenslernen sowie lebensweltliche Familienarbeit sind die Arbeitsfelder.
- Die offene Jugendarbeit „Lords Party" mit etwa 20 bis 60 Besuchern: Sie wird geleitet von 8 ehrenamtlichen Mitarbeitern und leistet beziehungsorientierte Jugendarbeit. Lebensweltliche Kleingruppenarbeit soll die offene Jugendarbeit ergänzen und vertiefen.
- Der Sprachclub für Aussiedler mit etwa 35 Teilnehmern: Er wird von Studenten durchgeführt und bietet beziehungsorientierten Sprachunterricht; das Ziel ist Inkulturationsbewahrung und die Akkulturation in die neue Gesellschaft und Kultur.
- Der Bibel-Sprachclub mit etwa 15 Teilnehmern wird geleitet von Studenten: Er bietet beziehungsorientierte Gespräche über die Grundlagen des christlich-abendländischen Glaubens an.
- Bisher 6 Nachbarschaftskreise von jeweils etwa 10 bis 12 Teilnehmern: Sie vermitteln christliche, werteorientierte Gespräche, Kultur-

arbeit, Integration von Aussiedlern und Genthiner Bürgern sowie lebensweltliche und alltagsweltliche Hilfen.
- Weitere Nachbarschaftskreise entwickeln sich als altershomogene Kinder- und Jugend-Freundschaftskreise.
- Die Internationale Teestube mit etwa 20 Teilnehmern: Hier geschieht beziehungsorientierte, inkulturationsbewahrende und akkulturationsorientierte Aussiedlerarbeit, Erwachsenenkulturarbeit und christliche, wertevermittelnde Beziehungsarbeit.
- Der Frauenkreis mit ungefähr 15 Teilnehmerinnen, der von zwei Mitarbeiterinnen geleitet wird: Er hat zur Aufgabe eine christlich-therapeutische Frauenarbeit.
- Der Frauen- und Männerabend mit etwa 25 Frauen und 15 Männern: Er ist ein festlicher Höhepunkt und Integrationspunkt für alle Gruppen.
- Streetworking und Homeworking zur Integration von Aussiedlerjugendlichen und jugendlichen Genthinern durch mehrere vollzeitlich angestellte Streetworkerinnen bzw. Stadtmütter: Ihre Arbeitsfelder sind lokale, alltagsweltliche, lebensweltliche Beziehungsarbeit im Gesamt-Netzwerk; d. h. nicht nur Straßenarbeit, sondern auch Aufklärungsarbeit in den Schulen und in der Öffentlichkeit, Familienhilfe und makrosystemische Arbeit mit den Behörden sowie Gruppenarbeit mit männlichen und weiblichen Gleichaltrigengruppen. Die vollzeitlich angestellten Stadtmütter leisten ergänzend dazu Einzel- und Familienhilfe im Sinne der alltagsweltlichen Unterstützung.
- Das Große Internationale Freundschaftstreffen, zu dem alle Netzwerkteilnehmer eingeladen sind: Jeden Freitagabend findet ein festlicher Höhepunkt statt als wertevermittelnde, christliche Kultur- und Bildungsarbeit; im Mittelpunkt steht das Gemeinschaftserlebnis.
- Feste, Ausflüge und Tagestreffen: Sie stellen Integrationspunkte für alle Gruppen dar.
- Ständig entstehen neue Gruppen, während andere absterben.

Deutlich wird die Polylinearität. Wir schufen Zugänge zur Kinder- und Jugendlebenswelt und zu der Lebenswelt der Erwachsenen.

3. 2. INTEGRATION

All diese Angebote arbeiten nicht isoliert, sondern sie sind sowohl mit der Kirchen-Gemeinde integriert als auch untereinander. Die Integration mit der Gemeinde erfolgt dadurch, daß alle Gemeindeglieder an den

Netzwerk-Tätigkeiten beteiligt sind. Der Vorzug, eine Kirchen-Gemeinde an der Gemeinwesenarbeit einzugliedern und sie ins Netzwerk einzubeziehen, besteht vor allem darin, ehrenamtliche Mitarbeiter gewinnen zu können. Die Integration untereinander geschieht dadurch, daß beispielsweise Besucher von Lords Party zugleich Mitglieder der Pfadfinder sind oder Kinder der Aussiedler, die wir über die Elternarbeit kennengelernt haben, zu Lords Party oder zu den Pfadfindern kommen. Eine weitere Integration besteht in den regelmäßigen Mitarbeitertreffen. Schließlich integrieren wir Gemeindeglieder und nichtchristliche Bürger der Stadt bei allen unseren Tätigkeiten. Die Integrationspunkte sind das wöchentliche Große Internationale Freundschaftstreffen, der Frauen- und Männerabend sowie die Ausflüge und Tagestreffen. Beim Internationalen Freundschaftstreffen, das jeden Freitag Abend stattfindet, nehmen etwa 15 Kinder, 20 Jugendliche und 60 bis 80 Erwachsene teil, die alle aus dem Netzwerk kommen. Hier geschieht auch die Integration der Generationen.
Solch vielfache Integrationen halten wir für unverzichtbar, weil nur auf diese Weise das Netz zusammenhält. Desintegrative Angebote, so vielfältig sie auch sein mögen, ergeben kein Netzwerk. Außerdem unterliegt auch ein Netzwerk der Temporalität, das heißt, es kann an Komplexität zunehmen und wachsen, und dies geschieht bei der Zunahme an Komplexität, wobei die Teile des Netzwerkes durch die Verknüpfung miteinander im Sinne der Selbsterhaltung aufeinander einwirken. Umgekehrt unterliegt das Netzwerk bei zunehmender Desintegration der Redundanz, das bedeutet, dem Zerfall (vgl. 3. 10).

3. 3. Alltagswelt und Lebenswelt

Der Begriff „Lebenswelt" stammt von Husserl, der entdeckte, daß der Mit-Mensch nicht im Sinne Kants ein Ding an sich ist, sondern eine Person mit mir, ein Ko-Subjekt (E. Husserl, 1962; 1976). Zunächst allerdings ist sich der Mensch als Leiblichkeit in einer Beziehung zu sich selbst gegeben. Dies ist die erstrangige (primordiale) Beziehung. Indem ich meiner selbst bewußt werde, nehme ich den Mit-Menschen und die Welt der Dinge an sich wahr. Ich vergegenwärtige sie, indem ich mich mir selber vergegenwärtigt bin. Das Selbstbewußtsein setzt also das Bewußtsein von einem anderen (transordiale Beziehungen). Mit dem anderen bilde ich die Lebenswelt, die jeder rationalen Wissenschaft vorausgeht. Während das Wissen über die Welt der Dinge an sich durch Wahrnehmung und Messung zustande kommt, bedarf es für die Erkenntnis des Mit-Menschen einer anderen Wissens- und Erkenntnisform. Sie besteht in der Intuition und im verbalen, nonverbalen und geistigen Austausch, d. h. in der Begegnung. So ist Lebenswelt immer primär social world, zu Kultur verdichtete menschliche Beziehungen und soziale Klimata. Lebenswelt ist als ein System von Beziehungen nicht bloß ein Weg vom Subjekt zum Ko-Subjekt, sondern sie geht durch mich und die anderen hindurch. Darum wird sie einerseits durch mich gestaltet, aber andererseits auch durch die anderen Menschen. Deshalb ist Lebenswelt immer eine gemeinsame Welt. Meine individuelle Lebenswelt ist daher immer vernetzt mit anderen Lebenswelten. Lebensweltliche Sozialarbeit kann infolgedessen immer nur Begegnung und Beziehung sein, und zwar ein Verwobensein mit den Lebenswelten der Menschen, zu denen wir in Beziehung treten.

Für die soziale Arbeit bedeutet dies folgendes: Der Mensch lebt in einer Vielzahl von Beziehungen: im System Familie, in den familienüberschreitenden Netzen Nachbarschaft, Verwandtschaft, Freundschaft, Kollegen, Gemeinde, Arbeit und Freizeit. Dies alles ist seine Lebens- und Alltagswelt, die soziale Welt, in der erlebt und alltäglich lebt. Darüber hinaus hat er Beziehungen zu der ganzen Gesellschaft, zum Staat und der Politik, den Behörden, der Arbeitswelt, zu Kultur und Wissenschaft, zu Geschichte und Volksschicksal. Die Lebenswelt ist also die soziale und geschichtliche Welt, in der ein Mensch kommuniziert und handelt, während die Alltagswelt das Jetzt und Hier der Lebenswelt darstellt. Alltagsweltliches und lebensweltliches Handeln in der sozialen Arbeit bedeutet, den Menschen nicht als das isolierte Individuum zu betrachten, als der er zu einem unserer Angebote kommt, sondern als eingebunden in seine Alltagswelten und Lebenswelten. Wir müssen solch eine Person deshalb zuhause besuchen, sie kennenlernen in ihrem dynamischen Familiensystem, in den vielfältigen Alltagsbeziehungen, in denen sie lebt, und sie zugleich in unsere eigene Alltags- und Lebenswelt einbeziehen, indem wir sie einladen, einen Nachmittag oder ein Wochenende mit uns zu verbringen. So entstehen ganzheitliche Beziehungen und ein tieferer Austausch; es entstehen Loyalitäten und Bindungen, die die Menschen näher an das Netzwerk heranführen und sie stärker ins Gesamtnetzwerk integrieren. Alltags- und lebensweltliche Arbeit überwindet die abwartende Komm-Struktur und setzt an ihre Stelle eine aufsuchende Geh-Struktur (vgl. B. Suin de Boutemard, 1995: 220-231).

3. 4. SYSTEM

Systeme werden durch folgende Komponenten gebildet (vgl. N. Luhmann, 1991):

Kommunikation und Handeln
Systeme sind Netzwerke von vielfältigen Kommunikationen und Interaktionen. Sie bestehen nur, indem Menschen sich miteinander austauschen und gemeinsam reziprok handeln. Dazu sind gemeinsame Kommunikationsinhalte und Handlungsziele notwendig.

Membran
Ein System muß begrenzt sein, um eine unverwechselbare Identität zu besitzen. Allerdings darf sich das System nicht durch eine Panzerung von der Umwelt abgrenzen, weil es sich sonst isolieren würde; Traditionsbildung und Stagnation wären die Folge. Die Membran hingegen ist nach innen und außen durchlässig. Das System kann durch die Membran hindurch die Umwelt beeinflussen, aber auch Einflüsse der Umwelt aufnehmen und verarbeiten. Dadurch ist es ein wachsendes System.

Selbstreferenz
Damit ein System Identität gewinnen kann, muß es sich selbstbezüglich reflektieren, d. h. sich klar werden über den Sinn des Systems, seine Aufgaben, Ziele und Werte.

Interpenetration und Rezeptivität
Durch die Membranbildung (anstelle der Panzerung) ist ja das System beidseitig durchlässig. Es kann in andere Systeme gleichsam eindringen und von ihnen lernen, während es zugleich andere Systeme an sich selbst teilnehmen läßt, wodurch diese wiederum wachsen. Hierdurch entsteht die Rezeptivität, die Bereicherung und das Wachstum durch Rezeption und Verarbeitung von Außeneinflüssen. Durch diese Wachstumsbedingungen kann sich das System ausweiten, reifen und wirksam werden.

Temporalität
Systeme unterliegen der Zeit. Dies hat zwei Aspekte. Erstens bedeutet Zeit nicht nur die Chance zum Wachstum, sondern auch den Zwang zum Zerfall durch Entropie. Systeme sterben ab. Darum brauchen sie durch Rezeptivität und Interpenetration immer wieder Verjüngungsschübe. Zum andern bedeutet Temporalität, daß sich Systeme geschichtlich verändern. Wenn Teilsysteme, wie unser Netzwerk oder die Mikronetze Familie, Verwandtschaft, Freundschaft und Kollegialität, sich nicht mit dem Makrosystem Gesellschaft synchron mit wandeln, bildet sich Zeitasynchronizität heraus. Zeitasynchronizität bedeutet, sich mit dem Gesellschaftswandel nicht mit zu verändern, sondern zeit-

asynchron zu stagnieren. Stagnation bedeutet allerdings nicht nur, der Zeit hinterher zu hinken, sondern zeitleer, und das bedeutet wirklichkeitsleer zu leben. Zeitasynchrone Systeme können darum nur noch zeit- und wirklichkeitsleeren Illusionen folgen.

Autopoiese und Kontingenz
Dies bedeutet, daß Systeme nicht durch Reiz-Reflex-Verhältnisse entstehen, sondern daß sie ersthandelnd sind. Sie können also unabhängig von Außenreizen durch Ersthandlungen die Umwelt verändern, woraufhin eine durch diese Einwirkung veränderte Umwelt auf das System zurückwirkt. Dadurch verändert sich das System ständig, aber auf eine nichtplanbare und unvorhersehbare Weise, da ja die Reaktionen der Umwelt auf ihre Veränderung nicht geplant und berechnet werden können. So sind Systeme aktive, ersthandelnde und zugleich ständig sich unvorhersehbar und unplanbar verändernde Systeme. Alle Konzepte in der sozialen Arbeit sind somit auch der Temporalität und Autopoiese unterworfen. Das bedeutet, daß wir keine fertigen Konzepte verfolgen dürfen, sondern diese stetig den Gesellschaftsveränderungen anpassen müssen. Kontingenz hinwiederum bedeutet, daß Anfangszustände indeterminiert sind. Dies ermöglicht ersthandelnde Aktionen.

Werte und Sinn
Ein System benötigt einen Sinn, warum es überhaupt existieren soll. Ein Fußballverein z. B. muß Fußball spielen, der DLRG muß Ertrinkende retten usw. Jedes soziale Konzept muß wissen, was sein Auftrag und Sinn ist. Gleichzeitig ist Sinnfindung ohne Wertebegründung schwer möglich. Alle Personen, die ja durch Kommunikation und Handeln das System begründen, brauchen eine gleiche Wertegrundlage für ihre Tätigkeit und Gefühlslage innerhalb des Konzeptes. Wir haben für unser Netzwerk die Werte Freundschaft und Versöhnung gewählt.

Jeder Mensch lebt in Systemen. Er ist einerseits ein Individuum-Subjekt, aber zugleich ist er eingebunden in die soziale Welt. Aber auch in den Gemeinschaften selbst ist er nicht vereinzelt, sondern in Beziehungsstrukturen, die sich ausdrücken in Status, Rolle und Positionierung innerhalb der Gruppe, in seinen Loyalitäten zu ihr und seiner Akzeptanz der Normen und Regeln, die in der Gruppe gelten, in der er sich gerade befindet (tatsächlich gehört er vielen Gruppen gleichzeitig an). Es gilt also die Beziehungen zu ihm so aufzubauen, daß er in unseren Gruppen Annahme, Akzeptanz und Durchsichtigkeit erlebt als Ausgleich zu Gruppen, in denen er vielleicht wenig Ansehen, eine schlechte Position und Zwangsrollen einnimmt.

3.5. Die Netzwerkbildung

Durch die Polylinearität, die Integration und die alltagsweltliche und lebensweltliche Arbeit entstehen Linien und Querverbindungen, die ein Netz herstellen. Wir können zwischen Mikro-, Meso-, Exo- und Makronetzwerken unterscheiden (U. Bronfenbrenner, 1981: 19 ff.)
Mikronetzwerke beschreiben den Menschen in seinen primären Beziehungen, d. h. zu seiner Partnerschaft, zu der Familie, zur Nachbarschaft, zur Freundschaft und zu den kleinen Freundschaftsgruppen. Darum sind Mikronetze auch die Kleingruppen und Einzelgruppen innerhalb des Gesamtnetzwerkes.
Mesonetzwerke sind die Beziehungen, die Menschen in der Arbeitswelt und Freizeitwelt eingehen, wobei sie die kleinen Primärgruppen überschreiten zu den sekundären Großgruppen der Gesellschaft. Aber als Mesonetzwerk bezeichne ich auch die Verknüpfung aller Einzelgruppen des Netzwerkes zu einem Gesamtnetz.
Exonetzwerke sind solche, die nicht zum Netz gehören, aber auf dies einwirken. Beispielsweise kann es vorkommen, daß Eltern den Kinder verbieten, zu den Pfadfindern oder der Kinderfreizeitstube oder zu Lords Party zu gehen, beziehungsweise es nicht unterstützen, während andere Eltern hingegen sie sogar dazu ermutigen. Oder die Behörden finanzieren vorgesehene Aktivitäten nicht, die dadurch unterbleiben müssen; im anderen Fall erleben wir eine erstaunliche Unterstützung, die unsere Wirkungsmöglichkeiten erweitern. Es sind also exogene Faktoren, die hindernd oder unterstützend auf das Netzwerk einwirken.
Makronetzwerke bezeichnen die Zusammenarbeit der Behörden und Institutionen untereinander. Ähnlich verstehe ich unter Makronetzwerkarbeit die Verknüpfung des Gesamtnetzes mit den öffentlichen Einrichtungen. Beispielsweise arbeitet die Streetworkerin eng mit der Polizei (bei Wahrung der Verschwiegenheit) und dem Jugend- und Sozialamt zusammen, die Leiter des Netzwerkes pflegen die Beziehungen zu Schulen, Ämtern und öffentlichen Einrichtungen. Ein wichtiger Bestandteil der Makronetzwerkarbeit besteht darin, die politischen und gesellschaftlichen Entwicklungen zu verfolgen, um die neueste Gesetzes- und Verordnungslage zu kennen.

3.6. Geh-Struktur

Die Zukunft der Sozialarbeit liegt in ihrer zugehenden Struktur. Die abwartende Komm-Struktur hat sich in allen Formen der nicht-institutionellen Sozialarbeit wenig bewährt (H. Seibert, W. Noack, 1996: 88-91).

Ein wichtiges Instrument zugehender sozialer Arbeit ist das von uns entwickelte Dual Streetworking und Homeworking, d. h. Straßensozialarbeit und Familienarbeit (W. Noack, 1998: 28-34)

3. 6. 1. Straßensozialarbeit

Unsere ausindividualisierte, freizeitorientierte Gesellschaft mit ihren unübersehbaren Erlebnisangeboten ist auf eine Komm-Struktur nicht angewiesen. Die Handlungen der Freizeitwelt besitzen Gelegenheitsstruktur. Man geht dorthin, wohin die Freunde einen mitnehmen oder wohin der Augenblickseinfall einen treibt. Unsere Arbeit ist darum vorwiegend aufsuchende, zugehende, mobile soziale Arbeit.
Ein hervorragendes Instrument aufsuchender Sozialarbeit ist *Straßensozialarbeit*, d. h. die Verknüpfung von Streetworking und Homeworking. Streetworking ist oftmals zielgruppenorientiert (G. Becker, T. Simon, 1995: 13-15), d. h. die Arbeitsfelder sind Jugendarbeit und Jugendhilfe, Streetwork in der Drogenszene, in der Nichtseßhaftenhilfe, mit der Fußballfanszene, mit Prostituierten und Strichjungen, mit jugendlichen Ausreißern, alleinstehenden Wohnungslosen, in der aufsuchenden und akzeptierenden Jugendarbeit (cliquenorientierte Jugendarbeit), mit Ausländern und Übersiedlern (vgl. G. Fellberg, U. Dressler, 1982; W. Steffan, 1989: 5-7). Wenn auch die Zielgruppenbestimmung für die bisherige aufsuchende soziale Arbeit konstituierend ist (G. Bekker, T. Simon, 1995:13-15), so muß die von uns konzipierte präventive Straßensozialarbeit eine multiplexe Zielgruppenorientierung haben. In der Wahl zwischen zielgruppen- oder gemeinwesenorientierter Straßensozialarbeit (vgl. I. Klass, 1995: 119-132) haben wir uns für eine präventive Straßensozialarbeit mit einer multiplexen Zielgruppenorientierung und einer Integration von Einzelfallhilfe, sozialer Gruppenarbeit und Gemeinwesenarbeit mit lebensweltlichem Ansatz entschieden (W. Noack, 1998: 28-34).
Auf der Mikroebene sind es die Straße, der Schulhof, Durchgänge in Hochhäusern, Höfe, Spielplätze, Grünanlagen, Parks, die das Arbeitsfeld bilden. Wo sich Problemgruppen abzeichnen (sie brauchen es noch nicht zu sein), da sucht die präventive Straßensozialarbeit den Kontakt. Dies können Aussiedler- bzw. Ausländercliquen sein, die Jugendszene von Kindern und Jugendlichen der sozialen Unterschicht oder auch nichtfamilienorientierte Cliquen der Mittelschicht. Solche Gruppen sind nicht marginal, sie bilden noch keine Problemgruppen, aber sie können dazu werden. Zur Mikroebene gehört auch die Einzelfallhilfe. Sobald sich nämlich ein Vertrauensverhältnis herausgebildet hat, ist Beratung gefragt. Wichtige Arbeitsbereiche der Einzelfallberatung sind (B. Klenk, V. Häberlein, 1995: 150):

- Aufarbeitung von Sozialisationsdefiziten.
- Krisenmanagement bei Beziehungskrisen in der Schule, im Betrieb, im Elternhaus, in der Clique, in der Gesellschaft usw.
- Existenzsicherung durch ein Unterstützungsmanagement, das behilflich ist bei der Erlangung von Sozialhilfe, Arbeitlosengeld bzw. Arbeitslosenhilfe, Wohngeld, Wohnungsfindung, Arbeit und Ausbildung.
- Entwicklung und Korrektur von Lebensentwürfen, Umfinalisierung fehlerhafter Lebenslinien.

Auf der Mesoebene erfolgt die Gruppenbildung und die lebensweltliche Arbeit. Dafür ist die Voraussetzung das Vorhandensein eigener Räume, die feste Anlaufstellen und Aufenthaltspunkte sind und die die Anforderung der Akzeptanz erfüllen (vgl. F. J. Krafeld, 1992: 41-45), d. h. zu denen die Jugendlichen kurze Wege haben, die leicht erreichbar sind und die leicht bekannt gemacht werden können, die als Räumlichkeit akzeptiert werden und in denen eine Atmosphäre gegenseitiger Akzeptanz herrscht. Jugendliche brauchen ja einen geschützten Raum, und der Streetworker benötigt die Möglichkeit zur Einzelfallberatung. Denn Einzelfallhilfe und soziale Gruppenarbeit werden sich stets komplementär ergänzen.

Die Gruppenbildung hat die Funktion, aus Cliquen fest strukturierte Gruppen zu bilden, und zwar Jungen- und Mädchengruppen. Gruppen entstehen durch Interaktionen und gemeinsame Handlungen. Wir werden darum den Mädchen beispielsweise Aerobic und den Jungen Sport anbieten. Um Aktionszeiten in einer Sporthalle zu bekommen, müssen die Gruppenmitglieder unter Umständen Mitglieder des Vereins werden. Dadurch werden sie in andere Gruppen integriert. Das Ziel der Gruppenarbeit sind Verhaltensänderungen bei den betreuten Personen. Diese aber bedürfen langfristiger Beratung. Darum dürfen die Bezugspersonen nicht häufig wechseln, damit gewachsene Beziehungen erhalten bleiben. Ein weiteres Problem ist die Freiwilligkeit (W. Hinte, 1990: 29-40). Gruppenmitglieder entscheiden sich freiwillig, eine Gruppe zu besuchen oder sie auch wieder zu verlassen. Weil Gruppenmitgliedschaft nicht delegiert ist, muß der Gruppenleiter eine Atmosphäre der Partnerschaftlichkeit, Offenheit, Akzeptanz und Lebensweltnähe entwickeln. Schließlich werden die Gruppenaktivitäten altersspezifisch angeboten werden. Es ist wichtig, sich bewußt zu machen, daß es Gruppen nicht nur als Gesprächskreise gibt mit gesprächstherapeutischen Funktionen, sondern auch freizeit- und erlebnispädagogisch orientierte Gruppen für alle Altersstufen. Nach unserer Erfahrung brauchen alle Gruppen solch erlebnispädagogische Bereicherungen.

Lebensweltliche Arbeit bedeutet, die Jugendlichen und Erwachsenen in den Familien zu besuchen. Wenn jemand zur Beratung kommt oder Mitglied einer Gruppe wird, stellt er sich uns immer nur in einem Segment seiner Person dar. In Wirklichkeit lebt er in zahllosen Beziehungen in den kleinen Netzen Familie, Verwandtschaft, Nachbarschaft, Freundschaft und Kollegialität. In dieser Lebenswelt muß er aufgesucht werden, wenn wir ihm integrativ helfen und ihn beraten wollen. Lebenswelt ist allerdings nicht nur die persönliche Welt, sondern sie ist social world, die ich mit anderen teile, und diese Lebenswelten durchdringen sich gegenseitig. Darum bedeutet lebensweltliche Sozialarbeit nicht nur Anteil an der Alltags- und Lebenswelt des anderen zu gewinnen, sondern ihn auch an meiner teilhaben zu lassen. Es entsteht ein Prinzip der Reversibilität, der reziproken Anteilnahme. In der Übersiedlerarbeit z. B. kann dies bedeuten, in der Familie Sprachunterricht zu geben, wodurch enge Beziehungen entstehen. Umgekehrt lassen wir uns nicht nur einladen, sondern wir laden die befreundeten Familien auch zu uns ein. So wird aus der Zielgruppe „Kinder und Jugend auf der Straße" die Zielgruppe „Familie in ihrem Netzwerk".

Eine weitere Form der Gruppenbildung erfolgt, wenn sich mehrere Familien zu Nachbarschaftskreisen formieren. Nicht nur Einzelpersonen bedürfen der Hilfe, sondern auch ganze Familien und ihre Netzwerke. Um die kleinen Netze zu stärken (vgl. 4. 2.), gründen wir Nachbarschafts- oder Hauskreise, in denen mehrere Familien zu einem Freundschaftskreis zusammenkommen, um sich über Lebens- und Weltanschauungsfragen auszutauschen, sich Alltagshilfe zu geben und gemeinsame Zeit vergnüglich (freizeitpädagogisch) miteinander zu verbringen. Nachbarschaftskreise stärken also die natürlichen Netzwerke durch Vernetzung. Beispielsweise vermittelte unsere Streetworkerin die Freundschaft zwischen einer isoliert und vereinsamt lebenden jungen Frau mit einer Aussiedlerin, der sie Sprachunterricht gab. So heilt die Netzwerkbildung sowohl die persönliche Isolation als auch die ganzer Familien. Uns haben immer wieder Familien gesagt, daß sie ohne die Hauskreise keine Beziehung zu anderen Familien gehabt hätten.

Das alles ist Aufgabe der zweiten Streetworkerin, die ich Homeworkerin nennen möchte (wir haben für sie auch die Bezeichnung „Stadtmutter" gefunden). Dieses Dual von Streetworking und Homeworking halten wir für unverzichtbar, wenn die Straßensozialarbeit lebensweltlich vorgehen will (vgl 3. 6. 2). Denn unsere Straßensozialarbeiterin ist mit der alltags- und lebensweltlichen Arbeit zeitlich überfordert. Und gerade dies ist das Arbeitsfeld der Homeworkerinnen. Sie besuchen die Eltern der Jugendlichen von der Straße oder aus den Gruppen und umgekehrt die Kinder und Jugendlichen der Erwachsenen aus der Gruppenarbeit. So leisten sie vor allem alltagsweltliche Arbeit. Sie beraten in Alltagsfragen, wie Autokauf, Versicherungsabschlüsse, Wohnungsrenovierung, Umgang mit Geld, Entschuldung, Ehe- und Erziehungsberatung, Hausaufgabenhilfe, Heimunterricht usw. Vor allem ist ihre Aufgabe die Organisation von Nachbarschaftskreisen.

In diesem ganzen Netzwerk besteht das Prinzip der Reversibilität (H. Seibert, W. Noack, 1996: 69. 73). Wer Hilfen empfängt, hilft selbst in anderen Segmenten des Netzes. Dies wird nicht in Hilfe-Einheiten aufgerechnet, denn das Prinzip der Einsicht und Freiwilligkeit ist uns wichtig. Hilfen sollen ja nicht erkauft werden, sondern auch Spaß machen.

Schließlich ist eine wichtige Aufgabe auf der Mesoebene die Intermediarität. Es gilt nämlich, verschiedene Gruppen zusammenzuführen, beispielsweise politisch Rechte und Übersiedler, Rechte und Linke, unterschiedliche ideologiefreie Gleichaltrigengruppen usw. Intermediarität bedeutet aber auch, zwischen Einzelpersonen, zwischen Straße und Familie, zwischen Familien in der Nachbarschaft, zwischen Familien und Ämtern, zwischen den Generationen usw. zu vermitteln. Dabei wahrt die Street- bzw. Homeworkerin Allparteilichkeit.

Unser Konzept „Freundschaft und Versöhnung" (vgl. 3. 13.) verfolgt dieses Ziel. Straßenarbeit wird hiermit zur Gemeinwesenarbeit. Für die präventive und versöhnende Straßenarbeit haben Klenk und Häberlein folgende Grundsätze aufgestellt (B. Klenk, V. Häberlein, 1995: 151):

- Eine versöhnend-solidarische Auseinandersetzung mit der sozialen Umwelt statt aggressiver Gewalttätigkeit.
- Eine höchstmögliche Zusammenarbeit der mobilen Arbeiter mit allen Institutionen, die mit den Arbeitsfeldern befaßt sind (Makronetzwerkarbeit).
- Information und Aufklärung für die Personen, die wir betreuen, wie auch der Behörden und Institutionen mit dem Ziel der wachsenden Kooperation und Katalyse.
- Die Zustimmung der Bevölkerung im Gemeinwesen gewinnen.
- Die Einbeziehung ehrenamtlicher Helfer, die von Professionellen angeleitet werden, aber zunehmend selbst Kompetenz und Eigenständigkeit entwickeln.
- Achtung und Respekt vor fremdkulturellen Lebenswelten bei den Bewohnern des Gemeinwesens fördern, besonders bei den Kindern, Jugendlichen und ihren Eltern.
- Die aktive Auseinandersetzung mit allen Formen der Gewalt, die sowohl das soziale Zusammenleben als auch die Umwelt gefährden.

Auf der Makroebene bedeutet die mobile soziale Arbeit, mit anderen Institutionen, mit Kirchen, Parteien, Gewerkschaften und Behörden zusammenzuarbeiten. Auch Aufklärungs- und Öffentlichkeitsarbeit sind die Tätigkeitsfelder der Makroebene. Erstrebenswert wäre ein „Runder Tisch", ein Stadt- bzw. Stadtteilarbeitskreis, der interessierte Personen, Institutionen und Ämter zusammenführt, die sich mit sozialen Gemeinwesenproblemen befassen, um ein Makronetzwerk mit synergetischem Effekt ins Leben zu rufen.

Straßenarbeit ist dann erfolgreich, wenn sie in ein Netzwerk eingebettet ist. Die Pluriformität des Netzwerkes ermöglicht die Kombination lebensweltlicher Einzelberatung und Gruppenarbeit, aufsuchender Arbeit und Gemeinwesenorientierung. Das Kommunikationsnetz und die Integrationspunkte halten das ganze Netz zusammen und schaffen Loyalitätsbindungen.

Die Einrichtung von Streetwork folgt neun Schritten (G. Becker, 1995: 51-69):

1. Ziele bestimmen. Die Zielbestimmung ist abhängig sowohl von den Kompetenzen der professionellen und freiwilligen Mitarbeiter als auch von den Gemeinwesenbedürfnissen. Dabei läßt sich die Zielbestimmung wiederum differenzieren in drei Handlungsebenen:
   - Auf der Mikroebene findet die Kontaktaufnahme zu unseren Zielgruppen statt, deren Interessen im Sozialraum und die Vermittlung zwischen rivalisierenden Gruppen.
   - Auf der Mesoebene geschieht Vertrauensbildung und Intensivierung der Kontakte, Einzelfallhilfe und Gruppenarbeit, Freizeiten und Unternehmungen, Bereitstellung von Treffpunkten usw.
   - Auf der Makroebene erfolgt die Zusammenarbeit mit den anderen sozial tätigen Gruppen, Einfluß auf die Gemeinwesenplanung, Kontaktpflege mit den Ämtern, Aufnahme in die Regelfinanzierung des Jugendamtes.
2. Situation und Problemlagen der Zielgruppen erkunden. Dies kann geschehen entweder durch direkte Befragung der Betroffenen oder dadurch, sich Kenntnisse über die Zielgruppen und ihre Lebenswelten über andere sozial tätige Gruppen und Verbände zu verschaffen. Durch solche Befragungen können bereits Kontakte geknüpft werden.
3. Sozialräumliche Einbindung. Bei diesem Schritt geht es um die Erfassung der Fakten und Entwicklungen des Sozialraumes, in dem wir arbeiten wollen. Dafür gibt es meist Material bei den entsprechenden Institutionen. Erfragt werden Bildungs-, Arbeits- und Erholungsmöglichkeiten, Strukturen im Produktions- und Dienstleistungsbereich, die Wohnsituation, die Sozialstruktur, wie die soziale Schichtung, die prägenden und integrierenden, aber auch randständigen und ausgegrenzten sozialen Gruppen, das Verhältnis der eth-

nischen Gruppen zueinander, die Meinungsmacher und Multiplikatoren usw.
4. Bestehende Angebote und Defizite erforschen. In jedem Sozialraum sind bereits Angebote für die verschiedensten Zielgruppen vorhanden. Sie herauszufinden, ist der nächste Schritt. Einerseits ist es nicht nötig, gleiche Angebote zu vervielfachen, andererseits kann es möglich sein, daß die bestehenden Einrichtungen vom Träger derart feststehende Programme vorgeschrieben bekommen, daß sie an den Interessen und Bedürfnissen der Zielgruppen vorbeigehen, so daß unser Angebot eine Lücke ausfüllen kann. Wirksamkeit und Annahme des Angebots sind ja die Kriterien einer erfolgreichen sozialen Arbeit.
5. Festlegung der Trägerschaft. Streetworking ist eingebunden in ein Netzwerk. Dieses wiederum bedarf eines Trägers. Wir können einen eigenen Verein gründen oder einen freien Träger wählen oder ein Kooperationsmodell zwischen privater und freier Trägerschaft entwikkeln oder auch einen öffentlichen Träger suchen. Jede Entscheidung hat Vor- und Nachteile. In jedem Fall ist es notwendig, die Aufgaben und Zielsetzungen zu definieren und Übereinkunft zu erzielen. Vor allem müssen die Grundsätze Parteilichkeit, Anonymität, Verschwiegenheit und Flexibilität gewährleistet sein.
6. Finanzierung. Es ist notwendig, zwischen festen Kosten (Personal, Mieten, Versicherungen) und variablen Mitteln für Veranstaltungen, Fahrten, Festen, Materialien usw. zu unterscheiden. Oft bleiben für die laufenden Kosten zu wenig Mittel übrig. Darum müssen sie bei der ersten Beantragung differenziert und in genügender Höhe beantragt werden. Gerd Becker empfiehlt (ders.: 60), bei der ersten Beantragung keine Dumping Kalkulation einzureichen, weil die Bewilligungen in den nächsten Jahren sich nach dem ersten Antrag richten werden. Wichtig ist auch die Unterscheidung zwischen Investitions- und Folgekosten. Letztere werden oft unterschätzt.
7. Eröffnung der Arbeit, öffentliche Anerkennung, Ressourcenfindung. Eine wichtige Voraussetzung für die Anerkennung ist ein überzeugendes Konzept, das einen Mangel im Gemeinwesen behebt und dessen Wichtigkeit darum eingesehen wird. Inhalt des Konzepts ist: Angaben über die Zielgruppen, deren Lebenslagen und Problemstellungen, über den Sozialraum, die bestehenden Angebote und Defizite (wobei andere Einrichtungen nicht herabgesetzt werden dürfen, sondern anerkennend erwähnt werden), die Ziele des Konzepts, die Arbeitsinhalte und Handlungsfelder, die Trägerschaft und die Kostenkalkulation. Bei der Finanzierung des Konzepts sind wir nicht Bittsteller, sondern die Behörden sind, wenn sie das Projekt

genehmigt haben, zur Beihilfe verpflichtet (KJHG §11, 13). Der Vorteil, daß das Streetwork in ein Netzwerk eingebunden ist, wird sichtbar an seiner Einbindung in das Makronetzwerk. Die vielfältige Beziehungsarbeit zu den Einrichtungen, Behörden und Meinungsträgern des Gemeinwesens trägt jetzt Früchte.
8. Mitarbeiterinnen und Mitarbeiter finden. Es ist nicht empfehlenswert, daß eine Person, die in der mobilen sozialen Arbeit tätig ist, allein arbeitet. Es sollen mindestens zwei hauptamtlich angestellte Personen sein, die nun eine Anzahl freiwilliger Helfer wählt. Dabei müssen bestimmte Richtlinien beachtet werden (H. Seibert, W. Noack, 1996: 75-82). Es ist wichtiger, motivierte, am Konzept interessierte und vor allem beziehungsfähige freiwillige Helfer zu wählen, die Zeit haben, als hochqualifizierte.
9. Der Start: Orientierungs- und Kontaktphase. Wenn das Streetworking beginnt, sind zwei extreme Strategien zu vermeiden: Weder darf der Streetworker/die Streetworkerin die Zeit nur mit Sozialraumerkundung verbringen, noch über die Zielgruppenannäherung und die Beziehungsarbeit den Blick für das Gesamtkonzept verlieren. Aber auch in diesem Falle erweist sich die Einbettung in ein Gesamt-Netzwerk von Vorteil, weil die Leitung des Gesamtnetzes auch für die mobile Arbeit die Supervision übernimmt.

Notwendigkeit mobiler Gemeinwesenarbeit: Modernisierung, Mobilisierung, Individualisierung und Pluralisierung. Die Modernisierungstendenzen (T. Simon, 1995: 34-37; W. Noack, 1997: 84-103) führen zu einem Strukturwandel der Wirtschaft, der folgendermaßen charakterisiert werden kann:

- Das Süd-Nord-Gefälle wird ergänzt durch das West-Ost-Gefälle, wodurch ungleiche Lebenschancen in der Gesamtgesellschaft entstehen.
- Hohe Arbeitslosigkeit, besonders in Ostdeutschland, als strukturelle Arbeitslosigkeit kann nicht mehr nach klassischen, wirtschaftstheoretischen Konzepten abgebaut werden.
- Automatengesteuerte Produktion führt zu einem Abbau der Beschäftigung in den Fertigungssektoren und zu einer Stärkung des Dienstleistungssektors, der sich umstrukturiert.
- Unternehmensansiedlungen werden vor allem von kleinen Kommunen umworben, wodurch sich das kleinstädtische und ländliche Milieu wandelt.
- Wachsende Mobilitätsanforderungen werden an die Arbeitnehmer gestellt, um Arbeit zu finden. Das betrifft vor allem die Jugend. Dies führt entweder zu Entwurzelungen oder zu multilokalen Mehrgenerationenfamilien.

Dieses alles hat einen immensen Einfluß auf das Sozialverhalten der Menschen, vor allem der Jugend. Der Gesellschaftswandel begünstigt nämlich das Auftreten abweichenden Verhaltens, das aus Verunsicherungen und Orientierungsverlust entspringt.

Mit der Auflösung oder doch einer Verdünnung von Ligaturen, d. h. sozialen Bindungen, ist die Individualisierung als ein Zwang zur Individualisierung verbunden (U. Beck, 1986; W. Heitmeier, T. Olk, 1990). Kollektive Solidarität und Problemlösungsmuster, die aus dem jeweiligen Arbeits- und Freizeitmilieu erwachsen waren, weichen dem Individualisierungsdruck. Einerseits bedeutet Individualisierung eine Zunahme an Freiheit und Selbstbestimmung, die Möglichkeit eines eigenen Lebensentwurfes. Andererseits beinhaltet die gewonnene Freiheit den Zwang, sich entscheiden zu müssen. Dies erfordert einen hohen Orientierungsbedarf. Die hochkomplexe Gesellschaft ist allerdings kaum noch durchschaubar. Deshalb beobachten wir bei vielen Menschen einen Hang zur Simplifizierung, d.h. zur Suche nach einfachen Erklärungsmustern, um sich mit ihnen identifizieren zu können. Diese Tendenz wird verstärkt durch die Mobilität, weil sie Menschen in immer neue Milieus zwingt, die ihnen unvertraut sind und die sie daher fremd anmuten.

Vor allem ist die Jugend vom Gesellschaftswandel betroffen. Einerseits nehmen ihre Sozialräume stetig ab und werden immer erlebnisärmer, da sie von der Öffentlichkeit beansprucht werden. Andererseits eröffnen sich vielen Jugendlichen finanzielle Möglichkeiten von hohem Ausmaß. Sieben Millionen Kinder zwischen sieben und fünfzehn Jahren verfügen über vier Milliarden DM Taschengeld. Dadurch wachsen die Konsummöglichkeiten. Allerdings bedeutet das auch, daß Erlebnis oft durch Konsum ersetzt wird.

Straßensozialarbeit muß, wenn sie erfolgreich sein will, nach unseren Erfahrungen folgende *Bedingungen* erfüllen (vgl. auch T. Simon 1995: 47-50):

- Mobile Straßensozialarbeit muß ein Mindestmaß von Infrastruktur und Vernetzung aufweisen, so wie sie in unserem Modell in ein Netzwerk eingefügt ist.
- Straßensozialarbeit erfordert Allparteilichkeit. Als Mediator nimmt die Streetworkerin bzw. der Streetworker sowie die Homeworkerin genauso Partei für die Personen oder Gruppen, auf die sie/er sich einläßt, wie auch für deren Familien und für die Ämter. Dies ist natürlich eine sehr schwierige Position, die einer großen Feinfühligkeit bedarf.
- Langfristigkeit ist notwendig, weil der Aufbau von Beziehungen viel Zeit braucht, weil Verhaltensänderungen ausdauernder Begleitung

bedürfen und weil Hilfen langfristige Strategien verlangen. Langfristigkeit bedeutet allerdings auch, daß die Straßenarbeiter-Personen nicht wechseln. Bezugspersonen können nicht beliebig ausgetauscht werden, wenn enge Beziehungen gewachsen sind.
- Verankerung im Gemeinwesen. Die Straßensozialarbeit achtet darauf, daß Institutionen und Ämter ihre psychosozialen und ökonomischen Hilfen gewähren, die notwendig sind.
- Straßensozialarbeit verknüpft darum die Methoden der Einzelfallhilfe, der sozialen Gruppenarbeit und der Gemeinwesenarbeit miteinander.
- Straßensozialarbeit darf vor allem die Mädchen nicht aus dem Auge verlieren, da die aggressiven männlichen Personen das Bild dominieren. Oft gilt es, die Lebenswelt der Mädchen erst einmal sichtbar zu machen. Darum bilden wir in unserem Modell von Straßensozialarbeit gesonderte männliche und weibliche Gruppen, um die Mädchen spezifisch fördern zu können, ohne daß sie Rücksicht auf den Erwartungsdruck der männlichen Partner nehmen müssen.
- Straßensozialarbeit muß lebensweltlich arbeiten, d. h. familiäre, nachbarschaftliche, freundschaftliche und kollegiale Strukturen erneuern, stärken und als Hilfepotentiale organisieren.

Modernisierung, Mobilisierung, Individualisierung, Pluralisierung, Konsum und Erlebnisverlust bewirken eine so starke Tendenz zum sozialen Rand und dem sozialen Unten von Teilen der Bevölkerung und vor allem der Jugend, daß mobile soziale Arbeit gefordert ist.

3. 6. 2. Soziale Mütterlichkeit als Beruf

Wir haben in unserem Netzwerk eine Straßensozialarbeiterin (Streetworking) und zwei Stadtmütter (Homeworking) angestellt. Dies entspricht unserem Konzept, die Sozialpädagogik aus ihrer professionellen und technisch-methodischen Vereinseitigung zu befreien und die Mütterlichkeit als Beruf zu erneuern (vgl. Ch. Sachße, 1994).
Als Antwort auf die Wirtschaftskrise von 1873 entwickelte sich durch die Verknüpfung von bürgerlicher Sozialreform und bürgerlicher Frauenbewegung das Leitbild der „geistigen Mütterlichkeit". Dieser Begriff stellte eine Synthese dar zwischen dem klassischen Frauenideal und dem Zwang zur Professionalisierung. Schon Luise Otto hatte 1851 gefordert, daß das Ewig-Weibliche, das sind für sie Einfühlung, Emotionalität und Aufopferung, gegenüber dem einseitigen Verstandesdespotismus der Männer verwirklicht werden müsse (Ch. Sachße, 1994: 102). Solche Vorstellungen prägten die bürgerliche Frauenemanzipationsbewegung

bis ins 20. Jahrhundert hinein: Die Frau besitzt eine natürliche Mütterlichkeit, durch die sie die Familie nach innen hin beseelt und schützt, die Kinder erzieht und eine Atmosphäre der Ruhe und Erholung schafft, während der Mann in der Arbeitswelt für den Erwerb zuständig ist. Die Frau repräsentiert also Wärme, Emotionalität und Geborgenheit, der Mann hingegen Rationalität, Geist und Aktivität. Henriette Schrader-Breymann verknüpfte die Mütterlichkeit mit der Ausbildung zur Kindergärtnerin, wodurch sich Mütterlichkeit und Ausbildung zur geistigen Mütterlichkeit verbanden (Ch. Sachße, 1994: 106).

Als die Bismarckische Sozialgesetzgebung in der Weimarer Republik quantitativ und qualitativ ausgebaut wurde, entstanden kommunale Wohlfahrtseinrichtungen, die die soziale Arbeit professionalisierten. Dies führte zu einer dreifachen Entwicklung: Erstens wurde Sozialarbeit als Beruf entworfen nebst den Bedingungen seines Erwerbs und seiner Ausübung. Zweitens organisierten sich die sozial Tätigen zu Berufsorganisationen. Und drittens wurden Männer zum sozialen Frauenberuf zugelassen. Dies alles führte zu einer Professionalisierung und Methodisierung der sozialen Arbeit, die ursprünglich eine angewandte, auf die Welt übertragene Mütterlichkeit gewesen war.

Die Frage ist, ob die soziale Arbeit nicht die Grundideen der ursprünglichen frauengeprägten Sozialpädagogik erneuern sollte. Gegen die entseelte, vermännlichte, überindividualisierte Gesellschaft, aber auch gegen die von Institutionen, Verbänden und Bürokratien beherrschte soziale Arbeit stellen wir das Prinzip der sozialen Mütterlichkeit als geistige Mütterlichkeit, der Verknüpfung von Berufskompetenz und Mütterlichkeit (vgl. M. Brückner, 1992: 524-536; I. Brehmer, 1990). Unsere beiden Stadtmütter sollen ihre Kompetenz, Mütterlichkeit, Beziehungsfähigkeit und Kreativität zur Heilung zerstörter Beziehungen und zur Behebung von Not einbringen, um das Gemeinwesen mit Mütterlichkeit zu beseelen. Dies ist ein Beitrag zur Humanisierung der sozialen Arbeit.

3. 7. BEZIEHUNGSORIENTIERUNG

Aus dem Gesagten geht hervor, daß jede Arbeit im Netzwerk der Gemeinwesenarbeit beziehungsorientiert ist. Beziehungsorientierung ergibt sich aus dem Bedürfnis des Menschen, auf ein Gegenüber bezogen zu sein. Erich Fromm stellte fest, daß der Mensch auf andere hin lebt. Wenn er nicht bezogen ist, dann ist er verrückt (E. Fromm, 1996: 99). Der Mensch braucht ein Objekt der Hingabe, denn außerhalb der Gesellschaft, unabhängig von sozialen Beziehungen und gesellschaftlichen Einbindungen, kann der Mensch sich weder entwickeln noch

überleben. Reifung und Entfaltung der Persönlichkeit sind gebunden an eine Ko-Existenz. Im Gegensatz dazu verkümmert das Humanum des Menschen, wenn er sich isoliert.
Nicht nur Individuen, auch Systeme existieren aufgrund der Beziehungsfähigkeit des Menschen und gelungenen Beziehungen. Denn sie entstehen durch kommunikatives Handeln. Abgeschlossene, autonome Systeme sind nur begrenzt lebensfähig. Nur wenn ihre Grenzen Membrane sind und sie darum Informationen austauschen können und nur wenn durch gegenseitige Durchdringung (Interpenetration) sich Systeme gegenseitig beeinflussen im Geben und Nehmen, können sie leben. Schließlich sind die Sinnsysteme der westlichen Industriegesellschaften derartig pluralisiert, segmentiert und säkularisiert, daß das Individuum keine sichere Orientierung mehr besitzt. Weil sich die Makrosysteme von der traditionellen Sittlichkeit entbunden haben, suchen die Menschen Orientierung in den Mikrosystemen: in der Familie, der Verwandtschaft, der Nachbarschaft, der Freundschaft und in kleinen sozialen Gruppen. Darum versuchen wir bei allen Konzepten, die wir verfolgen, kleine Gruppen zu bilden, die durch Beziehung leben.
In Anlehnung an Rogers (C. R. Rogers, 1991: 65-84) können wir Beziehung wie folgt charakterisieren:

- *Echtheit*: Damit ist die Fähigkeit der Beziehungsaufnahme und Beziehungspflege gemeint. Beziehungen müssen ehrlich und aufrichtig sein und verzichten auf Fassadenhaftigkeit. Echtheit erlaubt dem andern, an meinem Leben teilzunehmen. Darum betreuen wir die Menschen nicht bloß, sondern beziehen sie in unser Leben ein, indem wir sie zu uns nach Hause einladen oder mit ihnen kommunikative und erlebte Zeit verbringen. Echtheit eröffnet aber auch dem Helfer den Weg ins eigene Innere, wodurch er fähig wird zu helfen.
- *Transparenz*, *Offenheit*: Sie ermöglicht dem anderen, in mich hineinzuschauen und meine Echtheit wahrzunehmen. Nur wenn er feststellen kann, daß ich offen bin und es ehrlich mit ihm meine, ist er bereit, sich helfen zu lassen. Offenheit ist aber auch nötig auf Seiten des Hilfesuchenden. Denn nur, wenn er bereit ist, sein Inneres zu öffnen, ist individuelle und spezifische Hilfe möglich.
- *Wertschätzung*: Sie schließt ein, den andern mit Achtung und Rücksichtnahme zu behandeln, ihn zu akzeptieren als eine eigenständige, wertvolle, einmalige Person, der das Recht auf ein eigenes Leben zukommt. Dies bedeutet, daß der andere niemals Objekt sein darf. Je mehr der Helfer den anderen als Objekt wahrnimmt, desto mehr wird sich der andere als Objekt betrachten, und umgekehrt wird sich der Mensch immer mehr individualisieren und als eine unverwechselbare,

wertvolle Person erleben, wenn wir ihn als Subjekt behandeln. Wir dürfen ihm darum kein fertiges Lebenskonzept aufzwingen, obwohl wir Identifikationsangebote machen können. Aber wir werden auf die unentdeckten Möglichkeiten und Kräfte des anderen Menschen bauen. Der Mensch kann sie entdecken und ein neues Verhältnis zu sich und der Welt gewinnen, wenn wir ihn mit liebenden Augen anschauen. So wird der sozial Tätige wie im Empowerment zum Sachwalter der Möglichkeiten und der Einzigartigkeit des anderen.

- *Empathie*: Dies bedeutet, die Wahrnehmungs-, Gefühls- und Denkwelt des andern zu betreten und in ihr heimisch zu werden. Wir ermutigen den anderen, uns dies zu erlauben. Denn niemand darf in die Intimwelt einer anderen Person analysierend eindringen. Umgekehrt lassen wir den anderen in uns hineinblicken, damit er sich in uns spiegeln kann. Auf diese Weise erkennt er sich selbst wie nie zuvor. Er entdeckt sich in seinen Möglichkeiten und seinem einmaligen Wert, und er findet seine Identität.

Darum ist jeder sozialen Arbeit die gelungene Beziehung vorgeordnet. Es dürfen vor allem von den Laienhelfern methodische Fehler gemacht werden, und bei den Gruppenstunden können Unvollkommenheiten auftreten, wenn nur die Beziehungspflege intakt bleibt.

3. 8. REVERSIBILITÄT

Wie bei unserem Konzept der Solidaritätsnetze (H. Seibert, W. Noack, 1996: 69; 73) sind die Hilfen im Netzwerk reversibel. Dies bedeutet, daß die einseitige Helfer-Klienten-Struktur aufgegeben wird, weil sie Abhängigkeit und Unmündigkeit hervorbringt und eine strukturelle Über-Unter-Ordnung erzeugt. Alle Mitglieder des Netzes empfangen Betreuung und Hilfe, aber gleichzeitig sind sie an anderer Stelle des Netzes selbst Helfer. Beispielsweise geben Besucher der offenen Jugendarbeit Lords Party Aussiedlerkindern Nachhilfeunterricht in Deutsch. Umgekehrt helfen Aussiedlerjugendliche Altgenthiner Jugendlichen in Russisch aus. Oder Mitglieder des Netzwerkes reparieren die Tische unserer Teestube.

3. 9. GRUPPENARBEIT

Wie wir unter 2. 3. bereits gezeigt haben, ist Gruppenarbeit eine zentrale Aufgabe der Gemeinwesenarbeit. Sie ergänzt auf eine zeitrationale

Weise die soziale Einzelfallhilfe. Denn einerseits spart Gruppenarbeit viel Zeit gegenüber der Beratung von Einzelnen, weil eine ganze Gruppe beraten wird, und zum anderen sind die gruppendynamischen Prozesse hilfreich, da sie Gemeinschaft bilden und den Einzelnen in einem Netz auffangen.

Allerdings ist es unser Konzept, Kleingruppenbildung und Angebote von Großgruppen miteinander zu verknüpfen. In den Kleingruppen entstehen Gemeinschaftsgefühl und Sozialverhalten, und es bilden sich die Gefühle von Angenommensein, Aufgehobensein und Dazugehörigkeit heraus. In den Großgruppen, z. B. den Tagesfahrten, den Festen oder vor allem beim wöchentlichen internationalen Freundschaftstreffen hingegen entsteht das Gefühl, einer größeren Gruppe zuzugehören; es entstehen Wir-Gefühle, die sich nicht kommunitaristisch auf Volk, Staat und Gesellschaft beziehen, sondern auf den größeren Kreis der Freunde. Es sind gesunde und bescheidene Wir-Gefühle, die Wert und Würde verleihen und das Bewußtsein, einer größeren Gruppe von Bedeutung anzugehören. Es entstehen identitätsbildende Identifikationen, die zur Reifung und dem Wachstum der Persönlichkeit beitragen.

3. 10. AUTOPOIESE

Dieser Begriff besagt, daß solch ein lebendiges Netzwerk und System wie unser mittleres Netzwerk sich unvorhersehbar und unplanbar verändert, sich selbst gestaltet und wächst. Es ist wichtig, auf all diese Veränderungen sofort positiv zu reagieren als Erneuerungs- und Wachstumschance (H. Seibert, W. Noack, 1996: 59-68). Autopoiese bedeutet, daß organische Systeme sich selbst hervorbringend, reproduzierend, erhaltend und wachsend sind (H. Maturana, F. Varela, 1987):

- Als selbstorganisierende Systeme entstehen sie spontan aufgrund bestimmter Anfangs- und Randbedingungen als Zustände oder auch als Folge von Zuständen. Selbstorganisation bedeutet noch nicht Selbsterhaltung, da ja Systeme der Temporalität und damit dem Zerfall unterliegen. Auch Netzwerke sind temporal und entropisch, sodaß sie wachsen und zerfallen, d. h. sie unterliegen sowohl der Komplexitätszunahme als auch der Redundanz.
- Selbsterhaltende Systeme entstehen dadurch, daß die Teilsysteme zyklisch miteinander verknüpft sind, sodas sie sich gegenseitig Erhaltungsinformationen weitervermitteln. Für ein Netzwerk bedeutet dies, daß die einzelnen Teile des Netzes aufeinander im Sinne gegenseitiger Erhaltung wirken.

- Selbstreferentielle Systeme sind solche, die sich bei allen Operationen auf vorangegangene beziehen. Durch diese Selbstbezüglichkeit entstehen Kontinuität und Sinn. Deshalb brauchen auch Netzwerke Kontinuität, Periodizität und Integration.

Somit ist auch ein Netzwerk ein sich selbstorganisierendes, selbsterhaltendes und selbstreferentielles System. Als solches ist es wiederum nicht ein triviales, sondern ein nichttriviales System (vgl. R. Reinhardt, 1993: 91-106; H. v. Foerster, 1985). Ich möchte triviale Systeme Maschinen nennen und nichttriviale Organismen. Eine triviale Maschine ist durch eine eindeutige Beziehung zwischen ihrem Input (Reiz, Ursache) und ihrem Output (Reaktion) gekennzeichnet. Diese Beziehung (Reiz-Reflex) ist ein für allemal festgelegt. Es handelt sich demzufolge um ein determiniertes System. Als solches ist es auch vorhersagbar, da ja Input und Output immer gleich aufeinander bezogen sind. Wenn wir ein Netzwerk als Maschine auffassen, dann müssen wir drei Folgerungen akzeptieren:

- Das Netzwerk ist determinierbar, voraussagbar und daher vom Leiter her präzise gestaltbar.
- Effektivität und Effizienz des Netzwerkes hängen dann von der Verbesserung der Organisationsstruktur und der Arbeitsorganisation ab.
- Die Leiter werden darum präzise Pläne und Arbeitsanweisungen entwickeln.
- Die Organisation ist das Mittel zur Zielerreichung. Und auch die Mitarbeiter werden als Human-Maschinen aufgefaßt, von denen gefordert wird, die vorgegebenen Ziele zu erreichen und den Arbeitsanweisungen präzise zu folgen.

Triviale Systeme sind also kontrollierbar und vorhersagbar. Die Leiter des Netzwerkes steuern es wie eine Maschine und die Mitarbeiter als Human-Maschinen. Sie führen im Sinne einer straffen Organisation der Arbeit, richten alles nach einer obersten Idee aus (was nicht Sinn und Werteorientierung des Systems betrifft) und ordnen die Führung hierarchisch. Diese Konzeption wird in Netzwerken mit vielen freiwilligen Helfern scheitern, da sie sich solch einer autoritären Steuerung entziehen werden.

Organismen hingegen sind nichttriviale Systeme. Netzwerke, die wir als Organismen verstehen, unterliegen keinem starren Input-Output-Verhältnis, sondern sie sind in der Lage, ersthandelnd auf die Umwelt einzuwirken (primordial). Jetzt wird das Netzwerk nicht primär durch den Einfluß von außen geprägt, sondern es verändert seinerseits die Umwelt auf äußerst variable Weise. Organismen verändern sich nicht nur durch die Außeneinflüsse, sondern auch durch den eigenen Handlungsvorgang selbst. Darum sind sie nicht vorhersagbar, nicht planbar und nicht steuerbar. Sie sind sich selbst organisierend und selbst wachsend. Denn auch im System selbst, das ja durch Kommunikation und Interaktion gebildet wird, löst sich die Differenzierung zwischen manipulierendem Subjekt und gestaltetem Objekt auf, vielmehr begegnen sich die Individuen einander als Subjekt und Ko-Subjekt, miteinander kommunizierend und handelnd. Dies führt zu gegenseitigen Beeinflussungen, deren Ergebnis kaum vorhergesagt werden kann. Gleichzeitig kommt es zu einer Differenzminimierung, weil Kommunikation und mehr noch das gemeinsame Handeln Differenzen ausgleichen können, und es führt zu einer Verringerung der Sinndifferenzen, weil ja die Teilnehmer gemeinsam Sinn reflektieren. Die Führung in solchen nichttrivialen Netzwerken kann demzufolge nur kooperativ sein.

Die Reflexion über die Autopoiese hat ergeben, daß Netzwerke ersthandelnd auf die Umwelt einwirken, die Mitglieder in einem Ko-Verhältnis zueinander stehen, die Leitung kooperativ ist und das Netzwerk als ganzes die Möglichkeit der Selbsterhaltung hat, wenn die Teile aufeinander erhaltend einwirken. Autopoiese bedeutet aber auch, daß das Netzwerk sich ununterbrochen verändert.

3. 11. Das Kommunikationsnetz

Netzwerke sind definiert als ein Geflecht von Kommunikationen und Interaktionen. Darum ist das Netzwerk ein Beziehungs- und Kommunikationsnetz. Die Leitung des Gesamtnetzwerkes hat die Aufgabe, auf allen Ebenen des Netzwerkes die Kommunikation zu pflegen und zu organisieren.

Auf der Mikroebene gilt es, zu jedem Teilnehmer des Netzwerkes eine intensive Beziehung aufzubauen. Dies bedeutet, mit ihm zu telefonieren, ihm in Notfällen zu helfen, an seinen Geburtstag zu denken usw. Wenn jemand in einer Gruppe des Netzwerkes abwesend war, wird sofort mit ihm Kontakt aufgenommen, um die Verbundenheit auszudrükken. Denn oft stellt sich in der Praxis heraus, das das Fernbleiben harmlose Gründe hatte, zuweilen aber auch Krankheit die Ursache war. Dann ist die Kontaktaufnahme wichtig, um Hilfe organisieren zu können. Diese Kontaktarbeit wird teilweise von der Leitung des Netzwerkes geleistet; doch wird sie diese notwendige Arbeit vor allem an die Mitarbeiter der jeweiligen Gruppe delegieren.

Auf der Mesoebene hält die Leitung des Netzwerkes mit allen angestellten Mitarbeitern und jedem freiwilligen Helfer engen Kontakt. Es ist notwendig, mit ihnen im Sinne einer Supervision über die Schwierigkeiten, aber auch Freuden und Fortschritte der Arbeit zu sprechen, Rat zu geben und zu ermutigen. Sie macht Arbeitsbesprechungen, in denen die Arbeit aufgeteilt und organisiert wird. Ermutigung ist die Hauptaufgabe eines Leiters. Denn ermutigte Menschen sind aktiv, kreativ, leisten freiwillige Dienste und setzen sich gern ein. Entmutigte Mitarbeiter hingegen werden das Netzwerk bald verlassen.

Auf der Makroebene hält die Leitung des Netzwerkes engen Kontakt mit den Personen, die anderen Institutionen, Behörden, Ämtern usw. vorstehen. Seine Aufgabe ist es, die Verwaltungsdienste zu personalisieren. Das bedeutet ganz einfach, daß der Leiter des Netzwerkes nicht mit einer Behörde Kontakt aufnimmt, sondern mit den Menschen dieser Behörde kommuniziert und eine Beziehung aufbaut. Dies kommt dem Netzwerk zugute, aber auch die Menschen, die in den Ämtern, Behörden, öffentlichen Einrichtungen usw. tätig sind, ernten oft wenig Dank für ihre Arbeit und sind froh über menschliche Kontakte.

Eine weitere Ebene der Kommunikation ist die Netzwerkkommunikation. Ein Netz kann entstehen, indem alle Fäden bei dem Leiter als Kommunikationsmittelpunkt zusammenlaufen. Es entstünde ein symmetrisches, leitungszentriertes Netzwerk. Aber dies kann nicht unsere Absicht sein. Unser Ziel ist, daß alle Mitglieder des Netzwerkes untereinander und miteinander kommunizieren, wodurch sich ein asymmetrisches Netzwerk bildet. Darum ist es wichtig, eine Liste aller Netzwerkteilnehmer mit deren Adressen und Telefonnummern herzustellen, damit jeder mit jedem in Kontakt treten kann. Allerdings werden wir bemerken, daß „Kluster" entstehen. Einige Netzwerkteilnehmer werden einen engeren Kontakt miteinander haben und häufiger miteinander kommunizieren und öfter etwas gemeinsam unternehmen als mit anderen. Dies ist ganz natürlich und muß von uns akzeptiert werden. Entscheidend ist nur, daß nicht homogene Gruppen entstehen, die sich abkapseln und selbstgenügsame Netze im Netz bilden. Erst durch Netzwerkkommunikation, eine Menge von Querverbindungen, entsteht ein wirkliches Netz.

Kommunikation ist eine entscheidende, aber auch eine zeitintensive Tätigkeit. Es ist notwendig, ihr eine große Aufmerksamkeit zu schenken und ihr Priorität einzuräumen. Denn Netzwerke werden durch Kommunikation und Interaktion geschaffen. Ihr Leben und Sterben ist deshalb von der Kommunikation abhängig.

3. 12. DIE FINANZIERUNG DES NETZWERKES

Das Netzwerk braucht eine finanzielle Grundlage. Denn die geldlichen Anforderungen sind vielfältig und oft unsichtbar.

- Die Räume, die das Netzwerk braucht, kosten Miete und vor allem Nebenkosten, deren Höhe oft unterschätzt wird.
- Die Gehälter der ganzzeitlich angestellten Frauen und Männer müssen regelmäßig neu beantragt, verwaltet und abgerechnet werden.
- Dasselbe gilt für die Fördermittel.
- Fahrten und Feste sind oft teurer als vorher geplant. Sie sind als Zentrierungspunkte des Netzes notwendig, werden aber selten genügend bezuschußt.
- In manchen Gruppen des Netzwerkes gibt es kleine Bewirtungen, wie in der Internationalen Teestube, in der offenen Kinder- und Jugendarbeit, vor allem auch in der Kinderfreizeitstube usw. Kleine, unaufwendige und möglichst gesunde Angebote, etwas zu essen und zu trinken, ist für manche Gruppen sehr wichtig. Die Kinder der Freizeitstube beispielsweise bekommen zuhause oftmals keine regelmäßigen Mahlzeiten. In der offenen Jugendarbeit ist das Angebot von kostenlosem Tee, etwas Gebäck oder Obst sehr attraktiv und ein Grund zum Besuch. Essen und Trinken sind Ursymbole der Menschheit, die Gemeinschaft und Gemeinsamkeit, ja, sogar Frieden stiften. Darum wollen wir darauf nicht verzichten. Es ist aber schwierig, diese Mahlzeiten zu finanzieren, denn sie werden von den Behörden kaum bezuschußt, und wir wollen als Gastgeber kein Geld vom Gast nehmen.
- Daneben gibt es viele kleine Posten, die immer wiederkehren, wie Blumen und Kerzen, um die Teestube, das Internationale Freundschaftstreffen, die öffentlichen Gruppenangebote usw. freundlich und familiär zu gestalten, eine neue Tischdecke, Geburtstagsgeschenke für Netzwerkteilnehmer und vor allem auch für die Mitarbeiter usw. Diese kleinen Geldbeträge summieren sich und stellen oft ein Finanzierungsproblem dar.
- Immer wieder sind auch Anschaffungen nötig. Teils sind es Ersatzinvestitionen, weil ja das Netzwerk mit seinen vielen Gruppen die genutzten Räume stark beansprucht. Manches nutzt sich ab, manches wird defekt oder wird auch zerstört (in unserem Netzwerk wird die Einrichtung erstaunlich sorgfältig behandelt, auch von den Kindern und Jugendlichen). Oft aber sind auch Neuinvestitionen notwendig. Mit wechselnden und neuen Bedürfnissen innerhalb des Netzwerkes ergeben sich neue Anschaffungen. Und wenn das Netzwerk wächst und neue Angebote entstehen, ist zuweilen eine Anfangsfinanzierung nötig.

Weil es viele Kann-Bestimmungen gibt, auf die wir zurückgreifen müssen, ist es wichtig, Makronetzwerkarbeit zu leisten, d. h. gute Beziehungen zu den Behörden und Institutionen auf allen Ebenen der Verwaltung zu pflegen. Dies wirkt auf die Verantwortungsträger positiv, da sie in Kontakt mit der sozialen Wirklichkeit kommen, aber auch durch die Berichte über unsere Arbeit ermutigt werden.

3. 13. Die Normen und Werte des Netzwerkes

Soziale Systeme brauchen Sinn und damit Werte (N. Luhmann, 1991). Diese müssen so gewählt werden, daß sie Primärwerte sind und keine Sekundärwerte. Letztere brauchen die Zuordnung zu Primärwerten, um überhaupt Werte zu sein. Beispielsweise müssen Fleiß, Ordnung, Pflichtbewußtsein, Genauigkeit, Sauberkeit, Anpassung und Gehorsam in Verbindung stehen zu Liebe, Mitleid, Erbarmen, d. h. mit sozialen Tugenden. Primärwerte hingegen bedürfen solch einer Zuordnung nicht. Sie sind primäre, für sich stehende Werte. Gleichzeitig aber muß Werten zugestimmt werden, damit sie befolgt werden. In einer säkularisierten, individualisierten und segmentierten Gesellschaft können kaum noch transzendental begründete Werte gewählt werden, sondern es müssen Werte sein, die auch der säkulare oder atheistische Mensch anerkennt. Wir haben für unser Netzwerk die Werte Freundschaft und Versöhnung gewählt. Freundschaft bezeichnet das Verhältnis aller Personen zueinander in einer sozialfreundlichen Weise. Und Versöhnung beseitigt die Feindbilder, die durch die Territorialität und Regionalisierung neu entstehen. Wir wollen zur Versöhnung zwischen verfeindeten Gruppen im Gemeinwesen beitragen, zwischen Rechten und Linken, Aussiedlern und Alteingesessenen, Armen und Wohlhabenden, Gebildeten und wenig Ausgebildeten usw. Freundschaft und Versöhnung werden tatsächlich von der Bevölkerung als Werte angenommen und begrüßt. Diese Wertwahl hat dem Netzwerk auch den Namen gegeben: Freundschaftsinitiative.

3. 14. Gemeinwesenarbeit

Wenn sich ein Netzwerk von polylinearen Angeboten und Nachbarschaftskreisen gebildet hat und einen Stadtteil bzw. eine kleine Stadt oder einen Dorfverbund durchdringt, ist es angewachsen zur Gemeinwesenarbeit. Es schließt alle Interventionsformen (Einzelfallhilfe, soziale Gruppenarbeit und Gemeinwesenarbeit) und Interventionsebenen (Individuum, Gruppe, Familie und kleine Netze, Lebenswelt, Netzwerk, lokales Gemeinwesen und Gesellschaft) der sozialen Arbeit ein und umfaßt die Mikro-, Meso- und Makroebene. In dieses Netz von Gemeinwesenarbeit ist jede Einzelaktion und jedes Angebotssegment eingefügt und erhält Sinn und Synergie durch das Gesamtnetz.

4. Arbeitsfelder der Gemeinwesenarbeit mit Zukunftsbedeutung

Ich habe die Gemeinwesenarbeit in Theorie und Praxis dargestellt, um, darauf fußend, zukunftsweisende Arbeitsfelder der Gemeinwesenarbeit darzustellen.

4. 1. FRIEDENSARBEIT

Unsere Welt steht heute m. E. in einer Polarität (sie ist nur eine unter vielen) zwischen Globalisierung und Regionalisierung. Im Bereich der Globalisierung hat sich die weltweite Bedrohung, der Ost-West-Konflikt, aufgelöst. Damit aber verschwand die regionale Disziplinierung. Innerhalb der Blöcke herrschte Friede. Brock und Kaldor nennen dies die Disziplinierungsfunktion der Blöcke, wodurch militärische Konflikte innerhalb der Blöcke beseitigt und alle Staaten innerhalb des Blockes zu einer wirtschaftlichen und sozialen interdependenten Abhängigkeit und einem transnationalen System geführt wurden (L. Brock, 1993: 5; M. Kaldor, 1992: 265). Mit dem Wegfall dieser totalitären Disziplinierung begann die Kriegsbereitschaft der Regionen. Es sei erwähnt, daß die früheren Kolonialreiche die gleiche Disziplinierungsfunktion erfüllten und mit ihrem Zusammenbruch auch hier die Regionalisierung, verbunden mit regionalen Kriegen, ihren Anfang nahm. Seit dem Ende des 2. Weltkrieges bis 1990 gab es ungefähr 160 regionale Kriege, allein zwischen Juli 1991 bis Juni 1992 waren es 44 Kriege (U. Jäger, 1993: 24-27; J. Siegelberg, 1992: 66 f.). Und Krieg bedeutet ja letztlich nichts anderes als Zerstörung und Vernichtung von Natur, Ressourcen, Entwicklungsmöglichkeiten, Wohlstand, Menschen und ganzen Völkern mit ihren Kulturen. Dabei sind eindeutige Ursachen für die Kriege sehr schwer anzugeben. Gerade die Regionalkriege der Zweidrittelwelt weisen so komplexe Ursachen auf, daß allgemeine Aussagen über Kriegsursachen kaum möglich sind, da es sich um Ursachenbündel handelt (U. Jäger, 1993: 25). Regionalisierung der Kriege bedeutet allerdings, daß heute die Friedensarbeit primär regional erfolgen und im Lokalen ansetzen muß. Friede beginnt darum in der Alltagswelt und in der lokalen Kommune. Dabei tauchen drei Fragen auf: Welche Formen besitzt die Gewalt? Welche Formen der Gewalt bestimmen unsere Gemeinwesen? Wie muß darum Friedensarbeit vorgehen?

Zunächst muß unterschieden werden zwischen *negativem und positivem Frieden*. Denn Friede ist ja nicht einfach die Abwesenheit von Gewalt und Kriegshandlungen, die das Ziel haben, ein feindliches Volk und dessen Zivilisation und Kultur zu zerstören, sondern Friede muß mehr sein. Positiver Friede bedeutet, auf Feindbilder zu verzichten, Ungleichheiten auszugleichen, Lebensumstände zu verbessern, Konfliktfähigkeit zu lernen, Kriegsstrukturen durch Bildung und Wertevermittlung zu durchschauen und die potentiellen Entwicklungsmöglichkeiten der Bewohner eines Gemeinwesens zu fördern (J. Esser, D. v. Kietzell, B. Ketelhut, J. Rompell, 1996: 35-38). Nach Esser u. a. (ebd. 38-41) muß zwischen *direkter, struktureller und kultureller Gewalt* unterschieden werden.

- Direkte Gewalt zielt unmittelbar auf eine Verletzung des Körpers, wie Kriegshandlungen, Brandanschläge, Terroranschläge usw. Diese direkte Gewalt wird von Akteuren offen ausgeübt, die sichtbar sind und eventuell verhaftet werden können.
- Strukturelle Gewalt ist eine solche, bei der die Akteure nicht unmittelbar wahrgenommen werden können. Das sind z. B. die Verursacher der Massenarbeitslosigkeit, von Rationalisierungen, lean production, wobei Rationalisierungen und Entlassungen zur „Abmagerung" dienen sollen, von Konjunktur und Rezession, Börsenspekulationen usw. Aber strukturelle Gewalt sehe ich auch in der Gewalt von Ärzten, die über Leben und Tod verfügen können, von Rechtsanwälten und Richtern, die Menschenschicksale in ihrer Hand halten, von autoritären Bürokratien, die Menschen als Aktenzeichen betrachten usw.
- Kulturelle Gewalt schließlich legitimiert die direkte und strukturelle Gewalt. Sie schafft Handlungslegitimationen für die Gewalttäter. Charakteristisch für kulturelle Gewalt ist, daß die Realität so undurchsichtig gemacht wird, daß Gewalthandlungen nicht mehr als solche wahrgenommen und gedeutet, sondern als annehmbar und normal betrachtet werden. Wenn schließlich Verletzung, Entfremdung und Repression eine Gesellschaft bestimmen, läßt sich von einer Gewaltkultur sprechen. Wenn dagegen Friede das Gegenteil von Gewalt ist, dann bedeutet Friedenskultur ein kultureller Friede, durch den direkter und struktureller Friede legitimiert werden.

Nach Esser u. a. (ebd. 34) lassen sich drei Formen der *Gewalt im Gemeinwesen* unterscheiden:
Im ökonomischen Bereich wird der Trend zur Verarmung beobachtet, von dem immer mehr auch erwerbstätige Menschen erfaßt werden. In den Bereichen Armut, Altersversorgung, Krankenversorgung und Arbeitslosenunterstützung wird die Gemeinwesenarbeit ein Unterstüt-

zungsmanagement entwickeln, bei dem sie die verschiedenen, verstreuten Ressourcen organisiert und bündelt, um in der Einzelfallberatung, bei der Menschen in der Regel eine Mehrzahl von Schwierigkeiten aufweisen, wirksam helfen zu können (W. D. Wendt, 1990: 151-166). Dies ist wichtig, weil seit der Wiedervereinigung der innere soziale, ökonomische Friede gestört ist. Die Wiedervereinigung brachte nicht den erwarteten Wirtschaftsaufschwung in Ostdeutschland (aus welchen Gründen auch immer), sondern aus der Mauer wurde eine Trennungslinie zwischen einem armen und einem reichen Teil Deutschlands. Arbeitslosigkeit und Armut breiten sich in einem Drittel Deutschlands, dem östlichen, aus. Hinzu kommt, daß Ost- und Westdeutschland auch im kulturellen Frieden bedroht sind, weil die Menschen in beiden Teilen der Republik verschieden sozialisiert und kulturell gebildet wurden. In Westdeutschland wiederum fallen die Stabilisierungen durch die Alltagsroutinen, die der Ost-West-Gegensatz ermöglichte, weg. Die negativen Potentiale Westdeutschlands werden dadurch jetzt wirksam: die strukturelle Ungleichheit zwischen den Menschen hohen und niedrigen Einkommens, zwischen Männern und Frauen, zwischen Deutschen und nichtdeutschen Staatsbürgern usw. Die Legitimationen für solche Einstellungen erfolgen in der Kultur und im Alltag. Darum ist Friedensarbeit in der Kommune immer zugleich Kulturarbeit sowie Alltagsarbeit.
Im Bereich der zwischenmenschlichen Beziehungen verschärfen sich Fremdenfeindlichkeit und der Aufbau neuer Feindbilder, die diesmal nicht außerhalb der Grenzen angesiedelt, sondern in der Gesellschaft gesucht werden. Es scheint so zu sein, daß, wenn der äußere Gegner verschwindet, man Feinde im eigenen Territorium sucht. Ökonomische Schwierigkeiten und Armut verschärfen solche Tendenzen. Aber die zwischenmenschlichen Beziehungen leiden auch unter der Verwandlung der sozialen Marktwirtschaft zu einer reinen Konkurrenzwirtschaft, in der nicht nur die Unternehmer auf dem Weltmarkt konkurrieren, sondern auch die Arbeitnehmer auf dem Arbeitsmarkt. Die Konkurrenz am Arbeitsplatz und um seinen Erhalt zerstört Solidarität und Mitmenschlichkeit. Die Folgen von Armut und Arbeitslosigkeit sind u. a.(vgl. Th. Kieselbach, A. Wacker, 1991: 339):

- Verlust der Kontrolle über die eigenen Lebensbedingungen und Gefühle der Hilflosigkeit.
- Entstrukturierung der Zeit und der Zeiteinteilung am Tage sowie Verlust von Zukunftsplanung.
- Abnahme des Selbstvertrauens, Verringerung des Selbstwertgefühls, der Selbstermächtigung und Vertrauensverlust gegenüber den Mitmenschen.

- Emotionale Labilität, verbunden damit auch Anfälligkeit gegenüber Totalitarismen und neuen Feindbildern.
- Schlafstörungen, die auf mangelnde Bewegung und auf einen ruinösen Lebensstil (Aggression gegen sich selbst) zurückzuführen sind.
- Depression, Fatalismus und Apathie, verbunden mit Gefühlen der Wertlosigkeit und Hoffnungsverlust, Selbstisolation, aber auch Zwangsisolation, weil die Mittel für mitmenschliche Beziehungen fehlen. Dadurch werden die Anregungen durch die Umwelt immer spärlicher, während Selbstvorwürfe und Tadel durch die Familie zunehmen.

Eine wichtige Aufgabe der Gemeinwesenarbeit ist es deshalb, den sozialen Frieden zu stärken, das bedeutet emotionale Stabilisierung von Armen und Arbeitslosen durch Gruppenarbeit und die Organisation von neuen Arbeitsplätzen, namentlich im Dienstleistungsbereich.

Im Bereich der Geschlechterverhältnisse verschlechtert sich die Lage der Frauen immer mehr. Überspitzt kann man formulieren, daß das Verhältnis von Männern und Frauen als sozialen Gruppen ein Herrschafts- und Gewaltverhältnis ist (H. Schenk, 1983: 163). Darum treffen Arbeitslosigkeit und Armut vor allem Frauen (B. Ketelhut, 1993: 4-12). Errungenschaften der Frauenbewegung werden eingeschränkt: Die Frau darf nicht mehr wirklich über sich selbst bestimmen, Kindertagesstätten werden geschlossen, alleinerziehende Mütter können immer schwieriger erwerbstätig sein. Deshalb wird die Gemeinwesenarbeit vor allem Frauen unterstützen, ein selbstbestimmtes, sorgenarmes Leben führen zu können.

Um gegen die drei Formen der Gewalt in den Gewaltbereichen des Gemeinwesens vorgehen zu können, schlägt Galtung fünf Wege vor (J. Galtung, 1991: 48-53):

- Multiples gemeinsames Handeln, weil der einzelne zu schwach ist, alle Lebens- und Alltagsprobleme selbst zu lösen. Die Gemeinwesenarbeit wird solche Bestrebungen gemeinsamen Handelns bündeln und organisieren.
- Entwicklung der Subsidiarität besagt, daß die sozialen Probleme von unten gelöst werden, daß also die Friedensarbeit nicht von den Institutionen ausgeht, sondern sich von unten über das Individuum, die Familie, die Gruppe, das Netzwerk, das lokale Gemeinwesen bis zu Staat und Gesellschaft hin aufbaut.
- Aktive Demokratie baut auf der Voraussetzung der Anerkennung des Individuums mit seinem Wert und seiner Würde auf, sowie der Fähigkeit, umsichtige Entscheidungen treffen zu können. Dazu ist Informiertheit notwendig. Gemeinwesenarbeit ist darum immer auch Informations- und Bildungsarbeit, die aufklärt und bildet.

- Für die Gemeinwesenarbeit ist Supervision wichtig, die eine Wirkungs-Bilanzierung vornimmt.
- Vernetzung schließlich meint einmal (so Galtung) die Kenntnis der Ursache-Wirkungs-Verhältnisse, die Abschätzung der Folgen unseres Handelns. Vernetzung bedeutet nach unserer Vorstellung den Aufbau eines dreidimensionalen Netzwerkes zur Durchdringung des Gemeinwesens, um wirkungsvolle Friedensarbeit leisten zu können.

4. 2. Die Vermenschlichung der Wohnwelt

Dies ist angesichts der inhumanen Stadt eine Zukunftsaufgabe. Seit dem 18./19. Jahrhundert entstand eine Kritik an der Stadt, die sich an den neuen Mißständen entzündete: den dunklen, muffigen, sonnenlosen Keller- und Hinterhauswohnungen, den Mietskasernen, der Stadt des 19. Jahrhunderts, die als trostlos, übervölkert von Massen, verelendet und naturfern sowie naturfeindlich angesehen wurde. Im Gegensatz dazu wurde das Dorf agrarromantisch verklärt. Diese Stadtkritik dauert bis heute fort. Mitscherlich setzt der alten, von ihm romantisch verklärten Stadt, die hochgradig integriert und funktional gewesen sei, die moderne Stadt entgegen, die gekennzeichnet ist durch die Vermehrung und Ballung von Menschen, dem Verkehrschaos, der funktionellen Entmischung (z. B. Trennung von Wohnung und Arbeitsplatz; der Stadtkern als Verwaltungswüste), die rücksichtslose, erlaubte Demonstration von Geld-Potenz. Bedürfnis, Markterschließung, Designer und Industrie schreiben diktatorisch Wohnstil und Wohnwelt vor, wodurch Eintönigkeit, Maskerade und Entindividualisierung hervorgebracht werden. Auch vor den Städten wird die Natur vernichtet, und an ihre Stelle tritt das Einfamilienhaus der Vororte als Inbegriff des Inhumanen, weil der Bauherr Identität und Wunschtraum verwechselt. Überhaupt tritt in der Stadt an die Stelle des Nestbaus das Protzentum, das an die Stelle einer Lebenswelt die Selbstdarstellung setzt. Technik, Industrieanlagen und Verwaltungsbauten tun ihr übriges, um die Stadt unwohnlich zu machen. Auch die individuelle Wohnwelt ist gekennzeichnet von Inhumanität: Visuelle Isolation, aber akustische Störung produzieren die Distanzierung zu den Nachbarn (A. Mitscherlich, 1974: 9-27). Noch Bertels spricht von der Siedlungsdichte in den Städten, der Heterogenität, der Pluralität der kulturellen Formen, der Anpassung, der Aneignung von städtischen Räumen durch Kapitaleigner und dem Verlust von gesellschaftlichen Normen und Ordnungen (L. Bertels, 1990: 15.), wobei er aber die bisherige Großstadtkritik widerlegt.

Es lassen sich drei Grundeinstellungen zum Problem Großstadt contra Dorf finden (J. Friedrichs, 1995: 154):

- Die Annahme einer verlorenen, einer *community lost*. Die Städter leben nach dieser Konzeption entwurzelt; sie haben nur wenige und flüchtige Beziehungen. Dies führt zur persönlichen Desintegration und abweichendem Verhalten. Im Dorf und in der Kleinstadt hingegen sind die Beziehungen eng und vielfältig; hier finden die Einzelnen Bindungen und Halt.
- Die Annahme der geretteten, der *community saved*. Bei dieser Position wird festgestellt, daß es in den Städten immer noch gleichsam dörfliche Inseln gibt, Stadtteile, die sehr homogen sind und hohe Identität und festen Zusammenhang geben (Kohäsion, Solidarität). Das dörfliche Ideal bleibt auch hier strukturgebend: Nur wo noch das Dorf in der Stadt ist, bleibt sie als gesunde Stadt erhalten.
- Die Annahme einer bewahrten, einer *community liberated*. In dieser Konzeption besteht die Großstadt weder aus isolierten, beziehungslosen Individuen noch aus geretteten dörflichen Gemeinschaften als Stadtteile, sondern aus einem individuellen Netz von Bindungen, die keineswegs auf den Stadtteil beschränkt sind, sondern sich über die ganze Stadt und darüber hinaus erstrecken. Die Menschen sind nicht an den Stadtteil, sondern an die Stadt gebunden. Dadurch ist der einzelne von den alten Zwängen und der sozialen Kontrolle des Dorfes befreit, hingegen schafft er neue Bindungen, die zwar auch Zwänge darstellen, die aber nicht mehr so stark sind wie auf dem Dorf.

Welche dieser Positionen überwiegt (denn jede ist in ihrer Perspektive vertretbar), erweist die Netzwerkforschung. Schon 1963 hat Elisabeth Pfeil der Großstadtkritik widersprochen und sie widerlegt (E. Pfeil 1963; E. Pfeil 1965; E. Pfeil 1972). Zunächst belegt sie die Bedeutung der Nachbarschaft. Sie stellt auch in der Großstadt eine Not- und Hilfsgemeinschaft dar, die in Funktion tritt, wenn es um kleinere Hilfeleistungen geht, wie Güter gegenseitig ausleihen, Pakete annehmen, Blumengießen, Haustiere bei Abwesenheit der Besitzer pflegen usw. So erweist sich die Nachbarschaft als eine Institution der Hilfe, die durchaus in Anspruch genommen werden darf und auch wird. Manchmal, aber nicht sehr häufig, entwickeln sich aus Nachbarschaften Freundschaften mit gegenseitigen Besuchen und engen sozialen Beziehungen. Wenn auch in der Regel die Nachbarschaft nicht sehr enge Beziehungen beinhaltet, zeigt ihr Vorhandensein doch deutlich, daß der Großstädter nicht isoliert sein muß und es in der Regel auch nicht ist. Als zweiten Aspekt untersucht Elisabeth Pfeil die Netzwerke (diesen Ausdruck verwendet sie noch nicht), in denen Großstädter leben. Sie benutzt den

Ausdruck „Verkehrskreis" für Freunde, Bekannte, Kollegen und Verwandte. Dabei stellte sie fest:
- Die Größe des Verkehrskreises wächst mit dem sozialen Status. Er umfaßt vier bis fünf Familien.
- Mit dem steigenden Status sinkt die Zahl der Verwandten, die am Verkehrskreis beteiligt sind. Der Verkehrskreis einer Handwerkerfamilie wird darum überwiegend Verwandte einschließen und z. B. beim Einkauf an den Stadtteil gebunden sein, während ein Ingenieur eher in der City einkaufen geht.
- Dabei sind die Verwandten überwiegend die der Frau, die Bekannten hingegen die des Mannes. Die Analyse der Beziehungen einer Ingenieursfamilie zeigt, daß zwei der drei Verwandtenfamilien der Frau zugeordnet werden müssen, während der Mann zu sechs bekannten Familien Beziehungen unterhält.
- Der Verkehrskreis des Großstädters beschränkt sich nicht auf die Nachbarschaft oder den Stadtteil, sondern erstreckt sich über die ganze Stadt. 92% der Netzwerkteilnehmer leben außerhalb des Stadtteils.
- Die Verkehrskreise sind relativ homogen, was soziale Schicht und Bildung anbetrifft.

Die Bewohner von Großstädten verhalten sich also anders als Menschen in Kleinstädten oder in Dörfern, aber sie sind keineswegs isoliert, und ihre Beziehungen sind keineswegs geringer oder weniger intensiv. Neuere Studien, etwa von Pappi und Melbeck kommen zu ähnlichen Ergebnissen (F. U. Pappi, Ch. Melbeck, 1988). Danach konnten bis zu fünf Personen genannt werden, zu denen tiefe Beziehungen aufrecht erhalten wurden. Die durchschnittliche Netzwerkgröße betrug 2,46 Personen, wobei 24% nur eine Person nannten, 12,4% hingegen fünf. Die Zahl der Verwandten betrug im Mittelwert 1,36, die der Nicht-Verwandten 1,09. Dies bedeutet, daß die Netzwerkdichte gut ist.
Unterschiede bestehen zwischen kleinen, mittleren und großen Städten. Die Netzwerkgröße ist in kleinen Gemeinden am größten, sinkt bei mittlerer Größe und steigt bei großen Städten wieder an. Der Anteil der Verwandten am Netzwerk nimmt allerdings stetig von kleiner zu großer Stadt ab. Allerdings muß die Auswirkung des Bildungsniveaus bei der Netzwerkzusammensetzung beachtet werden. Je geringer nämlich die Bildung, desto größer ist der Anteil an Verwandten. Auf sie greifen auch Personen mit Hauptschulabschluß bei Krisen, wenn Hilfeleistungen mobilisiert werden müssen, vor allem zurück. Personen hingegen mit Abitur haben eine weniger intensive Beziehung zu Verwandten, eine um so größere dagegen zu denen, die nicht verwandt sind, den Freunden, die auch in Krisenzeiten zu Rate gezogen werden.

Betrachten wir die Netzwerkintensität bezogen auf die Gemeinwesengröße, dann läßt sich feststellen, daß in kleinen Gemeinden der Anteil der positiven Beziehungen mit 38% am niedrigsten ist. Hier kennen einander die wenigsten Netzwerkpersonen, was die Vorstellung von der integrierten dörflichen Siedlung widerlegt und als Agrarromantik aufweist. Der Grund ist, daß viele Dörfer heute „Schlafdörfer" sind, in denen die Menschen schlafen und nur am Wochenende wohnen, aber nicht mehr hier arbeiten. Der Arbeitsplatz als Focus zur Cliquenbildung fällt hier weg. In Mittelstädten, wo die Menschen wohnen und arbeiten, sind die Beziehungen zahlreicher und dichter, nämlich 44% in Städten zwischen 5000 bis 20 000 und 52% in Städten zwischen 20 000 und 100 000 Einwohnern. Dies entspricht der These der geretteten Stadt, der community saved. Von den kleinen zu den großen Städten abnehmend ist die Zahl der in 15 Minuten erreichbaren Verwandten und ist die Zahl der in 15 Minuten erreichbaren Freunde; während die Zahl der Verwandtenbesuche sinkt, steigt hingegen die Zahl der Freunde, die wöchentlich besucht werden. Dies spricht für die bewahrte Stadt, die Community liberated, in der die soziale Kontrolle abnimmt, die Intensität der Beziehungen aber nicht leidet.

Vor allem ist wichtig der Indikator „Hilfeleistung". Sie ist in großen Städten keineswegs geringer als in kleinstädtischen oder ländlichen Kommunen. Allerdings ist die Verteilung der Hilfepersonen differenziert. In kleinen Gemeinden ist die Bedeutung des Ehepartners größer als in Großstädten, die von Familie und Verwandtschaft hinwiederum ist in Großstädten intensiver. Hier werden bei Krankheit oder Krisen auch häufiger Freunde hinzugezogen als in Kleinstädten, wo externe Personen bevorzugt werden (z. B. Banken), was auf die höhere soziale Kontrolle zurückzuführen ist.

Ein bedeutender Unterschied zwischen Klein- und Großstadt ist natürlich die Entfernung. Je kleiner die Gemeinde, desto näher wohnen Verwandte und Freunde beisammen. Dafür spielt in großen Städten das Telefon eine große Rolle für die Dichte und Intensität des Netzes. Es dient dazu, Kontakte aufrecht zu erhalten oder auch Verabredungen zu treffen.

Netzwerke können sich ändern. Freunde können herausfallen, neue Freunde können gewonnen werden. Dabei taucht die Frage auf, warum in großen Städten es relativ fern wohnende Freunde gibt, wo es doch viel bequemer ist, sie in der Nachbarschaft zu haben. Freunde werden frei gewählt, darum spielt die Entfernung keine so große Rolle, und außerdem haben nahe und entfernt wohnende Freunde unterschiedliche Funktionen, und zwar werden bei schweren Problemen die weiter entfernt wohnenden Freunde hinzugezogen.

Wellman, Carrington und Hall haben die räumliche Verteilung der Personen im Netzwerk untersucht (B. Wellman, P. Carrington, A. Hall, 1988: 130-184). Die Personen des Netzwerkes lebten

- bis 0,16 km Entfernung (Haus, Wohnblock) 17%
- bis 0,17-1,6 km Entfernung (Wohnviertel) 5%
- bis 1,7-48 km Entfernung (Stadt) 45%
- bis 49-160 km Entfernung (Land) 21%
- über 160 km Entfernung (Republik) 21%

Das Entfernungsmittel beträgt 16 km.

Es ist deutlich zu sehen, daß die Verteilung der Netzwerkteilnehmer nicht der Vorstellung der geretteten community saved und schon gar nicht der verlorenen, der community lost, entspricht, sondern eindeutig der bewahrten, der community liberated. Dies zeigt auch die multiplexe Leistung dieser Netzwerke: diskutieren, etwas gemeinsam unternehmen (Hobbys), emotionale Hilfe, kleinere Dienstleistungen. Während einige Hilfen reziprok sind, erweisen sich andere als einseitig: Geld leihen oder verleihen, die Hilfe bei der Suche nach einer Wohnung oder einem Arbeitsplatz.

Bei der Untersuchung, ob auch die Personen des Netzwerkes untereinander Querverbindungen haben, stellte sich heraus, daß es zwar nicht viele sind (von 45 möglichen Verbindungen waren es 15), daß es aber Cluster gibt, sog. „Klumpen" bzw. Gruppen von 4 bis 6 Personen innerhalb des Netzes, die fest miteinander verbunden sind. In der Regel weist ein Netz mindestens einen Cluster auf, in dem 50% der Beziehungen stattfinden, was bedeutet, daß er eine große Dominanz im Netzwerk hat. Oft gibt es mehrere Cluster in einem Netz; und weil oft eine Person gleichzeitig zu mehreren Clustern gehört, kommt ihr eine koordinierende Funktion zu.

Diese Untersuchungen bedeuten für die Gemeinwesenarbeit, daß sie nicht in einer verlorenen Stadt arbeiten muß. Vielmehr ist ihre Arbeit konstruktiv fortführend.

Es ist notwendig, die vorhandenen Mikronetzwerke weiter auszubauen und, wo sie krank sind, die Beziehungen zu heilen und zu vermehren. Dies beinhaltet vor allem die Familienpflege.

Dann ist es wichtig, das familiale Netz mit den anderen Primärnetzen zu verknüpfen und zu bereichern, zu Nachbarn, Verwandten, Freunden, Kollegen usw. Sobald Individuen in solche Netze eingefügt sind, können sie sich stabilisieren.

Weiterhin gilt es, ein Netzwerk von Gruppen aufzubauen, die die Primärgruppen erweitern und ergänzen. Durch vielfältige Angebote der

Freizeitpädagogik, der Bildungs- und Kulturarbeit, der sozialtherapeutischen Hilfen usw. können heilende Impulse auf die Primärnetze ausgehen. Schließlich wird die Gemeinwesenarbeit das Makronetz aufrechterhalten, um Aufklärungsarbeit zu leisten und die Mittel für das Netzwerk zu erschließen. Aufklärungsarbeit besteht vor allem darin, die Stadt zu humanisieren: Kindergärten zu gründen und nicht schließen zu lassen, Parkanlagen zu pflegen und vielen Menschen zugänglich machen, für Kinder und Jugendliche Begegnungsmöglichkeiten schaffen, Straßenbauten zu beeinflussen, Spielstraßen durchsetzen und vieles mehr. Vor allem geht es um die Erhaltung bzw. Schaffung von Knotenpunkten, wo die Menschen auch anonym eine Zuflucht finden.

4. 3. DIE BEHEBUNG VON NOT

Die Neue Armut und die Aufspaltung der Wohnwelt in reiche, mittelständische und arme, verarmte Wohnviertel macht die Behebung von Not zur Zukunftsaufgabe. Was aber ist Armut? An welchen Kriterien wird sie festgemacht? In der Regel wird die Höhe des Einkommens über den Grad der Armut entscheiden. Jacobs differenziert folgendermaßen: Armut wird entweder als relative Einkommensarmut definiert oder als die Berechtigung, Sozialhilfe zu beziehen (H. Jacobs, 1993: 423). Allerdings stellen etwa 50% der Anspruchsberechtigten keinen Antrag auf Sozialhilfe. Aber allein die registrierten Fürsorgeempfänger waren 1993 dreieinhalb Millionen, das sind zusammen mit den Nicht-Antragsstellern etwa 6 Millionen Menschen, die mit dem Existenzminimum leben müssen, die also arm sind.

Dabei sind nicht alle armen Menschen gleich von der Armut betroffen. Es gibt besonders benachteiligte Bevölkerungsgruppen. Das sind (J. Esser u. a., 1996: 54-56):

- Die Frauen generell, da sie weniger verdienen als die Männer.
- Alte Frauen sind besonders von Armut betroffen.
- Alleinerziehende Mütter; 95,8% von ihnen beziehen Hilfe zum Lebensunterhalt. Für die Kinder bedeutet das oft soziale Deklassierung, weil sie sich beispielsweise die Prestigeobjekte der anderen Kinder nicht leisten können.
- Familien mit mehreren Kindern werden durch die hohen Mieten an die Grenze der Armut gedrängt.
- Junge Familien haben wegen ihres noch geringen Einkommens Probleme mit der hohen Wohnungsmiete. Etwa eine halbe Million Kin-

der leben in schlechten und sehr beengten Verhältnissen unter inhumanen Bedingungen. Das bedeutet, daß diese Kinder sich selten gesund entwickeln können.
- Langzeitarbeitslosigkeit stürzt Familien oft in Armut, besonders wenn Ratenzahlungen getätigt wurden unter der Voraussetzung, sie bei vollem Lohn abzahlen zu können.

Es wird also immer wichtiger, auf die Behinderung der Alltagsgestaltung durch Armut zu achten. Jacobs fordert (H. Jacobs, 1993), daß man bei der Armutsforschung von den Lebenslagen ausgehen muß. Alltagsweltliche Forschung zeigt, daß es bei Sozialhilfeempfängern, besonders weiblichen, Peinlichkeitsgefühle gibt, weswegen sie keine Sozialhilfe beantragen, obgleich sie darauf Anspruch hätten. Sie wollen nicht als Bittsteller auftreten, und dies um so weniger, als sie meinen, ohne Gegenleistung keine Hilfe in Anspruch nehmen zu können. Es wäre für sie eine Hilfe, sie in ehrenamtliche soziale Tätigkeiten einzuführen. Denn immer mehr Langzeitarbeitslose arrangieren sich nach unseren Beobachtungen mit ihrem Zustand. Sie entwickeln einen Lebensstil der Genügsamkeit, der viele kleine Glücksmöglichkeiten einschließt, die kein oder wenig Geld kosten, z. B. mit dem 35-Mark-Ticket Freunde in ganz Deutschland besuchen oder in eine Stadt fahren, die man schon lange einmal sehen wollte, Gruppen aufsuchen, die kostenlose Angebote machen usw. Allmählich stellen sich durchaus lebenswerte Verhaltensmuster heraus, die verhindern, daß sich diese Personen ernsthaft um Arbeit bemühen. Ehrenamtliche Tätigkeit, durch die Gemeinwesenarbeiter vermittelt, kann eine Mediation zur Arbeitswelt bedeuten.

Allerdings weisen neue empirische Studien nach, daß von einer absoluten Verarmung in der BRD nicht gesprochen werden kann (DIW 1997). Denn die reale Kaufkraftzunahme innerhalb eines Zeitraumes von 1985 bis 1997 betrug bei den unteren Einkommensklassen 16%, das bedeutet, daß das ärmste Einkommenszehntel 439 DM mehr verdiente als 1985, während das obere Einkommenszehntel einen Reallohnzuwachs von 19% aufweisen konnte. Dabei liegt das Lohnniveau in Ostdeutschland im Mittel nur noch 255 DM unter dem Westniveau, bei der unteren Einkommenshälfte nur noch 63 DM. Auch ist die Arbeitszufriedenheit in Deutschland sehr hoch. Nach Analysen der Bundesregierung (Presse- und Informationsdienst der Bundesregierung, 1998: 3) sind 82 % der deutschen Arbeitnehmer mit ihrer Arbeit zufrieden (im Vergleich dazu: in Spanien 78%, in den USA 66%, in Italien 65%, in Frankreich 64% und in Großbritannien 63%). Was aber dabei nicht übersehen werden darf, ist, daß immer mehr Menschen aus den Lohn- und Einkommensverhältnissen herausfallen und verarmen.

Für die Gemeinwesenarbeit stellt sich darum zunächst die Aufgabe der Armutserkundung (vgl. Stadtteilbüro Malstatt, 1994: 261-263), wie verbreitet die Armut in dem Lokalgemeinwesen ist, welche Selbsthilfestrategien die verarmten Menschen entwickeln (besonders Frauen sind hierin erfinderisch), um mit dem reduzierten Einkommen umzugehen. Armutserkundung führt zur Armutsberichterstattung, die an das Makronetzwerk gerichtet ist. Die Aufgabe des Netzwerkers ist es, ein spezifisches *Sozial- und Unterstützungsmanagement* zu entwerfen (vgl. W. R. Wendt, 1990: 151-165). Solch ein *Case management* geht davon aus, daß im Falle von Armut oder anderen fehlgeschlagenen Bewältigungsversuchen des Individuums sich Nöte kumuliert haben. Darum ist Sozialmanagement immer zugleich Makronetzwerkarbeit, weil mehrere Behörden und Institutionen betroffen sind und einbezogen werden müssen. Dieses Case Management beruht auf zwei Annahmen:

- Hilfsbedürftige weisen eine Mehrzahl von Schwierigkeiten auf.
- Im persönlichen Beziehungsfeld, im Wohngebiet und in der Kommune gibt es zahlreiche Unterstützungsmöglichkeiten.

Diese zerstreuten, dem Klienten oft nicht bekannten und von ihm allein nicht erreichbaren Hilfemöglichkeiten gilt es zu bündeln. Dabei ist wieder das Makronetzwerk zu Hilfe zu rufen, damit nicht eine ineffektive Einzelfallhilfe durch voneinander isolierten Behörden und sozialen Einrichtungen erfolgt. Voraussetzung ist natürlich, daß die Gemeinwesenarbeiterin bzw. der Gemeinwesenarbeiter solch eine Verknüpfung von Behörden und Einrichtungen bereits vorgenommen hat. Dann allerdings ist er in der Lage, zwei Aufgaben des Case Managements zu erfüllen:

- Dem Klienten in der Multiplexität seiner Lage wirkungsvoll helfen zu können.
- Die Administration der Hilfe kostengünstig zu gestalten.

Dieses Management ist also die Organisation eines Handlungsfeldes, nicht eine Einzelhandlung.
Durch das Case Management wird die Hilfe effektiv und effizient gestaltet. Dabei folgen zwei Vorgänge aufeinander: Zunächst wird die Dringlichkeit eines Problems ermittelt, sodann erfolgt eine gemeinsame Einschätzung der Lage des Klienten bzw. der Familie. Das gesamte Case Management erfolgt in 7 Phasen:

Die Finde-Phase (Phase des Einstiegs, des engaging, des intake). In dieser ersten Phase wird erkundet, welche Ämter oder Institutionen oder vielleicht sogar Gruppen des Mesonetzwerkes zuständig sind. Oft müssen Maßnahmen gebündelt werden, aber ebenso oft werden Menschen weitervermittelt an andere Stellen. Auf alle Fälle erfolgt zunächst eine Netzwerkberatung, bei der untersucht wird, wieweit Hilfen auch in die Lebens- und Alltagswelt des Klienten verlegt werden können. In diesem Fall ist es notwendig, ein Mesonetzwerk aufgebaut zu haben, in dem Professionelle zusammen mit freiwilligen Helfern tätig sind (vgl. H. Seibert, W. Noack, 1996: 67-82).

Die Phase der Einschätzung und Bewertung (assessment). Die Einschätzung der Lage erfolgt zusammen mit dem Klienten, dessen Selbstaktivität gefordert ist. Denn letztlich ist jeder nur selbst in der Lage, seinen Alltag und die Abhilfemöglichkeiten richtig einzuschätzen. Deshalb ist Case Management primär Alltagswelt-Arbeit, weil Lösungen im Alltag gelingen müssen. Darum stellt Lowy vier Grundsätze auf (L. Lowy, 1988: 33):

- Welche Probleme oder Belastungssituationen bereiten den Betroffenen die meisten Schwierigkeiten (also nicht alle Nöte werden in Angriff genommen, und keine „kleine Psychotherapie" wird angeboten).
- Wo ist Selbsthilfe möglich, um die Belastungen zu bewältigen (coping)?
- Welche Lösungsmöglichkeiten sind am besten geeignet, dem Unterstützungsbedürftigen zu helfen, und welche entsprechen seinen Wertvorstellungen, Gefühlen und der Lebenswelt?
- Welche natürlichen Netzwerke haben die Klienten zur Verfügung (Familie, Verwandtschaft, Nachbarschaft, Freundschaft, Kollegen), und wie werden Personen des Netzwerkes reagieren? Aber wie können auch diese Personen helfen?

Die Phase der Planung und Ressourcenvermittlung. Jetzt werden, ausgehend vom jetzigen Zustand, die Ziele aufgestellt und die Mittel und Wege gefunden, diese Ziele zu erreichen. Wieder werden diese Schritte geplant und dabei gefragt, welche Hilfsquellen sich in der Umgebung des Klienten befinden, die mobilisiert werden können, welche Fähigkeiten des Klienten sich entwickeln lassen, auch wenn sie bisher brach gelegen haben. Denn der Versorgungsmentalität vieler Unterstützung Suchender muß gegengesteuert werden. Gleichzeitig ist ein Verkopplungsvorgang vonnöten, wobei alle Ressourcen des Gemeinwesens aktiviert werden, und zwar die informellen (Angehörige, Freunde, Nachbarn) wie auch formelle, und zwar öffentliche und private Träger der Wohlfahrtspflege. Das bedeutet, daß die Gemeinwesenarbeit einen kommunikativen und organisatorischen Prozeß in Gang setzt, der die verschiedenen sozialen Dienste und Einrichtungen einschließt. Der Verkopplungsvorgang will zwei Systeme zusammenbringen: Das Klientensystem, bestehend aus Einzelpersonen oder Gruppen in ihren Notlagen sowie das Hilfesystem, das aus der sozialen Umwelt der Hilfebedürftigen besteht, ihren natürlichen und institutionellen Netzwerken.

Die Phase des Managements von Unterstützung. Nach der Planung muß die Unterstützung durchgeführt werden. Dazu bedarf es genauer Abmachungen, denn der Helfer kann nicht für beliebig ausweitbare Bedürfnisse zuständig sein. Darum sollten Art, Umfang und Dauer der Unterstützung festgelegt werden, und zwar was der Klient selbst aufbringen will und was der Helfer hinzufügen möchte. Von der Seite der Gemeinwesenarbeit aus ist das Unterstützungsmanagement begleitend, steuernd und stützend. Dabei sind auch Unterstützungsprozesse autopoietisch, sich selbst organisierend und verändernd. Aus diesem Grunde muß der Unterstützungsprozeß variabel bleiben.

Die Phase der Kontrolle und Evaluation. Während des Unterstützungsprozesses ist es wichtig, die Auswirkungen im Lebenszusammenhang und in der Alltagswelt des Hilfebedürftigen zu evaluieren. Dabei werden der Ist-Zustand und der Soll-Zustand komplementär gesetzt, wobei festgestellt wird, wie weit die Unterstützung dem Soll-Zustand entspricht oder nicht und ob daraufhin die Hilfe fortgesetzt oder abgebrochen wird.

Die Phase der Beendigung (termination, disengagement). Eine dauernde und unbeschränkte Hilfe kann die Gemeinwesenarbeit nicht leisten, weil sie sonst von der Einzelfallhilfe absorbiert würde und sie keine Gemeinwesenarbeit mehr leisten könnte. Überdies ist das Ziel der Hilfe die Selbstbestimmung und Eigenverantwortung des Klienten für die gelungene Gestaltung der Alltagswelt.

Die Phase der Nachsorge. Der Helfer wird eine Beziehung nicht von einem Augenblick auf den andern abbrechen, sondern die Beendigung vorbereiten und nach Abschluß der Hilfe eine zeitlang Nachsorge treffen. Vor allem kann die Person dem Mesonetz anvertraut werden, das existieren wird, wenn hinreichend präventive Gemeinwesenarbeit geleistet wurde und ein genügend großes und vielfältiges Netz besteht.

Die Gemeinwesenarbeit wird also am besten der Not vorbeugen und ihr steuern, wenn sie ein Mesonetzwerk aufbaut, das Makronetz kommunikativ unterhält und in diesem Netz durch Unterstützungsmanagement möglichst vielen Hilfsbedürftigen hilft.

4. 4. DIE GESCHLECHTERVERHÄLTNISSE ALS GRUNDLAGE FÜR ZUKUNFTSORIENTIERTE GEMEINWESENARBEIT

Die Gestaltung eines Gemeinwesens hängt sehr stark von der Ausgestaltung der Geschlechterverhältnisse ab. Es ist für das Klima in der Gesellschaft entscheidend, ob die Frauen von patriarchalischen Strukturen unterdrückt und neurotisiert werden oder ob Mann und Frau partnerschaftlich kommunizieren und handeln. Ich möchte das Geschlechterverhältnis auf der Mikro-, der Meso- und der Makroebene behandeln.

4. 4. 1. Frau und Mann als Dyade im Mikronetzwerk Familie

Während einerseits das Weltbild und die herrschende Ideologie der Gesellschaft sowie die staatsgestaltenden Kirchen das Verhältnis der Geschlechter zueinander definieren und bestimmen, erwächst die Wirklichkeit des Geschlechterverhältnisses aus den konkreten Dyaden (Zweierbeziehungen). Es sind die realen alltagsweltlichen Kommunikationen und Interaktionen, die die Zweierbeziehung Mann und Frau bestimmen und gestalten. Sie jedoch werden wiederum geprägt durch psychische Strukturen, durch symmetrische und asymmetrische Dyaden, die sich aus der Typenkonstellation ergeben. Darum ist es wichtig, Persönlichkeitsstrukturen zu kennen, um ihr Verhältnis zueinander in Zweierbeziehungen aufzudecken. Nach Thomann und Schultz v. Thun lassen sich vier Grundstrebungen der Person unterscheiden (Ch. Thoman, 1985; Ch. Thomann, F. Schultz v. Thun, 1993: 146-174; vgl. auch J. Herzog-Dürck, 1978: 74-107):

- Nähe
- Distanz
- Dauer
- Wechsel

Der Hingabetypus sucht *Nähe*, den Nahkontakt. Er sehnt sich, zu lieben und geliebt zu werden. Er bindet sich, oft sogar fesselt er den anderen durch diese Bindung. Er hat ein Bedürfnis nach Zwischenmenschlichkeit, sozialen Interessen, Geborgenheit, Zärtlichkeit und der Harmonie. Schließlich zeigt er Mitgefühl, Mitleid, Selbstaufgabe, aber auch den Wunsch nach Bestätigung.

Die *Stärken* dieses Menschen sind, daß er bestrebt ist, den oder die geliebten Menschen glücklich zu machen. Er fühlt sich in den anderen ein, er denkt mehr an die anderen als an sich selbst, und er kann sich in dieser Hingabe ganz vergessen und mit dem Gegenüber verschmelzen. Er liebt bedingungslos in seiner Hingabe. Außerdem ist er bescheiden, verzichtbereit, selbstlos, friedfertig und harmonisierend. Andere Menschen werden oft idealisiert, deren Schwächen verharmlost und deren Fehler entschuldigt. Er identifiziert sich oft mit Menschen, Idealen und Institutionen.

Die *Schwierigkeiten* können darin bestehen, daß er von der Liebe und Zustimmung anderer abhängig ist, er braucht sie zum Leben. Anhänglichkeit, Hilflosigkeit und Verlustangst veranlassen ihn, sich an den anderen zu klammern, um ihn nicht zu verlieren, um nicht verlassen, einsam und isoliert zu werden. Da er immer „lieb" ist, niemals nein sagen kann und nicht an sich selbst denkt, wird er oft ausgenutzt. Dabei kann diese Dienstbereitschaft bis zur Selbstaufgabe und dem Identitätsverlust führen. Das Extrem ist der Masochismus. - Geringes Selbstwertgefühl, passive Einstellungen und Erwartungen, Dulderolle, gepaart mit der Einstellung moralischer Überlegenheit, die der Leidende gern entwickelt, und die Neigung, Aggressionen nicht auszuagieren, sondern zu internalisieren und zu somatisieren, machen ihn zu einem problematischen Mitmenschen.

Das *Weltbild* des Menschen der Nähe wird geprägt von Nähe, Zärtlichkeit und Liebe, die die Welt gestalten sollten. Der Mensch wird als von Natur aus gut betrachtet. Liebe und Beziehung ist das Wesen des Menschen und der Welt, und sie sollten die Welt verändern.

In der *pathologischen* Übersteigerung neigt der Nähe-Mensch zur Depression oder auch zur Manie.

Therapeutisch will sich der Mensch der Nähe bei pathologischen Zuständen aussprechen, ausweinen, er will klagen und anklagen. Im Gespräch mit anderen vermag er herauszufinden, was er wirklich will, was ihn grämt und stört. Oft nützt ein Kuscheltier, ein warmes Bad, ein gemütliches Bett. Am besten ist es, sich an den Partner kuscheln zu können.

Der Einsiedlertyp lebt in *der Distanz zu anderen Menschen,* um ein einmaliges, unverwechselbares Individuum zu sein. Einmaligkeit, Freiheit und Unabhängigkeit, Unverbundenheit und Autonomie bestimmen ihn. Dabei ist er dem Schönen, dem Idealen und der Erkenntnis verpflichtet, weswegen er seinen Intellekt ausbildet, allerdings oft auf Kosten der Gefühlstiefe.

Die *Stärken* des Einsiedlertyps liegen darin, daß er unabhängig und autark, auf niemanden angewiesen, niemandem verpflichtet, sondern auf sich selbst gestellt ist. Die Einsiedler-Menschen können sich gut distanzieren und Nein sagen. In Gruppen bleiben sie oft anonym, sich unterordnend, und sie stellen sich kaum in den Mittelpunkt. Sie entwickeln dafür Wahrnehmung und Intellekt und werden deshalb gute Theoretiker in Forschung und Lehre. Dadurch sind sie in der Lage, eine autonome Identität zu schaffen, wodurch sie ihre Interessen gut kennen. Sie sind gute Mitmenschen, wenn sie in Ruhe gelassen werden.

Die *Schwierigkeiten* des distanzierten Menschen können darin liegen, daß er Angst hat vor Nähe und Hingabe. Er fürchtet, dabei seine Identität, Individualität und Unabhängigkeit zu verlieren. Um sich zu schützen, wirkt er eher kühl, distanziert, unpersönlich oder sogar kalt und abweisend und wegen seiner Geistigkeit unverständlich und befremdend. Dadurch kann er zum Einzelgänger werden, zum Menschen der Forschung. Durch seinen Umgang mit Büchern kann er entweder herausfinden, daß die Menschen böse sind, was ihn dann mißtrauisch macht, ihn erfüllt mit Verfolgungswahn, Einbildungen, aber auch Arroganz, Ironie, Zynismus und Verfolgungswahn; oder aber er findet heraus, daß die Welt und die Menschen gut sind, und daß es wichtig ist, Welt und Mitmensch auch konkret zu begegnen und von ihnen Gutes zu erwarten.

Das *Weltbild* des distanzierten Menschen hat zum Zentrum den Glauben an die Individualität des Menschen und die Ablehnung des Kollektivismus. Deshalb ist die Freiheit die höchste Bedingung des Daseins. Die Gefahr besteht darin, daß der Idealist anfängt, die Welt unter die von ihm erkannten Ideen zu zwingen. Dann errichtet er Zwangsherrschaften, bei denen es um die Durchsetzung von Ideen geht (Typ Robespierre).

Pathologisch entspricht dem distanzierten Einsiedler-Menschen die Schizoidie, Schizophrenie und Paranoia.

Therapeutisch kann dem Distanzierten geholfen werden, indem wir ihn auf die reale Wirklichkeit verweisen und ihm klarmachen, daß Menschen wichtiger sind als Ideen.

Der Ordnungstyp sucht *Dauer*. Er braucht Verläßlichkeit, Ordnung, Planbarkeit und Kontrollierbarkeit. Darum entwickelt er Planung, Vorsicht, Ziel, Gesetz und Ordnung, Hygiene, Sauberkeit, Theorie, System, Macht, Wille und Kontrolle. Er erstrebt also das Überdauernde, um langfristig Sicherheit zu erlangen. Im zwischenmenschlichen Bereich gelten Verantwortung, Pflicht, Pünktlichkeit, Sparsamkeit, Achtung, Treue, Eigensinn und Anpassung. Diese Tugenden wurden sowohl vom wachsenden Beamtenapparat gefordert und gefördert als auch von der Arbeitswelt der Industrie.

Die *Stärken* liegen bei dem Menschen der Dauer eben in diesem Prinzip der Dauer: Verläßlichkeit, Vertrauenswürdigkeit, Sparsamkeit, Pünktlichkeit und Bodenständigkeit. Er kann zielbewußt planen und auch die Mittel zur Erreichung der Ziele bereitstellen durch Sparsamkeit und Ansammeln von Ressourcen. Dauer bedeutet aber auch, an Gewohntem festzuhalten, Ordnung und Sicherheit zu erstreben, Vorschriften und Prinzipien einzuhalten. In den Beziehungen ist er zuverlässig und treu, und er übernimmt Verantwortung in den Gemeinschaften, in denen er in der Hierarchie eine machtorientierte Rolle und Position erstrebt.

Die *Schwierigkeiten* ergeben sich aus dem Prinzip der Dauer, weil der Ordnungs- und Dauer-Mensch Veränderungen und Unvorhersehbares scheut, nicht bereit ist, ein Risiko auf sich zu nehmen und will, daß alles so bleibt, wie es ist. Darum sucht er Konstanz, wehrt er sich gegen Veränderungen durch die Produktion von Vorurteilen gegenüber Neuem. Er neigt zu Konservatismus, Dogmatismus, Kasualismus, Prinzipienherrschaft, Fanatismus, Machtgier und Reinigungswahn. Um alles kontrollieren zu können, muß er selbst alles kontrollieren können. Vor lauter Sicherung und Planung verliert er das Leben und orientiert sich nicht mehr am Lebendigen, sondern am Toten. Vor Entscheidungen zögert er und versucht, sie ganz zu vermeiden. Wenn sich Macht, Ordnung, Absicherung und Reinheitsfanatismus verbinden, entstehen autoritäre und totalitäre Strukturen. Er predigt Selbstbeherrschung, Selbstzucht und sexuelle Reinheit, d. h. Enthaltsamkeit, entwickelt eine Überrationalität und Triebfeindschaft, ist selbst aber dauernd durch Triebentladungen gefährdet. Deshalb verbietet er allen das, was er sich selbst verbietet. Übertretungen bestraft er hart und sadistisch, und er versucht Menschen durch Drill zu dressieren, damit sie sich Ordnung, Gesetz und seiner Autorität unterwerfen. Schließlich sucht er Distanz, Abgrenzung und Grenzen, die verteidigt werden, und die deutlich eine eigene gute innere Welt und eine fremde, böse, feindliche äußere Welt differenzieren.

Das *Weltbild* des Menschen der Dauer ist oft geprägt von der Vorstellung, daß die Welt und der Mensch von Natur aus böse sind und der Kosmos ein Chaos. Darum ist es die Aufgabe, einen begrenzten Bereich zu einem Kosmos zu formen, der beherrscht wird von Ordnung, Reinheit und Kontrollierbarkeit. Außerdem ist dieser so hergestellte Kosmos statisch, unwandelbar und nicht wachstumsfähig (Wachstum wird als chaotisch abgelehnt). In der Erziehung und der Behandlung von Menschen werden Strenge, Verbote und Verzichtanforderungen gestellt. Arbeit, Gesetz, Ordnung, System und Apparat werden über den Menschen und über das Leben gestellt. Darum erweist sich das System der Dauer als nekrophil und nicht biophil. Er erstrebt autoritäre und totalitäre Macht mit Hilfe der Machtapparate.

In der *pathologischen* Übersteigerung neigt der Ordnungsmensch zur Angstneurose, zu Ordnungs-, Reinigungs-, Kontroll- und Zählzwang sowie zum Sadismus.
Therapeutisch kann dem Ordnungsmenschen geholfen werden, indem er das Gegenteil tut: malen mit Fingerfarben, Umgang mit Ton, Knetmasse usw., Baden in Moorbädern, Unordnung, Entzug der Kontrolle usw.
Der *Darstellungstyp* mit seinem Hang zum *Wechsel* ist fasziniert vom Neuen, dem Reiz des Unbekannten, von Wagnissen und Abenteuern. Er sprengt den Rahmen der Konvention und liebt das Abenteuer des unbegrenzten Künftigen. Dabei aber ist er stark dem Augenblick verhaftet. Deutlich wird also der Hang zur Spontaneität, Leidenschaft, zu Höhepunkten, ja, zur Ekstase, zu Genuß und Festen, Alltagsferne, Phantasie, Verspieltheit, Begehren und Begehrtwerden, im Mittelpunkt stehen und Gesehenwerden. Wechsel ist also das Prinzip des Verhaltens.
Die *Stärken* sind: Der Mensch des Wechsels kann zunächst für seine Umgebung eine Bereicherung sein. Er reagiert spontan, ist begeisterungsfähig, kann auf andere Menschen zugehen, ist sehr kontaktfreudig, liebt es, viele neue Bekanntschaften zu machen und nutzt sie zur Bereicherung und Reifung. Er liebt die Freiheit und das Risiko, ist unkonventionell, liebt das Neue, genießt und läßt andere genießen. Mit dieser Einstellung kann er andere ermutigen, das soziale Klima aufheitern, neue, kreative Lösungen anbieten. Dabei kann er sich gut anpassen (als Anpassungstyp im Gegensatz zum Machttyp). Schwierigkeiten bewältigt er mit Charme. Er ist nie langweilig, immer passiert etwas. Er ist stets auf neue Eroberungen aus und ist auch erfolgreich, weil er elastisch und unbekümmert an die Aufgabe geht.
Die *Schwierigkeiten* drücken sich im Wechsel aus, in der Wechselhaftigkeit. Der Wechsel-Mensch hat Angst vor dem Dauerhaften, Endgültigen, Notwendigen und vor jeder Einschränkung. Er vermeidet Verträge, Verpflichtungen, Verantwortungen, Konventionen, Spielregeln, Vorschriften und Gesetze. Er läßt sich gern ablenken und ist leicht verführbar, am stärksten durch seine eigenen Wünsche. Vor Konsequenzen weicht er aus. Da er eine unvollständige Ich-Identität besitzt, neigt er zur situativen Anpassung (Situationsmarionette). Gleichzeitig ist er aber auch launenhaft, leicht verstimmt, unzufrieden und immer auf der Suche nach Bestätigung, die ihn nie zufriedenstellt. In der aktiven Form drängt er nach persönlicher Macht, wobei er seine Anhänger fördert, solange sie sich ihm unterwerfen, seine Gegner jedoch vernichtet. Wer sich seinen Machtansprüchen widersetzt, erfährt seine Rache. In der passiven Form paßt er sich an und gehorcht einem Führer.

Das *Weltbild* des Menschen des Wechsels enthält alle Elemente der Lebensfreude. Freude und Spontaneität stehen im Mittelpunkt. Gesetz, Ordnung und Anpassung haben keinen Platz in dieser Welt des Wechsels. Statt dessen soll immer Neues entdeckt und entwickelt werden. Fest stehende Wahrheiten gibt es nicht. Das Leben ist ein Welttheater, eine Bühne, auf der der Mensch ein Schauspieler ist, wo er sein Leben möglichst kreativ spielt. Leben heißt Veränderung und Unsicherheit. Diese muß man aber in Kauf nehmen, da Stillstand den Tod bedeuten würde. Beziehungen allerdings unterliegen auch dem Wechsel. Treue und Ehe werden beargwöhnt. Vielmehr gelten Hoffnung, Kreativität, Wechsel und Entspannung im Hier und Jetzt.

Pathologisch drückt sich der Wechsel aus in Narzißmus (Hochstapelei, Selbstglorifizierung), Hysterie, Manie und Illusionismus.

Therapeutisch ist dem Menschen des Wechsels schwer zu helfen, da er seine Welt als schön und erstrebenswert erlebt. Er muß in die Verhaltensweisen der Dauer eingeübt werden.

Gesellschaftlich werden gefördert und genutzt (oder auch mißbraucht) die Einstellungen der Dauer (Verwaltung, Produktion) und der Distanz (Forschung). Nähe und Wechsel scheinen eher der Freizeitwelt zuzugehören.

Zur *Individualisierung* der *Typen* ist folgendes zu sagen: Kein Mensch ist ein reiner Typ aus den gezeigten vier Grundeinstellungen zur Wirklichkeit. Vielmehr gibt es Standorte im Fadenkreuz der Entwicklungsmöglichkeiten. Thomann (Ch. Toman, F. Schultz v. Thun, 1993) hat drei Grundformen herausgearbeitet:

- Bei der *Kreisform* sind alle vier Einstellungen im Fadenkreuz zu sehen, wobei ein Quadrant den Schwerpunkt bildet. Diese Struktur ist erstrebenswert und bezeichnet den integrierten Menschen.
- Bei der *Birnenform* liegt das Schwergewicht in einem Quadranten, während zwei weitere berührt werden. Eine Realtätseinstellung allerdings ist verdrängt.
- Bei der *Bananenform* werden auch drei Quadranten abgedeckt, aber der Schwerpunkt ist ebenfalls wenig entwickelt. Die vierte Realitätseinstellung ist verdrängt.

Weiterhin ist für den *Übergang von dem Persönlichkeits- zum Beziehungsmodell* wichtig, die Beziehungen zwischen den Menschen verschiedener Realitätseinstellungen zu untersuchen.

Die Beziehungen können zunächst *asymmetrisch* sein. Menschen, die eine Grundeinstellung verdrängt haben, wählen einen Partner, der gerade diese Einstellung aufweist. Er ist fasziniert und abgestoßen zugleich von diesem Komplementär-Partner. Zunächst ist er fasziniert, das Andersartige, das der eigenen Person fehlt, ergänzt ihn. Der andere soll das ausleben, was er verdrängt hat. Auf längere Zeit hin allerdings stößt der Gegenpol ab (D. Rosin, 1977). Was zunächst faszinierte, wird nun Ursache zu endlosen Querelen. Dies bildet sich umso prägnanter aus, je stärker eine Person auf eine Grundeinstellung festgelegt ist.

Die Ursache für die allgegenwärtigen Aggressionen bei asymmetrischen Beziehungen ist die *Schattenprojektion*. Während die eigene Einstellungswelt das helle, bewußte Gebiet ist, stellt das Verdrängte die Schattenwelt dar. Verdrängtes beunruhigt und schafft innere Konflikte. Um von ihm ledig zu werden, wird es projiziert. Meist also integriert der Mensch nicht die abgelehnten Einstellungen, sondern verdrängt und projiziert sie. Projektionspersonen sind zu allererst die geliebten Menschen, der jeweilige Partner, allerdings auch die Kinder (H. E. Richter, 1969), und im weiteren jeder Mensch, der fremd oder anders ist. Darum ist es die Aufgabe in jeder Partnerbeziehung, den verdrängten Teil zu integrieren, d. h. ihn im Leben zu entwickeln.

Bei *symmetrischen* Beziehungen wird der Partner gewählt nach der Ähnlichkeit mit soviel Unähnlichkeit, wie der ertragen kann, der wählt. Allerdings bleibt bei der symmetrischen Beziehung stets die Sehnsucht nach der entgegengesetzten, schattenbesetzten Beziehung lebendig und kann sich in plötzlichen und überraschenden Partnerwechseln äußern. Auf die Dauer allerdings scheint sich die symmetrische Beziehung nicht zu harmonisieren, sondern zu polarisieren. Denn die eigene Person will sich von einem andern abgrenzen. Darum muß die ähnliche Person so verändert werden, daß sie unähnlich erscheint.

In beiden Beziehungsformen, der asymmetrischen wie in der symmetrischen, entstehen Nebenbeziehungen. Der Partner kann nicht alle schattenbesetzten Einstellungen gegenüber dem Ko-Partner abdecken. Es bleiben immer Restbedürfnisse (bei Symmetrie) oder Komplementärbedürfnisse (bei Asymmetrie) unbefriedigt. Dies kann zu schweren Partnerschaftsbelastungen führen. Andererseits sehen wir hier die große Bedeutung der Netzwerkbildung. Verwandte, Freunde, Nachbarn und Arbeitskollegen können auf eine nicht sexuelle Weise diese Bedürfnisse erfüllen.

Die Minderbewertung der Frau entsteht in solchen Dyaden dadurch, daß der Mann in der Regel aktiv ist und die Frau passiv. Der Mann ist es deshalb, der den Schatten in die Frau projiziert, wodurch sie entweder das ungelebte Leben des Mannes an seiner Stelle leben soll oder als Projektionsopfer dient. Da der verdrängte Schatten zugleich das Minderwertige ist, wird die Person, auf die projiziert wird, als minderwertig bezeichnet. Diese Schattenprojektion des Mannes auf die Frau hat eine lange tödliche Tradition im Abendland (Ketzerinnen, Hexen). Aber auch bei symmetrischen Dyaden ist der Mann meistens aktiv und die Frau passiv. Er ist es, der der Frau Unvermögen und Versagen vorwirft, da sie sein verdrängtes ungelebtes Leben nicht substituiert. In beiden Fällen hat sich stets der Mann das Recht zum Ehebruch genommen und es der Frau versagt; und darum hat er sich immer wieder das Recht auf Gewalt gegenüber der Frau angeeignet. Damit ein Gleichgewicht der Geschlechter entsteht, müssen Mann und Frau gleich aktiv und passiv, extravertiert und introvertiert sein, und der Mann muß seine Projektion zurücknehmen und den Schatten, das verdrängte ungelebte Leben, in Leben umwandeln. Erst wenn sich auf der mikrosozialen Ebene Mann und Frau gleichwertig und sozial gleich ansehen und behandeln, kann die Gesellschaft heilen.

4. 4. 2. Die Geschlechter in den Mesonetzwerken Arbeit und Freizeit

F. Haug schlägt vor, das Geschlechterverhältnis als Produktionsverhältnis zu sehen (F. Haug, 1993: 216). Sie meint damit, daß die Frauenunterdrückung sich nur begreifen läßt als eine Tat beider Geschlechter aus der Art, wie sie ihr Leben produzieren. Frauen finden überall in der Arbeit, in der Freizeit, im Haushalt und in der Gesellschaft Strukturen vor, die sie in ihren Entwicklungsmöglichkeiten einengen. Zugleich werden diese Verhältnisse immer wieder neu hergestellt, und es sind oft die Frauen, die sie reproduzieren. So sind es manchmal die Mütter, die ihre Söhne in den Krieg schicken (S. Ruddick, 1993). Wenn Frauen die Opferrolle übernehmen, fordern sie die patriarchalische Gewalt heraus (was Männergewalt nicht entschuldigt). Vielmehr müssen sie die Gestalterrolle der Lebenswelt einnehmen, d. h. die Subjektrolle. Dies wirkt sich auch auf die Rolle des Mannes in der Familie aus, da er lernen muß, daß das gesamte System Familie aus Subjekten und nicht aus Objekten, aus Individuen mit Menschenrecht und Menschenwürde besteht.

Um gegen die Gewalt gegenüber Frauen vorgehen zu können, ist eine Differenzierung in ein öffentliches und ein privates Patriarchat hilfreich (T. Batscheider 1993: 179-184). Verknüpfen wir diese Differenzierung mit den drei Formen der Gewalt, der direkten, der strukturellen und der kulturellen Gewalt, dann ergibt sich folgendes Bild:

- Zur direkten, personalen Gewalt gehören geschlechtsspezifische Rollen und Funktionen in Gewaltkollektiven in der Öffentlichkeit und individuelle geschlechtsspezifische Gewalt im Privaten.
- Zur strukturellen Gewalt gehören die kollektive Aneignung von Frauenarbeit in der Öffentlichkeit und die individuelle Aneignung der Arbeit der Frau durch die Familie im Privaten.

- Schließlich gehören zur kulturellen Gewalt die kollektive Unterdrückung eines selbstbestimmten Lebens der Frau in der Öffentlichkeit und die individuelle Unterdrückung der autonomen Entfaltung der Frau im Privaten.

Alle sechs Gewaltformen bilden zusammen die patriarchalische Gewalt, die geschlechtshierarchisch organisiert ist. Diese Analyse zeigt, wie wichtig Frauensozialarbeit für die Gemeinwesenarbeit der Zukunft ist. Noch immer ist das Geschlechterzusammenleben patriarchalisch bestimmt, wenn auch in modernisierter Form (I. Schöningh, 1996: 52-56). Obwohl sich in der Gesellschaft die Stellung der Frau und damit auch die weibliche Biographie geändert hat, hält damit die gesellschaftliche und kulturelle Veränderung der Geschlechterrolle nicht Schritt. Nach Auffassung der Männer sind immer noch die Frauen für die Pflege von Beziehungen zuständig, auch wenn Männer ihre Vaterrolle ernster nehmen als früher und auch in größerem Umfang Haushaltspflichten übernehmen. Aber immer noch träumt der Mann von der Frau als Familienmanagerin. Einerseits wird also die selbständige, selbstbewußte Frau gewünscht, die die Familie eigenständig und verantwortlich regelt, aber dies, um den Mann zu entlasten. Wenn allerdings die Frau ebenso wie der Mann im öffentlichen Arbeitsprozeß steht, überansprucht diese Rolle die Frau. Zwar kann sie durch die modernen Haushaltsgeräte Zeit sparen, durch Kenntnisse von Erziehung die Kinder besser in die Familie einbeziehen als ihre Mütter früher es konnten, und sie unterhält die Beziehungen zur Verwandtschaft, zu den Nachbarn und zu den Freunden durch das Telefon; aber all dies entlastet sie nicht so entscheidend, daß sie selbst Entfaltungsmöglichkeiten außerhalb der Familie besäße. Darüber hinaus soll sie „vorzeigbar sein", eine Forderung, der allerdings auch der Mann entsprechen muß. Eckert, Hahn und Wolf haben festgestellt (R. Eckert, A. Hahn, M. Wolf, 1989), daß Frauen von den Männern Intelligenz, Erfolg, Unternehmungslust, Selbstbewußtsein und Zuverlässigkeit erwarten und Männer von ihren Frauen Weiblichkeit, Freude am Sex, Mütterlichkeit und Ordentlichkeit. Noch immer also sind die Erwartungen an den Mann öffentliche Tugenden und an die Frau häusliche Das bedeutet: Bei aller äußeren Modernisierung der Geschlechterrollen bleibt ihre Verteilung traditionalistisch, konservativ und patriarchisch. Allerdings werden Zärtlichkeit, Toleranz und Gefühl geschlechterübergreifend gewünscht. Das läßt auf einen aufgeklärten Patriarchalismus schließen. Bei kritischer Betrachtung der Rollenerwartungen bemerken wir jedoch, daß männlicher und weiblicher Lebensentwurf in sich selbst und zueinander ambivalent sind. Wenn der Mann beruflich erfolgreich sein will, hat er wenig Energie

und Zeit für die Kinder und für die Zärtlichkeit zur Frau. Wenn die Frau abends „vorzeigbar" sein soll, wird sie kaum Haushalt, Familie und Beruf zusammen bewältigen können. Auch stehen frauliche und männliche Lebensentwürfe in einer ambivalenten Konkurrenz zueinander, bei der die Partner aushandeln müssen, wieweit sich die jeweiligen Selbstentwürfe verwirklichen lassen. Zwei Aspekte ergeben sich aus dieser Feststellung. Erstens existiert die Ambivalenz innerhalb des Wunschbildes von der idealen Partnerschaft. Wenn nämlich der Mann beruflich erfolgreich sein will, muß er viel und lange arbeiten, und damit hat er wenig Zeit und Energie für die Ehe und Familie. Wenn die Frau hingegen „präsentierbar" sein soll, wird sie diese Forderung, zerrieben zwischen den Ansprüchen des Haushaltes, der Kinder und des Berufes, nicht erfüllen können. Sie ist erschöpft und aufgezehrt. Zweitens ist es ein Problem, daß die Konkurrenz der Lebensentwürfe zwischen den Geschlechtern nicht erkannt wird. Darum wird die Frau, indem sie der unbewußten Idee der romantischen Liebe folgt, die eigenen Wünsche und Entfaltungsmöglichkeiten zugunsten der Liebe zurückstellen, während der Mann die Ansprüche des Berufes ins Feld führt. Dieser Konflikt muß bewußt gemacht werden, und das Paar muß eine auf ihre Dyade bezogene Lösung finden.
Sind die Strukturen der Gesellschaft offen oder latent patriarchalisch, dann wird die Frau in den sozialen Feldern Arbeit und Freizeit das Nachsehen haben.

4. 4. 2. 1. Frau und Arbeit
In der Arbeitswelt ist die Frau immer noch zweitrangig, und sie wird stetig durch die Männer vom Arbeitsplatz verdrängt. Gunhild Gutschmidt weist nach, daß beispielsweise vom Erziehungsgeld weniger als 2% der Männer Gebrauch machen (G. Gutschmid, 1996: 45-50). Die Mehrzahl der Männer bleibt also nicht zu Hause und übernimmt die Pflege des Kindes, selbst dann nicht, wenn sie weniger als die Frau verdienen. Das bedeutet, daß in der Regel die Frau die Kindererziehung übernimmt. Und tatsächlich nehmen 99% der Frauen zumindest einen befristeten Erziehungsurlaub. Was bedeutet das aber für sie? Frauen werden gerade in den Jahren ihres beruflichen Aufbaus aus der Arbeitswelt ausgeschlossen. Zwar sind heute die Frauen gleich qualifiziert wie die Männer, und deshalb drängen sie auf den Arbeitsmarkt; jedoch geben sie den beruflichen Aufstieg für den Mann frei, wenn sie nach der Geburt eines Kindes für einige Jahre (das können bei zwei Kindern 6 Jahre sein) aus dem Arbeitsprozeß aussteigen. Diesen Männervorsprung holen sie in der Regel nicht mehr ein. G. Gutschmid zeigt drei Aspekte des Männervorteils (ebd. 46 f.):

- Weil Frauen zwischen drei und sechs Jahren aus dem Berufsleben aussteigen, sind die Frauen als Konkurrentinnen für den Mann um gutbezahlte Stellen mit Aufstiegschancen ausgeschaltet. In einem Alter, wo die Weichen für den sozialen Aufstieg gestellt werden, können die Männer ihre karrierefördernden Netzwerke aufbauen, ihren Status stabilisieren, sich gegenseitig fördern usw. Die Frau hingegen gerät durch die Kindererziehung in einen solchen Rückstand, daß sie ihn nie wieder aufholen kann. Obwohl sie einen gleich hohen Ausbildungsstand wie der Mann besitzt, bleiben die Vorteile auf der Seite des Mannes, denn sie verlassen nicht den Arbeitplatz, sondern sichern sich gute Bezahlung, Anerkennung, Prestige, eventuell sogar selbstbestimmtes Arbeiten und Weisungsbefugnisse. Wenn die Frau nach der Erziehung der Kinder wieder in die Berufswelt einritt, bleiben ihr nachgeordnete Tätigkeiten. Alle anderen sind bereits besetzt.
- Wenn die Frau Erziehungsurlaub nimmt, dann versorgt sie nicht nur das Kind, sondern auch den Mann, seine Wohnung, seine Mahlzeiten, seine Wäsche usw. Sie ermöglicht für ihn eine Atmosphäre von Geborgenheit und Entlastung, die ihm hilft, sozial aufzusteigen. Die Frau verschafft ihm Zeitsouveränität, während ihr nur Patchwork-Zeit bleibt, zerstückelte Gleichzeitigkeit, die sie zermürbt.
- Ein dritter Vorteil für den Mann ist, wenn ein Kind gekommen ist und die Frau Erziehungsurlaub nimmt, daß sein Prestige steigt. Männer mit Familie haben auf dem Arbeitsmarkt Vorteile, weil sie als verläßlich gelten. Kinder zu haben, steigert für den Mann Einkommen und Berufsstatus. Frauen dagegen fallen, wenn sie Kinder haben, hinter ihren Anfangsstatus zurück.

Warum durchschauen Frauen dieses Männerspiel nicht; warum machen Generationen hochqualifizierter Frauen diese Ränke mit? G. Gutschmid nennt folgende Gründe (ebd. 47 f.):

- Frauen respektieren nicht nur die Berufstätigkeit des Mannes, sie wünschen sie sogar, auch auf Kosten der eigenen.
- Schon bald ist der Mann beruflich etabliert und beginnt sozial und beruflich aufzusteigen. Jetzt sagt die Frau, könne sie nicht verlangen, daß der Mann zu Hause bleibe und auf den Aufstieg verzichte.
- Wenn der männliche Partner ein höheres Einkommen als die Frau hat, steht die Frau geradezu automatisch zurück.
- Auch heute noch glauben viele Frauen, daß ihre Berufstätigkeit und die Kindererziehung sich ausschließen.
- Wenn sich aber junge Mütter für die Berufstätigkeit entscheiden, finden sie keine Betreuungsmöglichkeit für die Kinder unter drei Jahren.

Es gibt nur für drei Prozent der Kinder unter drei Jahren Betreuungseinrichtungen.

Die Lage der Frau verschlechtert sich noch einmal, wenn sie Mutter wird, ohne durch das Einkommen des Mannes abgesichert zu sein. In Westdeutschland werden 12%, in Ostdeutschland hingegen über 40% der Kinder nichtehelich geboren. In diesem Fall erhalten die Frauen Sozialhilfe plus Erziehungsgeld. Dies kann ein höherer Geldbetrag sein, als sie bisher verdient haben. Jedoch stigmatisiert sie dieser Umstand als sozial schwache Gruppe. Nach den drei Jahren Erziehungsurlaub gelten sie bereits als Langzeitbezieherinnen. So stempelt sie die Kombination von Erziehungsurlaub und Sozialhilfe zu unfähigen, hilfsbedürftigen Personen ab. Deshalb hat sich die Ansicht durchgesetzt, daß es nicht reicht, Sozialhilfe und Erziehungsgeld zu geben (und den Mann zum Unterhalt heranzuziehen, dem sich ein Drittel der Männer verweigert). Es müssen die Arbeitszeiten und die Erwerbsstruktur verändert, und die Kinderbetreuung für Kinder aller Altersstufen muß ausgebaut werden. Drei Forderungen sind zu erfüllen, wenn Frauen ihre private und ihre erwerbsmäßige Biographie in Deckung bringen will (G. Gutschmid, 1996: 49 f.):

- Ein Gesetz muß regeln, daß Berufstätigkeit und Kindererziehung biographisch gleichzeitig möglich ist und nicht nacheinander vorgeschrieben wird. Es darf nicht der Frau der Ausstieg aus dem Beruf erleichtert werden, sondern es muß möglich sein, daß Mann und Frau gleichzeitig Beruf und Kindererziehung miteinander verbinden können. Dafür sind jedoch u.a. Kinderbetreuung und Ganztagsschulen Voraussetzungen.
- Die Dreijahresregel für den Erziehungsurlaub muß umgewandelt werden in ein Zeitkonto, das nach persönlicher Entscheidung auf mehrere Jahre verteilt werden kann. Statt also drei Jahre lang im Beruf auszusetzen, kann die Frau beispielsweise 6 Jahre lang halbtags arbeiten (was ihren beruflichen Werdegang allerdings auch nicht fördert).
- Das Zeitkonto muß zu gleichen Teilen auf Mann und Frau übertragen werden. Wer seinen Anspruch nicht erfüllt, verliert ihn. Bei dieser Regel wären Männer eher bereit, Erziehungszeiten zu nehmen. Wenn Arbeitgeber auch bei Männern damit rechnen müssen, daß sie während der Familiengründungsphase Erziehungsurlaub nehmen, läge das Arbeitsplatzrisiko „Kind" nicht nur bei der Frau, wie es bis jetzt der Fall ist. 60% der Frauen, die Erziehungsurlaub genommen hatten, wurde vor Ablauf der drei Jahre gekündigt.

Die Benachteiligung der Frau gegenüber dem Mann in der Berufswelt ist also unübersehbar. Nicht besser geht es ihr in der Freizeitwelt.

4.4.2.2. Frau und Freizeit

Freizeit ist nach Opaschowski (H. Opaschowski, 1996: 21-50) in folgende Handlungsfelder aufzuschlüsseln:

Freizeit ist Muße- und Eigenzeit. Als solche entspricht sie Hegels Reich der Freiheit, im Gegensatz zur Arbeitswelt als Reich der Notwendigkeit. Sie ist Zeit zum Leben, für persönliche Interessen und Freizeitbeschäftigungen. Der Mensch kann diese Zeit auch verwenden zur Ruhe und Tätigkeitslosigkeit, zur Meditation oder auch zu sportlicher Aktivität. Die Gefahr der Freizeit als Muße- und Eigenzeit ist das Cocooning, der totale Rückzug ins eigene Zimmer, wo sich das Individuum gleichsam einspinnt in seinen Individual-Kokon. Verständlicherweise ist das Cocooning eine Antwort auf die Hektik und die Zeitbeschleunigungen der Moderne. Ausschlafen, Nichtstun, Faulenzen ist gleichsam eine Entschleunigung der modernen Zeitbeschleunigungen. Die Chancen eines freizeitkulturellen Lebensstils sind vielfältig. Durch ihn wird Eigenzeit zu sinnvoller Zeit für sich selber. Gleichzeitig kann der freizeitkulturelle Lebensstil der Eigenzeit Defizite der Arbeitswelt ausgleichen (ebd. 29):

- Selbst aktiv sein und Selbermachen stehen gegenüber Organisierung und Verplanung.
- Spontaneität und Selbstentfaltung stehen gegenüber Konsumhaltung, Passivität und Entfremdung.
- Sozialkontakt und Gemeinsamkeit stehen gegenüber Isolation und Vereinsamung.
- Sich entspannen und sich wohl fühlen stehen gegenüber Überforderung und Streß.
- Spaß und Lebensgenuß stehen gegenüber Unlust und Leistungszwang.

Freizeit ist Kontakt- und Sozialzeit. Jeder Mensch braucht das Gefühl, sozial gebraucht zu sein. Er will soziale Anerkennung. Dies ist möglich, wenn er sich für die Gemeinschaft einsetzt, Gemeinschaftsaufgaben als freiwilliger Helfer (volunteering) langfristig übernimmt und überhaupt seine Freizeit eigeninitiativ sozial gestaltet.

Freizeit ist Arbeitszeit. Die Strukturmerkmale der Freizeit-Arbeitsgesellschaft sind folgende (ebd. 39): Die Freizeitarbeit kann zum einen Eigenarbeit sein, wie Hobbys, Heimwerken, Reparaturen, Haushaltsarbeit; sie kann zum andern Gemeinschaftsarbeit sein, beispielsweise Selbst- und Nachbarschaftshilfe, soziales Engagement als freiwilliger sozialer Helfer oder freiwillige Mitarbeit in Organisationen, Vereinen, Gewerkschaften, Parteien, Kirchen usw. Freizeitarbeit kann aber auch eine ganz andere Form annehmen: Sie ist Erwerbsarbeit während der Freizeit, z. B. Grau-

arbeit, wie Nebenbeschäftigungen, Nebenjob, Aushilfe; oder sie ist sogar Schwarzarbeit. Solche Freizeit als Arbeitszeit ist wichtig für Arbeitslose, Vorruheständler, „Neue Alte" usw. Aber im weiteren Sinn sollte jeder Mensch zum Prosumenten werden, der nicht nur konsumiert, sondern prosumiert, d. h. in der Freizeit für den Eigenbedarf produziert.
Von all diesen Handlungsfeldern der Freizeit steht der Frau vor allem die innerhäusliche Mußezeit zur Verfügung. 32% der Frauen sehen es als Freizeit an, nichts tun zu brauchen, und 72% der Frauen wollen sich einmal ausschlafen. Für die Sozial- und Kontaktzeit hätte die Frau großes Interesse, doch bleibt ihr oft zu wenig Zeit, sondern sie muß ihre Freizeit als Arbeitszeit im Haushalt verwenden.
Wichtig ist es, die Verschiebung der Freizeitinteressen während der Jahre 1957 bis 1995 zu beobachten (ebd. 21-23).
Am Ende der 50er Jahre standen an der Spitze der Freizeitaktivitäten Zeitung und Illustrierte lesen, Gartenarbeit, Einkaufen gehen, Reparaturen vornehmen, aus dem Fenster sehen und vor allem auch mit den Kindern spielen, denn die Kinderzahl stieg sprunghaft an (Baby-Boom). Die Familie, einschließlich der Verwandtschaft, war also der eigentliche Freizeitraum. Beschaulich aus dem Fenster sehen verschwindet schon 1963 für immer.
Anfang der 60er Jahre wurde das mußevolle „aus dem Fenster sehen" vom Fernsehen verdrängt. Das Spiel mit den Kindern verwandelte sich in die Beschäftigung mit der Familie. Als die 5-Tage-Woche eingeführt wurde, veränderten sich die Freizeitbedürfnisse ein weiteres Mal. An der Spitze standen jetzt Theater-, Konzert- und Veranstaltungsbesuche. Es gehörte zum gesellschaftlichen Prestige, an kulturellen und sozialen Veranstaltungen teilzunehmen, Bedürfnisse, die seit 1975 mehr und mehr verschwanden. Sich Ausruhen und Ausschlafen spielten eine große Rolle, weil die Arbeitsintensität stieg und gleichzeitig mehr freie Zeit zur Verfügung stand.
Mitte der 70er Jahre beobachtete man einen grundlegenden Wechsel von der Familien- und Beziehungsorientierung zur Medienorientierung. Der Medienkonsum stand im Mittelpunkt: Zeitschriften und Zeitung lesen, Radio hören (die Hifi-Anlagen wurden jetzt von den Herstellern entwickelt) und Fernsehen. Alle anderen Freizeittätigkeiten wurden den Medien nachgeordnet. Es trat nun auch das Bedürfnis zu faulenzen auf, d. h. sich auszuruhen, ohne etwas zu tun.
Mitte der 80er Jahre trat neben den Medienkonsum das Telefon, das Freizeitkontakte ermöglichte. Das Telefon wurde zur Kommunikationsbrücke, da sich ja auch die Freundschaften multilokal entwickelten. Zum ersten Mal trat der Sport als hochrangiges Freizeitbedürfnis und als Massenbewegung auf.

Mitte der 90er Jahre dominierten endgültig die Medien in der Freizeitgestaltung. Fernsehen stand seit 1986 an erster Stelle, daneben Radio hören und die Hifi-Anlage genießen, was auch die eigene Programmgestaltung erlaubte, und telefonieren. Mit dem steigenden Streß am Arbeitsplatz wurde die Sehnsucht nach Ruhe, Faulenzen, Nichtstun und Ausschlafen immer wichtiger.

Dieser Überblick macht zwei Tendenzen deutlich: Die Freizeitinteressen werden zunehmend medienbezogener und immer individualisierter. Die Bedürfnisse nach Kommunikation, Edukation, Enkulturation, Integration und Partizipation, die sich an Gemeinschaft orientieren, werden zunehmend vernachlässigt.

Welche Freizeitbedürfnisse hat der Mensch, die er befriedigen möchte? Opaschowski nennt folgende (ebd. 90-93):

- Das Bedürfnis nach Erholung, Gesundheit und Wohlbefinden. Es sind die Bedürfnisse nach *Rekreation*. Der Mensch will seine Kräfte neu sammeln, sich gesundheitsbetont erholen, sich frei fühlen von Alltagsbelastungen und Überanstrengungen, sich ausschlafen und sich wohl fühlen.
- Das Bedürfnis nach Ausgleich, Zerstreuung und Vergnügen. Dies sind die Bedürfnisse nach *Kompensation*. Der Mensch will von Belastungen abschalten, frei sein von Anordnungen, Regeln, Vorschriften und Bindungen, von definierten Zielen und Zwecken. Statt dessen will er zwanglos, unbeschwert, sorglos und freizügig seine Freizeit genießen. Kompensatorisch ist auch das Bedürfnis nach Abwechslung, Zerstreuung, Vergnügen und Lebensgenuß.
- Das Bedürfnis nach Kennenlernen, Lernanregungen und Weiterlernen. Diese Bedürfnisse enthalten die *Edukation*. In diesen Zusammenhängen will der Mensch Neues kennenlernen und erleben, sich anregen lassen zu Neuem, er will seinem Erlebnisdrang folgen, seine Neugier befriedigen, seine soziale Rolle austauschen (z. B. eine Zeit lang einmal nicht kleiner Angestellter sein müssen). In den Erlebniswelten sucht er Selbstbehauptung und Selbstbestätigung, will er Ich-Stärke entwickeln, sich neue Handlungsmöglichkeiten erschließen und Neues lernen, auch im Sinne von kooperativem Lernen.
- Das Bedürfnis nach Ruhe, Muße und Selbstbestimmung. Diese Bedürfnisse betreffen die *Kontemplation*. Der Mensch will Zeit für sich selber und zur Selbstbesinnung haben, er will sich selbst besser verstehen. Zu diesem Zwecke sucht er die Selbstdistanzierung, aber auch die räumliche und zeitliche Distanzierung vom Alltag mit seinen Rollen und Zwängen. Solche Kontemplation ermöglicht die Selbstbefreiung vom Streß, das Erleben der eigenen Identität und die Identitätsfindung durch das kontemplative Moratorium.

- Das Bedürfnis nach Mitteilung, Kontakt und Geselligkeit. Sie beschreiben das Bedürfnis nach *Kommunikation*. In der Freizeit will der Mensch sich anderen, besonders den Freunden, mitteilen; er will Kontakt suchen und vielfältige soziale Beziehungen pflegen. Das Zusammensein mit befreundeten anderen soll das Erlebnis intensivieren. Indem man Zeit füreinander hat, lernt man die Gefühle, Gedanken und Absichten anderer verstehen und erweitert seinen sozialen Horizont. Liebe, Zärtlichkeit, Erotik und sexuelle Kontakte gehören in den Grenzen des Sittlichen auch zum Freizeitkomplex Kommunikation.
- Das Bedürfnis nach Zusammensein, Gemeinschaftsbezug und Gruppenbildung. Diese Bedürfnisse erstreben *Integration*. Dies meint das Bedürfnis nach Zuwendung in einer sozialen Gruppe, die emotionale Sicherheit, soziale Geborgenheit und soziale Stabilität geben soll. Man will sich mit anderen verbunden fühlen oder auch mit anderen zusammen arbeiten, spielen, Erlebnisse haben und dadurch Anerkennung und Geltung erhalten. Solche Gruppenzugehörigkeitsgefühle können sich auf die Familie beziehen oder auch auf außerfamiliale Gruppen. Das Ergebnis solcher Integrationsprozesse ist der Erwerb von positiver Sozialverpflichtung und sozialem Lernen in und mit der jeweiligen Gruppe.
- Das Bedürfnis nach Beteiligung, Engagement und sozialer Selbstdarstellung, d. h. nach *Partizipation*. Sie ermöglicht einerseits die Eigeninitiative, andererseits die Selbstdarstellung. Partizipation bedeutet Teilnahme, Teilhabe und Mitwirkung an gemeinsamen Aktionen und Zielen. Dies ermöglicht Mitsprache, Mitbestimmung, Mitentscheidung, Mitverantwortung, und es erfordert Kooperations- und Solidaritätsbereitschaft. Durch Partizipation kann der einzelne die Umwelt und das Gemeinwesen mitgestalten.
- Das Bedürfnis nach kreativer Entfaltung, produktiver Betätigung und Teilnahme am kulturellen Leben. Hierdurch erfolgt die *Enkulturation* des Individuums in die Gesellschaft. Der Mensch will seine persönlichen Fähigkeiten und Begabungen, die in der Arbeitswelt brach liegen, entfalten. In der Freizeit kann er eigene Ideen verfolgen, sich eigenschöpferisch oder auch nachschöpferisch betätigen und so sein ästhetisches und kreatives Vermögen entfalten. Solche spielerischen Leistungserlebnisse führen dazu, aktiv und passiv an der Kultur der Gesellschaft, in der das Individuum lebt, teilzunehmen.

Diese acht Freizeitbedürfnisse sollen die Defizite ausgleichen, die die Arbeitswelt als ein Reich der Notwendigkeit produziert. Andererseits fehlt der Darstellung Opaschowskis die schichtenspezifische Differen-

zierung. Denn Edukation, Kontemplation, Partizipation und Enkulturation werden wir in den Basisschichten kaum antreffen. Und was Opaschowski noch übersieht, ist, daß Frauen an all diesen Freizeitbedürfnissen nur sehr begrenzt oder gar nicht teilnehmen können.
Diese Freizeitbedürfnisse werden von den Freizeitwerten ergänzt. Opaschowski nennt vier (ebd. 17):

- Freisein
- Mobilität
- Konsum
- Lebensfreude

Diese Freizeitwerte sucht nun die Warenproduktion nicht nur in die Familien hineinzutragen (Fernsehen, Hifi-Anlage, Telefon), sondern sie lockt die Menschen in außerfamiliale Erlebniswelten. Die Einkaufszentren sind heute Freizeiteinrichtungen, die dem Konsumenten Erlebnis suggerieren wollen. Der Konsument schlendert durch die Kauf-Erlebniswelt, fühlt sich als Hauptperson und nimmt allmählich die angebotenen Waren als notwendige Mittel wahr, die er ohne Reue kaufen muß. Besonders deutlich wird dies an den Jugendcliquen, die in den Kaufwelten ihr Territorium abstecken und dort, wo die jugendspezifischen Waren angeboten werden, ihre „Heimat" finden. Rolf Haubl hat diesen Kreislauf von Distribution, Konsumtion, Substitution und Produktion wie folgt beschrieben (R. Haubl, 1996: 209 f.):

- Das *Produktionssystem* zielt auf Innovation ohne Risiko. Das Risiko, Waren nicht absetzen zu können, soll vermieden werden. Darum muß die Arbeit billig sein, und Produzent und Produkt brauchen ein positives Image. Dabei bietet das Produktionssystem nicht mehr Massenprodukte an, die identisch sind. Vielmehr werden die Grundmodelle variiert. Durch die Computersteuerung der Produktion ist das möglich.
- Das *Distributionssystem*, das die Waren anbietet, zielt auf massenhafte Einzigartigkeit. Die Produkte sollen so vielfältig sein, daß jeder Kunde individuell angesprochen wird. Allerdings wird der Kaufwunsch nicht nur durch die individualisierte Ware, sondern auch durch die Attraktion der Einkaufstätte selbst erzeugt.
- Das *Konsumtionssystem* will Genuß ohne Reue hervorbringen. Gekaufte Waren sollen nicht enttäuschen. Deshalb müssen Preis und Leistung stimmen. Waren, die zu teuer sind, lassen sich nicht verkaufen, andererseits sind Waren, die von minderer Qualität sind, nutzlos.
- Das *Substitutionssystem* zielt auf spurloses Verschwinden. Es soll keinen Abfall geben, weder einen materiellen noch einen ideellen.

Der kostbare Rohstoff soll receycelt werden, der ideelle darf sich nicht zu Enttäuschung und Konsumverzicht kumulieren.
* Das *Transportsystem*, das die Waren bewegt, zielt auf reibungslose Beschleunigung des Austausches von Waren und Geld. Die Tempomacher Produktion und Verteilung sollen Konsum und Wiederverwendung beschleunigen. Es werden ständig in immer schnellerer Folge neue Produkte auf den Markt geworfen, von denen nach einem Jahr nur noch ein Fünftel übrig ist.

Diese konsumkapitalistische Ökonomie tritt an die Stelle der Sorge um das materielle Überleben des Individuums. Da die meisten Bürger der Industrienationen materiell abgesichert sind, dient das Konsumverhalten der Gesellschaftsmitglieder dazu, einen statusgemäßen Lebensstil zu entwickeln. Nur: Gilt dies für alle, und vor allem: Gilt dies auch für die Frau? Denn tatsächlich berücksichtigt die Freizeitforschung sehr wenig die Chancen der Frau, an der Freizeitwelt teilzunehmen (vgl. D. Rastetter, 1996: 45-66). Freizeit ist, wie wir gesehen haben, sowohl ein individuelles Alltagshandeln als auch ein konsumkapitalistisches Marktgeschehen, und zwar durchdrungen von den Geschlechterverhältnissen, diese reproduzierend, konstruierend und modifizierend.

Frauenfreizeit
Freizeit gibt es ja erst seit der Herausbildung der Industriegesellschaft mit ihrer geregelten Lohnarbeit. Freie Zeit war einerseits eine Errungenschaft der Arbeiterbewegung, die freie Tage und kürzere Tagesarbeitszeiten erkämpfte, andererseits jedoch bedeutete sie die Zertrennung von Arbeit und Wohnung, sowie die Differenzierung von selbstbestimmter und fremdbestimmter Zeit. Die Frage ist, ob Frauen am Gewinn freier Lebenszeit teilnahmen. Und da zeigt sich, daß Frauen doppelt vergesellschaftet sind: Sie sind sowohl den Ansprüchen der komsumkapitalischen Freizeitindustrie als auch den Freizeitansprüchen der Männer unterworfen (U. Beer, 1991). So hat Bernard gezeigt, daß in der freizeitärmsten Gruppierung die meisten Frauen und die wenigsten Männer vertreten waren, obgleich die Frauen männliche Partner in allen Gruppierungen hatten. Nicht Klasse, Schicht, Einkommen oder Beruf bestimmen die Freizeit, sondern das Geschlecht (M. Bernard, 1984). Auch die Betrachtung der Freizeitmuster und der Freizeitfelder zeigt die Geschlechtersegregation: Die meisten Aktivitäten sind dem Mann vorbehalten und für ihn arrangiert, wie Fußball und andere Sportarten, Outdoor-Aktivitäten, Computerspiele und Internetsurfen usw., während für die Frauen gerade noch Bummeln und Einkaufen übrig bleiben.

Wieviel Frauenfreizeit gibt es?
Die industrielle Gesellschaft hat die Freizeit offenkundig für den Mann eingerichtet. Denn der Gedanke, die Arbeitskraft wiederherzustellen, gilt dem Mann und wird nicht der Situation der Frau gerecht, da sie weder die Hausarbeit noch die Arbeit mit den Kindern und auch nicht die kulturellen und sozialen Tätigkeiten der Frau berücksichtigt. Eine Studie des Bundesministeriums für Familie und Senioren 1994 (D. Rastetter, 1996: 49) weist nach, daß berufstätige Frauen mehr als 5 Stunden für Hausarbeit verwenden, der Mann hingegen weniger als 3 Stunden. Die berufstätige Frau hat also immer eine höhere Gesamtarbeitszeit als der Mann, und die Alltagsarbeit wird zu Ungunsten der Frau aufgeteilt. Dies gilt sogar für arbeitslose Männer. Auch sie haben mehr freie Zeit als arbeitslose Frauen (Firestone und Sheldon, 1994), selbst wenn er arbeitslos ist und die Frau das Geld verdient. Was für die Gesamtzeit gilt, das trifft auch auf die freien Wochenenden zu. Frauen haben auch am Wochenende deutlich weniger Freizeit als Männer, wenn nicht gar der Sonntag zum Wasch- und Putztag der Frau wird. Dazu paßt, daß die Freizeit der Frau heimzentriert ist mit heimzentrierten Tätigkeiten.

Frauenfreizeit als Freizeitarbeit
Der Mann, so das überlieferte bürgerliche Klischee, arbeitet den ganzen Tag, er geht hinaus ins feindliche Leben und kommt abends nach Hause, um sich zu erholen, um Bindung, Liebe, Akzeptanz und Entspannung zu erhalten, was alles die feindliche Welt nicht bietet. Die Frau hingegen ist fürsorglich, gefühlvoll und verantwortungsbewußt, die das Geld des Mannes vermehrt. Die Frau hat also keine Freizeit, sondern ist ein Teil der männlichen Freizeit. Da dieses bürgerliche Familienidyll immer noch die Gesellschaft prägt, ist die Freizeit der Frau Arbeit, Freizeitarbeit. D. Rastetter differenziert die Frauenfreizeitarbeit (ebd. 51). Sie ist:

- Alltagsarbeit (Haus- und Erziehungsarbeit)
- Organisationsarbeit (Haushalt und Freizeit der Familie organisieren)
- Hausarbeit (Waschen, Reinigen, Kochen, Kleidung in Ordnung bringen usw.)
- Emotionsarbeit (Fürsorge, Wärme, Annahme usw. geben)
- Sexualisierte Arbeit (eine liebevolle, harmonische Atmosphäre herstellen, „vorzeigbar" sein).
- Frauenfreizeit ist also nicht Zeit, die eine Frau hat, sondern die sie für andere ist.

Männliche und weibliche Zeitlogiken
Männliche Zeit ist im wesentlichen lineare Zeit. Das bedeutet, daß Tätigkeiten nacheinander erfolgen, nicht gleichzeitig. Dies ist die Struktur

modernen Zeitdenkens. Sie ermöglicht Planung, Voraussicht, Krisenmanagement, aber auch in der Pädagogik das Denken in aufschiebender Belohnung. Lineares Denken ist also für die moderne Welt strukturgebend und notwendig. Frauenzeit ist auch lineare Zeit, da Frauen modern sind (nicht nur die Männer). Aber darüber hinaus erhält Frauenzeit eine mehrfache Struktur:

- Sie ist soziale Zeit. Frauenzeit ist soziale Zeit, da ihre Zeit weitgehend sozial verwendet wird, nämlich in der Familie, bei den Kontakten mit den Verwandten, Nachbarn und Freunden. All solche sozialen Kontakte bereiten der Frau Befriedigung und Freude, aber sie sind zugleich für sie mit Belastungen verbunden.
- Sie ist zyklische Zeit. Frauen leiden unter der ewigen Wiederkehr des Gleichen. Kaum ist die Wohnung gereinigt und geordnet, fängt der Kampf gegen die neue Verschmutzung und Ordnungslosigkeit wieder an. Es ist ein ununterbrochener und ergebnisloser Kampf gegen die immer wiederkehrende Anarchie.
- Sie ist aufgabenbezogene Zeit. Werden beispielsweise Freunde eingeladen, dann bringt dies der Frau emotionale Befriedigung, aber mehr Arbeit. Die Sozialzeit ist für sie simultan Arbeitszeit. In ihrer Verantwortung für den Mann und die Kinder (eventuell auch für pflegebedürftige Eltern oder Schwiegereltern) ist ihr Tun auf die Bedürfnisse anderer abgestimmt. Solche sozial bezogene und gleichzeitig arbeitsbezogene Zeit ist keine freie Zeit. Darum verknüpfen Frauen gern individuelle Wünsche mit sozialen Verpflichtungen (H. M. Hernes, 1988).
- Sie ist weiterhin parallele Zeit. Während der Mann geneigt ist, seine Aufgaben nacheinander zu erfüllen, muß die Frau viele Dinge gleichzeitig, also zeitlich parallel tun. Dies erfordert simulatives Denken in parallelen Möglichkeiten. Gleichzeitig beansprucht parallele Tätigkeit die Aufmerksamkeit und das Gedächtnis. Frauen neigen keineswegs zur Vergeßlichkeit. Aber wer viele Aufgaben und Verantwortung gleichzeitig erfüllen muß, kann eine parallele Tätigkeit auch vernachlässigen oder vergessen.
- Sie ist schließlich Patch-work-Zeit. Frauenarbeit läßt sich nicht deutlich in Arbeitszeit und Freizeit trennen. Kürzere Arbeitsphasen und kürzere Freizeiten wechseln einander ab. Wenn die Frau beispielsweise Schwimmen geht, dann kauft sie unterwegs ein, paßt auf das Kind auf, das sie mitnimmt, und besucht schnell noch eine Freundin. So zerstückelt sich die Freizeit der Frau in unplanbare, nicht abgrenzbare und ungleich lange Zeiträume. Darum hat die Frau zwar Freizeit, aber diese läßt sich im Lebensalltag der Frau nicht isolieren und ge-

nau bestimmen. Dadurch kann der Tag ohne definierte Zeiteinheiten zu einem niemals endenden Arbeitstag werden.

Frauenzeit läßt sich weiterhin differenzieren, wenn wir drei Gruppen von Frauen unterscheiden:

- Hausfrauen,
- erwerbstätige Frauen und
- Mädchen.

Nicht erwerbstätige Frauen haben ihr Arbeitsfeld vorrangig in der Familie. Sie erfahren so gut wie keine deutlich voneinander getrennten Arbeits- und Freizeitphasen, sondern ihr Arbeitstag gleicht einem Zeit-Flickenteppich, in dem verschieden lange und sich vermischende Tätigkeits- und Erholungsphasen nebeneinander stehen. Solche kleinen Zeitpausen können aber kaum für größere Freizeitaktivitäten, und schon gar nicht für Selbstbesinnung und Selbstentfaltung genutzt werden. Die Zeitbeanspruchung ist zwar nicht so entfremdend und kräftezehrend wie am Arbeitsplatz, aber sie ist nicht selbstbestimmt, sondern immer auf die Familienmitglieder als Sozialzeit und aufgabenbezogene Zeit hin gerichtet, und dies bedeutet, daß die anderen Familienglieder ihre Zeit bestimmen (K. Juczyk, M. S. Jerrich, 1993: 304). Darum kann die Frau kaum die Freizeitangebote der Freizeitindustrie nutzen, und sie wird auch selten Mitglied in Clubs und Vereinen sein.

Die erwerbstätige Frau ist in die gesellschaftlich geregelte Arbeits- und Freizeit eingebunden. Darum bedeutet für die erwerbstätige Frau die Erwerbstätigkeit sowohl das Erleben von Freizeit als auch von Unabhängigkeit. Denn am Arbeitsplatz wird sie nicht von der Familie kontrolliert, sie verdient eigenes Geld, und sie kann umgekehrt die Mitarbeit der Familie fordern. Dies bedeutet allerdings, daß die Frau während der Arbeitszeit freier ist als in ihrer Freizeit (ebd. 1993). Darum versucht sie, sich auch parallel zur Zeitlogik der Produktionswelt Freizeitblöcke zu schaffen. Aber die Doppel- und Vielfachrolle als Arbeitskraft, Ehefrau, Mutter, Nachbarin, Verwandte, Freundin usw. erlaubt ihr weniger Freizeit als dem Mann. Vor allem aber nimmt ihre Freizeit eine zentrische Struktur an: Um ihre Freizeit gruppiert sie die Arbeit, den Haushalt, den Mann mit seiner Arbeit und Freizeit, die Kinder und deren Schule usw. Eigene, selbstbestimmte Zeit hat die erwerbstätige Frau nur wenig. Dabei gelingt es Frauen der gehobenen Mittelschichten immer noch besser, ihre Freizeit zu arrangieren als den Frauen der Arbeiterschicht. Diese haben die geringste aktive, außerhäusliche, mit Freundinnen verbrachte Zeit.

Mädchenfreizeit ist nach D. Rastetter trügerische Freiheit (D. Rastetter, 1996: 57). Zwar scheint es so, als würden Mädchen und männliche Jugendliche ihre freie Zeit gleich verbringen. Beide nutzen sie und haben vielfältige Freizeitinteressen. Ja, es scheint geradezu, als würden junge Frauen ihre Freizeit vor der Familiengründung in besonderem Maße genießen im Bewußtsein, später keine mehr zu besitzen. Und doch haben schon Mädchen zwischen 12 und 16 Jahren am Tag eine halbe Stunde weniger Zeit als Jungen, die sie für Hausarbeiten nutzen müssen. Schon früh werden also Mädchen geschlechtspezifisch freizeitsozialisiert und eingeübt in familienzentrierte Tätigkeiten. Gleichzeitig wird erwartet, daß auch junge Frauen einen Beruf erlernen. Diese Doppelerwartung führt später zur Doppelrolle. Sobald das Mädchen einen Freund hat, verändert sich das Freizeitverhalten. Einerseits bietet der Freund Schutz und neue Freizeiträume, aber andererseits dominiert er die gesamte Freizeit. Er nimmt die Freundin mit zu den Männerfreizeiten, und sie darf dort die Zuschauer- und Fan-Rolle übernehmen. Wenn die Freundschaft weiter wächst zu einer festen Partnerschaft und zur Familiengründung, dann verschärft sich die Ambivalenz von Erweiterung und Einschränkung. Die Frau kann mit dem Mann auch dort überall hingehen, wo sie es allein nicht dürfte, aber sie geht mit ihrem Mann dorthin, nicht selbstbestimmt. Im Zusammenhang mit der Mädchenfreizeit tritt ein weiteres Problem auf. Das gemeinsame Freizeiterleben von Jugendlichen beiderlei Geschlechts ist gekennzeichnet durch sexuelle Anziehung, Partnersuche und Herausfinden der Geschlechterrolle. Dies ist besonders für das Mädchen schwierig. Einerseits versorgt die Freizeitindustrie das Mädchen mit attraktiver Kleidung und Kosmetik, wodurch sie ihre sexuelle Anziehungskraft steigern kann und will, andererseits muß sie vermeiden, als „Hure" eingestuft zu werden. Das Mädchen unterliegt also in stärkerem Maße der sozialen Kontrolle als der junge Mann. Soziale Kontrolle der Frau spielt in der patriarchalisch bestimmten Gesellschaft ohnehin eine beherrschende Rolle. Rastetter weist folgende Kontrolle der Frauenzeit nach:

- Partnerkontrolle: Der Mann kontrolliert die Freizeit der Frau. Wieviel Gegenmacht die Frau entgegensetzen kann, ist eine Frage der Bildung, der ökonomischen Unabhängigkeit und der sozialen Schichtzugehörigkeit.
- Zeitkontrolle: Schulzeiten der Kinder, Öffnungszeiten von Kindergärten oder anderen Institutionen, die Arbeitszeit des Partners, Öffnungszeiten für Geschäfte und Behörden usw. besitzen nach Foucault nicht einfach Zweckfunktionen, sondern soziale Kontrollfunktionen (M. Foucauld, 1977). Und so wird auch die Freizeit der Frau männ-

lich definiert. Denn die Freizeiteinrichtungen werden von Männern nach ihren Vorstellungen konzipiert, geschaffen und benutzt.
- Normenkontrolle: Die Frau muß sich nach dem Angemessenen richten. Das bedeutet, sie darf Vieles nicht tun, was dem Mann erlaubt ist oder bei ihm zumindest geduldet wird. Das Angemessene zensiert Zeiten und Orte, die der Frau verboten sind: Nachts unterwegs sein, allein eine Kneipe besuchen usw.
- Raumkontrolle: Die Kontrolle des Raumes hängt eng mit der Kontrolle der Zeit zusammen, da ja jedes Objekt in Raum und Zeit existiert. Aber mehr noch: Der Patriarchalismus zerschneidet den Raum in den öffentlichen und den privaten Raum, wobei der öffentliche den Männern vorbehalten und der private der Frau zugeteilt ist. Darum werden noch heute öffentliche Räume von Männern dominiert.
- Ökonomische Kontrolle ist möglich durch finanzielle Abhängigkeit. Vor allem nicht erwerbstätige Frauen sind von ihren Männern finanziell abhängig, und selbst erwerbstätige Frauen, die selber Geld verdienen, sind in höherem Maße vom Mann finanziell abhängig als umgekehrt. Darum kann sie auch nur eingeschränkt an den erlebnisorientierten Freizeitangeboten teilnehmen: Es fehlt der Frau an Zeit und an Geld.
- Kontrolle der weiblichen Sexualität und Nachkommenschaft. Wegen der propagierten allgegenwärtigen Gefahr für die Sicherheit der Frau soll sie möglichst wenig Kontakt zu anderen Männern haben. Heterosexuelle Freundschaften werden darum von den männlichen Partnern ungern gesehen. Dies schränkt die Freizeitmöglichkeiten der Frau weiter ein. Schließlich ist die sexuelle Belästigung in vielfältigen Formen schuld daran, daß die Distanzierung der Geschlechter sich vergrößert, und zwar besonders in der Freizeit.

Nicht alle Frauen werden um ihre Freizeit gebracht. Einerseits gibt es heute mehr Freizeitangebote für Frauen gegenüber früher. Andererseits gibt es Frauen, die gut verdienen und die angebotenen Freizeitchancen nutzen. Dies können sie, weil sie sich Freizeit erkaufen, indem sie Hausangestellte bezahlen (Putzfrau, Kinderbetreuerin). Diese Hausangestellten kommen aus der Basisschicht und sind dem traditionellen Rollenbild der Frau verhaftet. C. Pinl hat gezeigt, wie Frauen sich ihre Freizeit erkaufen müssen, während die Männer sie umsonst bekommen (C. Pinl, 1994: 92). Eine andere Möglichkeit für die Frau, Freizeit zu nutzen, sind Großeltern, die die Kinder versorgen. So erkauft sich die sozial aufgestiegene Frau ihre Freizeit durch andere Frauenfreizeit (M. S. Rerrich, 1993), die sie bezahlt, wodurch sie allerdings auch Arbeit zur Verfügung stellt.

Frauenarbeit ist demzufolge ein wichtiger Zweig der Gemeinwesenarbeit. Sie wird wiederum Mediation leisten, und zwar zwischen den Geschlechtern, wobei sie Partei ergreift für die Frau (was der Mediator ja eigentlich nicht darf). Welche Strategien kann der Gemeinwesenarbeiter den Frauen vermitteln, doch noch an Freizeit zu kommen? Daniela Rastetter gibt u. a. folgende Ratschläge (D. Rastetter, 1996: 64 f.):

- Die Frau soll die Zeit nutzen, wenn die Familienangehörigen nicht anwesend sind. Diese Zeit soll sie sich als eigene, freie, unkontrollierte Zeit nehmen und das Ungestörtsein genießen.
- Weiterhin kann die Frau Tätigkeiten, die in den Haushalt fallen, zu eigener Zeitgestaltung erweitern. Den notwendigen Einkauf z. B. kann sie zu einem Stadtbummel ausweiten. Da die Frauenzeit amorphe Zeit ist, lassen sich viele Frauenzeiten nicht kontrollieren. Wie lange der Einkauf dauert, wieviel Zeit für die Betreuung der Kinder und den Haushalt aufgewandt wird, läßt sich nicht feststellen. So kann sich die Frau Zeit- und Raumnischen schaffen, die sie für ihre eigenen Bedürfnisse nutzt.
- Freundinnen können sich gegenseitig helfen, indem sie wechselseitig die Kinder übernehmen und betreuen, wodurch sie einander Freiräume schenken.
- Schließlich ist der Frau anzuraten, erwerbstätig zu werden. Bezahlte Arbeit versetzt die Frau in die Lage, die Mitarbeit der Familienglieder zu fordern, und zugleich besitzt sie eigenes Geld. Zwar bringt dies für sie eine Mehrfachbelastung, aber die Vorteile überwiegen. Denn bezahlte Arbeit belastet nicht nur, sondern sie kompensiert auch manche Alltagsverzweiflungen des Haushaltens. Während der betrieblichen Arbeitszeit sind Zeit, Aufgaben, spezifische Beanspruchungen, Weisungsbefugnisse, Kündigungsrecht usw. genau definiert. Diese Verhaltenssicherheit, die sie zu Hause nicht hat, kann kompensatorisch wirken. Dies erklärt vielleicht auch, warum Frauen selbst unattraktive Arbeitsstellen nicht aufgeben wollen.
- Alleinstehenden Frauen möchte ich raten, ihre Freizeit zu organisieren und mit einer Freundin zusammen all das zu tun, was sie sich allein nicht zutraut.

Eine Aufgabe der Gemeinwesenarbeit und des Netzwerkes ist es darum auch, Frauen befriedigende Freizeitangebote zu machen, wie die Teilnahme an Veranstaltungen oder eine strukturierte ehrenamtliche Mitarbeit.

4. 4. 3. Die Geschlechter in den Makronetzwerken Staat und Gesellschaft

Sind Partnerschaft und Familie auch private Institutionen innerhalb der Gesellschaft, so sind sie doch zugleich öffentlich. Sie werden in der Öffentlichkeit diskutiert, es werden zu ihren Gunsten Gesetze erlassen, und es wird das Bewußtsein der Öffentlichkeit beeinflußt. Somit wird das Private politisch. In der Öffentlichkeit hat sich der Wille zur Gleichheit der Geschlechter durchgesetzt. Die Mehrheit der Deutschen ist mit dem Grad der Gleichberechtigung nicht zufrieden. Das Institut für praxisorientierte Sozialforschung untersuchte die Gleichberechtigung von Frauen und Männern, wie sich Wirklichkeit und Einstellung bei der Bevölkerung der BRD vorfindet (vgl. Sozialmagazin 9 (1996): 8 f.). Im Vergleich zu den Befragungen von 1991 und 1993 zu 1997 ist die Unzufriedenheit der Bevölkerung mit der Gleichberechtigung mit 62% gleich geblieben, während sie in Ostdeutschland von 61% (1991) auf 75% (1995) anstieg. Dabei sind sich Männer und Frauen in ihrer Unzufriedenheit einig, wobei sie allerdings in Westdeutschland bei den Frauen ungleich höher ist: Bei den Männern sind es 56%, bei den Frauen hingegen 67%. Beim Wunsch nach mehr Frauen in politischen und wirtschaftlichen Führungspositionen ist besonders in Ostdeutschland der Anstieg bemerkenswert: Statt 59% im Jahr 1991 wünschen sich 1995 schon 67% mehr Frauen in politischen Führungspositionen, während es in Westdeutschland konstant 62% sind. Diese Forderung wird vor allem von Frauen zwischen 16 und 34 Jahren gestellt; es sind 76% im Osten und 70% im Westen. Ähnlich sind die Zahlen für den Wunsch nach mehr Frauen in *wirtschaftlichen* Führungspositionen. Im Westen wollen 59% und im Westen 61% mehr Frauen vertreten sehen. 1991 waren es im Osten noch 48% und im Westen 58%. Es ist wieder Ostdeutschland, wo die Unzufriedenheit der Frauen mit ihrer gesellschaftlichen Rolle besonders hoch ist. Auch im Falle der Forderung nach wirtschaftlichen Führungspositionen sind es die 16-34-jährigen Frauen, die eine Gleichstellung der Frau fordern; es sind in Ostdeutschland 72%. Daß eine Frau mehr leisten muß als Männer, wenn sie in der Politik oder Wirtschaft führen wollen, darüber sind sich 72% der Männer und Frauen in Westdeutschland und 79% in Ostdeutschland einig. Daß Männer und Frauen ungleich entlohnt werden, stellen in Westdeutschland 80% und in Ostdeutschland 75% der Befragten fest. Nun wären für die Gleichstellung der Geschlechter auch die Gesetzgebung und die Hauptlinien der Politik zuständig. Aber in die Politiker setzt die Bevölkerung wenig Vertrauen: etwa 66% fühlen sich von den Politikern übergangen und ignoriert. Nur noch ein Drittel der Bevölkerung glaubt, daß die Regierung irgend etwas ändern wird.

Es ist also ein gesellschaftlicher Wunsch nach Gleichberechtigung der Frau in Politik und Wirtschaft vorhanden, und zwar bei Frauen und Männern. Es wäre die Aufgabe der Politik, die Makrostrukturen der Gesellschaft zu verändern in Richtung Gleichstellung der Geschlechter. Die Gemeinwesenarbeiterin bzw. der Gemeinwesenarbeiter sollten auch in dieser Frage Mediator und Meinungsmacher sein, um in ihrem Wirkungsbereich die Diskriminierung der Frau und die Gewalt gegen Frauen zu unterbinden.

4. 5. WERTEVERMITTLUNG AN KINDER, JUGENDLICHE UND ERWACHSENE

Jedes System, das lebensfähig bleiben will, auch ein Gemeinwesen, braucht eine Wertegrundlage. Nach Luhmann z. B. sind sowohl kognitive, psychische als auch soziale Systeme durch Sinn bestimmt, sie sind Sinnsysteme. Sinn jedoch hat es zu tun mit Ethik und Normen (N. Luhmann, 1991: 141). Und Maturana stellt für autopoietische lebendige Systeme vier Grundwerte auf (vgl. H. Exner, F. Reithmayer, 1990):

- Freiheit, weil wir uns selbst beobachtende und gestaltende Organismen sind.
- Verantwortung, weil die Welt das ist, was wir aus ihr machen.
- Liebe, weil wir nur die Welt haben können, die wir gemeinsam mit anderen hervorbringen.
- Toleranz, weil jede Welt, die ein Organismus hervorbringt, legitim ist und es keinen Zugang zu absoluten Wahrheiten gibt.

So gibt es wohl keinen Zweifel daran, daß kognitive, psychische und soziale Systeme ethische Begründungen und Grundlegungen brauchen. Die Frage ist nur: Welche? F. Thiele hat 19 Ethiktypen aufgestellt und beschrieben (F. Thiele, 1984: 28-36). Andererseits hat schon Max Scheler gezeigt, daß es eigentlich nur zwei Grundtypen von Ethik gibt, die Formalethik und die materiale Wertethik (M. Scheler, orig. 1913). Ein Weg durch die Philosophiegeschichte kann das Ethikproblem erhellen.

4. 5. 1. Tour d'horizon durch die Ethikgeschichte

Die Ethik als philosophische Kategorie beginnt mit *Thales* (geb. etwa 640 v. Chr.). Er berechnete die Sonnenfinsternis von 585 v. Chr. Diese Kenntnis war schon in der ägyptischen und babylonischen Kultur vorhanden. Aber sie diente der Stabilisierung der Priesterherrschaft. Die

Priester behaupteten nämlich, den Gott, der von der Finsternis verschlungen worden sei, wieder zum Leben erwecken zu können. Dazu bedürfe es der Frömmigkeit und der Opfer der Gläubigen. Thales hingegen zog als erster einen völlig anderen Schluß aus seiner Berechnung der Sonnenfinsternis. Wenn ich, so meinte er, den Gott, den höchsten aller Götter, den Sonnengott, berechnen kann, wenn ich also sein Verhalten sogar vorhersagen kann, dann gibt es ihn nicht. So lehrte Thales als erster, daß weder die Sonne noch der Mond oder die Sterne Götter sind, ja daß man sie auch nicht auf Bergesgipfeln, im Ozean, im Flüssen, Quellen und Hainen finden kann. Er entgöttert die Welt. Sie ist eine natürliche Welt, leer von Göttern. Wer ist dann Gott? Er ist der, der weder Anfang noch Ende hat. Was ist die Welt? Sie ist wassergleich, d. h. das Sein der Welt ist Leben hervorbringend, sich ständig in seinen Aggregaten verändernd, es ist stetiges Fließen, wodurch es weder die Identität des Subjekts noch des Objekts gibt, und schließlich gleicht es dem Wogen des Meeres: Die Welle entsteht und entfernt sich vom Meer, sie singuliert sich. Dies ist Schuld; denn Singularisierung und Individuation ist Entfernung von Gott. Darum wird auch das Meer, das Sein, das Individualisierte wieder verschlingen. Und wie muß ein Mensch in einer entgötterten Welt leben? Tue nie das, was du an anderen verurteilst. Damit stellt er das erste Formalprinzip in der Ethik auf (vgl. F. Ueberweg, 1926, Bd.1: 42-46).

4. 5. 1. 1. Die Formalethik

Eine Formalethik vertraten auch die *Sophisten*. Für Prothagoras (480-410 v. Chr.) gibt es nur das Nichts und im Nichts die reine Bewegung, und zwar schnellere und langsamere Bewegungen. Diese können aufeinander treffen und sich aneinander reiben. Dann entsteht auf der Seite der schnelleren Bewegung die Wahrnehmung und auf der Seite der langsameren Bewegung das Wahrgenommene. Alles Sein und alle Erkenntnis besteht also in der Wahrnehmung. Weiterhin löst Protagoras die Identität sowohl des Subjekts als auch des Objekts auf, da das wahrnehmende Subjekt in einem neuen Zusammenhang das wahrgenommene Objekt ist, während das Objekt in einem anderen Zusammenhang wahrnehmendes Subjekt sein kann. So ist das, was wir Subjekt nennen, nur ein Bündel von Bewegung und Wahrnehmung. Dann allerdings bestimme ich, was ist und wie es ist. Ich bin das Maß aller Dinge, der Seienden, daß sie sind und der Nichtseienden, daß sie nicht sind - und wie sie sind. Wenn ich also die scheinbaren Objekte selbst durch meinen Wahrnehmungsvorgang produziere und mit Eigenschaften ausstatte, dann kann ich Wirklichkeit schaffen, wie ich will. Und genau dies ist es, was die sophistischen Wanderphilosophen lehrten. Ethik beantwor-

tet für sie die Frage: Wie kann ich die Wirklichkeit nach meinem Nutzen produzieren oder verändern? Auch Protagoras stellt also eine Formalethik auf: Handle nach deinem Nutzen, und richte dich nach der Mehrheit (vgl. Platon, Theaitetos 151d - 168c).
Die Seinsphilosophie in der Nachfolge des Sokrates, Platons und Aristoteles erlaubte kaum eine Formalethik. Die nichtidealistischen Schulen dagegen versuchten, Formalprinzipien aufzustellen. So lehrten die *Epikuräer*, mittels der Vernunft Lust zu gewinnen und Unlust zu vermeiden, um zu einer Ausgeglichenheit des Gefühls zu gelangen. Die *Skeptiker* vertraten die Urteilsenthaltung, damit sie eine heitere, unerschütterliche Seelenruhe erreichten. Auch dies ist ein Formalprinzip. Die Stoa schließlich verknüpfte eine Wertethik mit einer Formalethik. Die Formalethik lehrte: Lebe so, daß du unabhängig von allen körperlichen Begierden und Schicksalsschlägen der Welt leben kannst. Die Materialethik der Stoa forderte Gerechtigkeit und Menschenliebe.
Auch *Jesus* verknüpfte seine Wertethik der Bergpredigt mit einem Formalprinzip: Alles was ihr wollt, daß euch die Leute tun sollen, das tut ihr ihnen auch (Matthäus 7, 12).
Der eigentliche Philosoph der Formalethik war Immanuel *Kant* (1724-1804). Der Mensch, so meint Kant, ist nicht nur ein erkennendes Wesen, sondern er macht von der reinen Vernunft auch praktischen, d. h. handelnden Gebrauch. Wie soll er handeln? Darauf antwortet Kant in der Kritik der praktischen Vernunft. Zunächst trifft er im Kapitel über die Grundsätze der praktischen Vernunft einige wichtige Unterscheidungen (I. Kant, orig. 1789):

- *Autonomie und Heteronomie*. Heteronomie bedeutet: Mein Handeln wird von außen, von fremden Mächten, durch ein fremdes Gesetz geleitet. Autonomie heißt: Unser Handeln wird bestimmt von Gesetzen, die in uns selbst liegen. Alle bisherige Ethik, meint Kant, habe versucht nachzuweisen, welche Gesetze für unser Handeln außerhalb von uns liegen. Sie suchten ein summum bonum und den Weg dorthin. Aber alle Handlungsprinzipien außer uns sind empirisch und darum nicht allgemeingültig. Dies könnten nur Vernunftsprinzipien sein.
- *Maxime und Gesetz*. Maximen sind Regeln, die ich selbst für mich selbst aufgestellt habe. Das sind z. B. Wahrnehmungsurteile oder individuelle Vorhaben (ich möchte aufhören zu rauchen). Gesetz, und zwar Handlungsgesetz, ist etwas, das den Willen, d. h. das Handeln eines jeden Menschen bestimmen soll.
- *Hypothetischer und kategorischer Imperativ*. Die Gesetze der theoretischen oder reinen Vernunft haben einen zwingenden Charakter. Sie

sagen: So *ist* es. Die Gesetze der praktischen, d.h. handelnden Vernunft hingegen sind fordernd, du *sollst* so handeln. Sie zwingen also nicht, sondern sie fordern. Die Imperative der Praktischen Vernunft können bedingt oder unbedingt sein. Bedingte Imperative sind hypothetisch: Sie gelten allgemein, aber nur bedingt. (Willst du ein hohes Alter erreichen, mußt du deine Gesundheit erhalten. Das gilt für jeden Menschen. Aber nur unter der Bedingung, daß er überhaupt Wert darauf legt, alt zu werden und ein verantwortliches Leben führen zu wollen.) Sätze dagegen, die ebenfalls allgemein, aber unbedingt gelten sollen, heißen kategorisch. Eine Ethik hat es ohne Frage mit kategorischen Imperativen zu tun.

- *Der kategorische Imperativ.* Läßt sich ein kategorischer Imperativ finden? Nein, wenn ein Objekt den Inhalt des Kategorischen Imperativs bestimmen soll. Denn Objekte sind empirisch und können nicht allgemeingültig sein. Soll es für die Vernunft und ihr vernünftiges Handeln ein allgemeingültiges Gesetz geben, dann darf es kein Objekt zum Inhalt haben, sondern es darf nur der Form nach gegeben werden, ohne irgendeinen Inhalt. Die Lösung ist die, daß ich autonom meinem individuellen Willen die Form einer allgemeinen Gesetzgebung gebe. So heißt der kategorische Imperativ: „Handle so, daß die Maxime deines Willens jederzeit zugleich als Prinzip einer allgemeinen Gesetzgebung gelten könnte." Dieses Gesetz paßt wegen seines formalen Charakters auf jeden Inhalt. Schwanke ich, ob ich stehlen soll, dann frage ich mich: Kann ich wollen, daß alle Menschen stehlen?
- *Freiheit.* Das allgemeine Sittengesetz, der kategorische Imperativ, ist etwas, dem wir folgen *sollen*, aber nicht *müssen*. Aber *können* wir es überhaupt? Das Vorhandensein eines solchen Prinzips (denn Kant meint ja, er habe es nicht erfunden, sondern gefunden) ist nur sinnvoll, wenn der Mensch frei ist, also die Möglichkeit besitzt, ihm zu folgen. Sittliche Freiheit ist aber nicht möglich in einer Materialethik. Denn alle Objekte gehören der empirischen Welt an, und diese ist unfrei, kausal. Nur wenn das Gesetz unabhängig ist von den Gesetzen der Erscheinung, also nicht Gegenstand der Sinne, sondern der Vernunft sind, kann der Mensch sie in der Freiheit der Vernunft erfüllen. Das hat weitgehende Folgen: Empirisch mag man sagen, der Verbrecher mußte die Tat tun. Das Sittengesetz in unserer Vernunft aber sagt uns, daß er es hätte unterlassen können. Die Kausalität steht nur unter den Zeitbedingungen, nicht unter Vernunftsbedingungen. In unserem sittlichen Handeln sind wir also über die empirische Welt hinausgehoben in eine übersinnliche Welt.

- *Gut und böse.* Was gut und böse ist, läßt sich nicht inhaltlich formulieren, weil die Vernunft ja nur die Form des sittlichen Urteils kennt und nicht den Inhalt. Was ist dann gut? Gut ist nichts, meint Kant, als gutes Handeln. Allerdings gibt es hier einen Unterschied: Wer sittlich handelt, weil er den, an dem er handelt, gern mag, oder weil die Gesellschaft es verlangt, der handelt nach der Legalität. Tut er es aber aus Pflicht, also gegen seine Neigung, dann besitzt sein Handeln Moralität.
- *Pflicht und Neigung.* Aus dem Gesagten folgt, daß sittlich eigentlich nur das Handeln aus Pflicht ist und nicht aus Neigung. Denn die Pflicht nötigt uns zum sittlichen Handeln, auch wenn es gegen unsere Neigung geht.

Allerdings hat Kant in seinem nach-kritischen Werk auch eine Wertethik entwickelt (Metaphysik der Sitten). Zuerst hat der Mensch Pflichten gegen sich selbst als animalisches Wesen: die Selbsterhaltung. Danach hat er Pflichten gegen sich selbst als moralisches Wesen: Wahrhaftigkeit und Selbstachtung. Der Mensch hat drittens gegen sich selbst Pflichten gegenüber dem angeborenen Richter über sich selbst, dem Gewissen: die Religionspflicht. Das Erste Gebot aller Pflichten gegenüber sich selbst heißt allerdings: Erkenne dich selbst. Zum anderen hat der Mensch Pflichten gegen andere Menschen. An erster Stelle steht die Liebe. Danach kommen die Pflichten gegenüber der Würde des Menschen: die Pflichten der Achtung. Liebe und Achtung werden zusammengefügt in der Freundschaft. Beiwerk der Tugend sind die Umgangstugenden, wie Zugänglichkeit, Gesprächigkeit, Höflichkeit und Gastfreiheit. Im Schlußteil der Metaphysik der Sitten, im Kapitel über die Kultur der Tugend, schreibt er über ethische Asketik und lehnt sie ab. Der Mensch solle wackeren und fröhlichen Gemüts die Befolgung der Pflichten erfüllen. Denn die Teleologie des Menschen ist seine Glückseligkeit.

In neuerer Zeit vertrat *Sartre* eine Formalethik (P. Sartre, 1960). In seinem Humanismus-Aufsatz entwickelt er seine Formalethik in Begriffsfolgen:

- *Existenz und Essens.* Sartre geht davon aus, daß der Mensch anfangs überhaupt nichts ist. Da er keine unsterbliche Seele, d. h. keine Präexistenz besitzt, beginnt er als ein Nichts, und er hat die Aufgabe, sich selbst zu schaffen, sich zu dem zu machen, was er ist, sich selbst zu entwerfen. Eine menschliche Natur, d. h. ein transzendentes Sein des Menschen, gibt es nicht, weil es keinen Gott gibt, der mich will. Der Mensch ist deshalb lediglich so, wie er sich will, wie er sich nach die-

sem Sich-Schwingen auf die Existenz hin entwirft. Der Mensch ist nichts anderes, als wozu er sich macht.
- *Freiheit.* Weil Gott nicht existiert, brauchen wir uns keinen Geboten gegenüber zu rechtfertigen oder zu entschuldigen. Wir sind allein, ohne ent-schuldet oder be-schuldigt zu werden. Darum ist der Mensch dazu verurteilt, frei zu sein. Verurteilt, weil er nur sich besitzt und sich an nichts binden kann als an sich selbst und die Menschheit. Verurteilt ist er aber auch, weil er frei ist, und, einmal in die Welt geworfen, für alles verantwortlich ist, was er tut. Aber frei ist er schließlich auch, sich selbst in die Zukunft hin zu entwerfen, ohne dabei von transzendenten Instanzen behindert zu werden.
- *Subjektivität.* Sie bedeutet, daß der Mensch Würde besitzt und sich in die Zukunft hin entwirft und sich in die Zukunft planen kann. Dadurch erfindet er sich selbst, und er erfindet den Menschen.
- *Der Entwurf.* Der Mensch ist zunächst ein Entwurf, der sich subjektiv lebt. Er wird das sein, was er zu sein geplant hat.
- *Verantwortung.* Wenn der Mensch das ist, wozu er sich plant und entwirft, dann ist er dafür ganz und gar verantwortlich. Aber weil sein Selbstentwurf sich hineinwirft in eine Gesellschaft, darum ist er nicht nur für seine individuelle Individualität verantwortlich, sondern für alle Menschen. Denn wenn er sich als Subjekt wählt, dann wählt er zugleich alle Menschen. Wenn wir uns entwerfen, dann schaffen wir uns ja zugleich so, wie wir meinen, daß wir sein sollen. Wir können wählen, was wir wollen, und es wird immer gut sein, aber wir müssen es so wählen, daß es gut ist für alle.
- *Der Mensch wählt sich, indem er alle Menschen wählt.* Wenn wir unser Bild von uns selbst gestalten wollen, so ist dieses Bild für alle gültig, da wir ja in Kulturen, Epochen und Gesellschaften leben. Darum ist unsere Verantwortung groß.
- *Der individuelle Akt bindet die ganze Menschheit.* Wenn ich mich entwerfe, dann hat diese Handlung Einfluß auf die ganze Menschheit. Deshalb bin ich für mich und für alle Menschen verantwortlich. Durch den Selbstentwurf schaffe ich ein bestimmtes Bild vom Menschen, den ich wähle; indem ich mich wähle, wähle ich den Menschen.

Im Grunde bringt Sartre eine modernisierte Form des Kategorischen Imperativs: Entwerfe dich so, daß du die ganze Menschheit an diesen Entwurf binden kannst und das Bild vom Menschen formst.

Der *Vorteil* der Formalethik ist offenkundig: Ich muß nicht viele Regeln lernen, die mir in einer Entscheidungssituation nicht zur Verfügung stehen, sondern ich besitze ein formales Prinzip, das mir immer und überall zuhanden ist.

Der *Nachteil* der Formalethik ist, daß sie mir nicht sagt, wie ich handeln soll und was ich tun muß. Wenn ich beispielsweise in der Ehe tue, was alle Menschen tun, weiß ich immer noch nicht, was dieses Handeln beinhaltet. Ich brauche deshalb einen Mindestvorrat an Werten und die Kenntnis ihres Inhalts.

Die *Gefahr* der Formalethik ist, daß sie eine Neigung zur Pflichtethik hat. Diese aber bringt nicht Primärtugenden, sondern Sekundärtugenden hervor. Die Werte, die im Gefolge der Pflicht stehen, sind die Pflicht- und Akzeptanzwerte: Pflicht, Fleiß, Genauigkeit, Sauberkeit, Sparsamkeit, Pünktlichkeit, Anpassung, Gehorsam, Unterwerfung unter Autoritäten usw.

Das Problem dieser Sekundärwerte ist, daß sie mißbraucht werden können. Mit ihnen wurden nicht nur moderne Industriebetriebe, sondern auch Hitlers KZ's geleitet. Sekundärwerte müssen an Primärwerte gebunden werden, damit sie sittlich werden.

Diese Zusammenhänge wurden erst spät bewußt. Denn Kants Formal- und Pflichtethik wurde zur preußischen Staatsideologie und 1871 zur deutschen Staatsideologie erhoben (sie war auch die sowjetische). Mit diesen Pflicht- und Akzeptanzwerten ließen sich im Kaisertum sehr gut eine autoritäre Herrschaft und eine Industriegesellschaft aufbauen. Auch die Weimarer Republik behielt sie bei. Erst die Hitlerherrschaft offenbarte den sekundären Charakter der Pflicht- und Akzeptanzwerte. Trotzdem behielt sie auch die Bonner Republik bei. Es gelang ihr nicht, eine neue Werteordnung von Primärwerten aufzubauen. So trat an die Stelle der bankrotten Sekundärwerte das ethische Vakuum.

Schon in den 20er Jahren erkannte Max Scheler die Gefahren der Sekundärwerte. In „Der Formalismus in der Ethik und die materiale Wertethik" analysiert er diese Zusammenhänge und fordert eine materiale Wertethik. Material heißt: Es werden Werte genau inhaltlich beschrieben. Wertethik heißt: Es werden Werte aufgestellt, nicht Formen des Handelns.

4. 5. 1. 2. Die materiale Wertethik

Ihren Ursprung hat sie bei *Platon* (427-347 v. Chr.). Er entwickelte sie als Antwort auf den Wertrelativismus der Sophisten, durch den er die Zukunft der Polis bedroht sah. Er glaubte, daß nur eine objektive und absolute Wertethik die Polis erhalten könne.

Platon (vgl. Theaitetos 176a - 177a; Phaidon 64 a - 81a; Politeia 514a - 518c; 596a - 597e) teilt die gesamte Wirklichkeit in drei Welten ein: die Immanenz als die wahrnehmbare Welt, die Transzendenz als die denkbare Welt und die Super-Transzendenz als die visionär schaubare Welt. Die Immanenz wird gebildet durch die Atome, die sich in Raum und Zeit bewegen, sich zusammenfindend und wieder auseinandertreibend, beherrscht von den Gesetzen Sukzession und Koexistenz, d. h. dem strukturellen Nebeneinander im Raum und dem Nacheinander in der Zeit. Da die von Atomen gebildeten Objekte entstehen und vergehen, ist die empirische Welt gekennzeichnet durch Werden und Vergehen. Sie ist darum eine nicht-seiende Welt. Die Transzendenz, die denkbare, geistige Welt, ist zunächst gekennzeichnet durch die Begriffe. Sie sind die entsprechenden Einheiten für die Vielheiten in der Immanenz. So gibt es einen Urbaum, der die Vielzahl der empirischen Bäume hervorbringt. Über der Begriffswelt schweben die Ideen, denen keine Objekte mehr entsprechen. Sie sind raumlos, zeitlos und materielos. In dieses Reich der Ideen gehören auch die sittlichen Werte. Die höchsten Ideen sind das Gute, Wahre und Schöne, wobei das Gute so über allen Ideen steht, daß es zum Wesen Gottes gehört. Die Supertranszendenz, die nicht wahrnehmbar und nicht denkbar, sondern nur in der mystischen Schau ergriffen werden kann, ist Gott. Gott ist:

- Das Sein, ohne Anfang und Ende, ohne Veränderung, das absolute Sein.
- Das Eine, das nicht zusammengesetzt und darum unveränderbar und unsterblich ist.
- Das Gute. Gott kann nur gut sein und niemals sein Gegenteil, das Böse, annehmen. Darum ist er auch stets das Gute bringend. Das Böse entsteht durch die Bedingungen der empirischen Welt.
- Die alles hervorbringende Kraft. Im Spätwerk betont Platon die Kraftwirkungen Gottes. Er ist der, der die Ideen, die Begriffe und schließlich die materiellen Objekte nacheinander hervorgehen läßt. Weil seine Kraft alles schafft, ist sie auch in allem Geschaffenen enthalten als ein Teilhabestreben, zu Gott zurückzukehren und sich mit ihm zu vereinigen.

Auf diese Weise verlegt Platon die sittlichen Werte ins Transzendente und entzieht sie dem Menschen. Nicht das Subjekt stellt die Werte auf, sondern diese existieren seit Ewigkeit in der transzendenten, erkennbaren, nicht aber in der empirischen Welt. Sie sind darum nicht dem Entstehen und Vergehen, dem Fluß des Werdens unterworfen, sondern sie sind ewig, unveränderbar, absolut. Darum kann der Mensch sie nicht schaffen, verändern oder beseitigen, sondern er muß sich nach ihnen richten. So schafft Platon eine objektive Ethik und eine absolute Ethik. Denn die transzendenten Werte existieren ewig und unveränderbar.
Als die wichtigsten Werte lehrte Platon Weisheit, Tapferkeit, Besonnenheit, Gerechtigkeit (sie ist die Summe alles sittlichen Tuns) und vor allem das Streben, Gott ähnlich zu werden, so weit als möglich. Der Weg dazu

sind: Abkehr von der Welt, Hinkehr zur Transzendenz, Meditation, Vision, Ekstasis, Unio. All diese Werte faßt er zusammen unter dem Begriff „Tugend". Da sie sich auf Einsicht und Vernunft gründet, ist sie lehrbar.

Aristoteles (384 - 322 v. Chr.) lehrt (vgl. F. Ueberweg, 1926, Bd. 1:379-387), daß alles Seiende aus Stoff und Form besteht, wobei der Stoff materiell, räumlich, zeitlich und passiv ist, die Form dagegen raum- und zeitlos, materielos, geistig und aktiv, das Materielle formend. Dabei ist sie *in* dem realen Ding (substantia est in re) und formt es von innen her. Gleichzeitig strebt sie final eine Zielverwirklichung an. Sie ist dem Stoff (dazu gehört auch der Körper des Menschen) überlegen, nämlich seiend, während der Stoff nicht-seiend und bloß erscheinend ist.

Ethisches Handeln kann dann nur zweierlei bedeuten (F. Ueberweg, 1926, Bd.1: 387-392):

Erstens sich vernunftgemäß zu verhalten und den Körper mit seinen Trieben und Begierden zu beherrschen (die ethischen Tugenden) und zweitens die Vernunft selbst zu stärken und zu entwickeln (die dianoetischen Tugenden). Dabei ist es die Aufgabe der Vernunft, den Menschen zum Sinn seines Lebens zu führen: zur Glückseligkeit. Allerdings darf sie nur die Mittelwerte („die rechte Mitte") anstreben, und sie muß alle Extrembildungen vermeiden. Als Einzeltugenden lehrt Aristoteles: die Tapferkeit, die Besonnenheit, die Großzügigkeit, die Großgeartetheit, die Hochsinnigkeit, die Ehrliebe, die vornehme Ruhe, die Tugenden des geselligen Verkehrs, und hier vor allem die Freundschaft, schließlich die Scham-Empfindung und die Gerechtigkeit.

Sowohl Platon als auch Aristoteles vertreten nicht nur eine materiale, sondern auch eine transzendentale, objektive und absolute Wertethik. Sie glauben, daß Ethik nur möglich ist, wenn sie in der göttlichen Welt ihren Ort hat. Sie richtet sich nicht nach unseren individuellen, kulturellen, gesellschaftlichen und geschichtlichen, dem Wechsel unterworfenen Bedürfnissen und Interessen, sondern der Mensch muß sich nach objektiven, absoluten Werten, der unveränderlichen Ethik richten.

Die christliche Philosophie (seit etwa 200) ist stoisch und vor allem neuplatonisch orientiert. Dabei wird eine Stufenfolge von Frömmigkeitsstilen gelehrt (vgl. F. Heiler, 1923: 499-555):

- Abkehr: Der Mensch muß so leben, daß er die Verlockungen der Welt und die Versuchungen des Leibes flieht. Die Mittel dazu bietet die Askese: Vegetarismus, Verzicht auf Wein, eine pessimistische, verbietende Haltung gegenüber der Sexualität, Armut und Lebensverzicht, Ablehnung von Vergnügungen aller Art (Wirtshaus, Theater, Literatur usw.).

- Hinkehr: Der Mensch soll sich ausschließlich mit göttlichen Dingen beschäftigen. Er muß beten, die Bibel und Erbauungsliteratur lesen, regelmäßig den Gottesdienst besuchen usw.
- Meditation: In diesem Stadium denkt der Mensch intensiv und von äußeren Einflüssen abgeschieden über das Göttliche nach.
- Vision: Die Askese, verbunden mit Isolation und Meditation, bewirkt, daß sich die Seele, wie die mystische Frömmigkeit glaubt, vom Körper entmischt und selbst-sehend wird.
- Ekstasis bedeutet, daß sich die Seele vom Leibe löst, die Fähigkeit der Selbstbewegung erlangt und sich zur göttlichen Welt aufschwingt.
- Unio mystica beschreibt die Vereinigung der Seele mit Gott in einer solchen Weise, daß beide ununterscheidbar werden. In der mystischen Dialektik sind Gott und Mensch im Zustand der Unio Gegensatz und Einheit zugleich, sie sind austauschbar, der Mensch wird Gott, und Gott wird Mensch.

Nicht alle Menschen müssen diesen Weg bis zu Ende zu gehen. Die Masse der frommen Christen lebte gemäß dem Abkehr-Hinkehr-Schema. Das bedeutete Diesseitsflucht und Jenseitssehnsucht; Welt und Leib wurden abgelehnt, Weltfreuden galten als Sünde, während meditativer Ernst und Jenseitsflucht als fromm und als christliche Norm angesehen wurden. Im geschichtlichen Alltag gab es allerdings neben der Kirchenfrömmigkeit sowohl Zügellosigkeit als auch tiefe Tatfrömmigkeit, aber sie bildeten nicht das Verpflichtende und Geforderte.

Anders stand es mit der weltlichen *Ethik des Rittertums* (etwa 1100 bis 1250). Sie speiste sich aus germanischen und stoischen Traditionen. Zentrale Tugenden des Ritters waren (vgl. L. Krell, L, Fiedler, 1960: 32-35): ere (gesellschaftliches Ansehen), hoher muot (alltagferne, ideale Gesinnung), froide (gehobene, optimistische Stimmung auch bei Widerständen), milte (Freigiebigkeit), erbermde (Mitleid mit den Schwachen und Bedrängten), tapferkeit (feigheit ist ihr gegenüber die stärkste Beleidigung), die zuht (Erfüllung der ritterlichen Formen), die maze (Vermeiden von extremen Einstellungen, die gute Mitte), die staete (sie entspricht der stoischen constantia und bedeutet Ausdauer und Beständigkeit), die triuwe (sie ist eine Doppelbindung: der Lehensmann setzt sein Leben ein, der Lehensherr muß freigiebig sein). Diese weltlichen Tugenden wurden ergänzt von der gotes hulde, die Gnade bei Gott. Das Grundproblem des Ritters war es, Welt und Überwelt miteinander zu vereinen.

Die Ritterethik bedeutete den Beginn von innerweltlichen, von den Kirchennormen gelösten Verhaltensmustern. Dies bedeutet den Anfang einer von der Kirche gelösten, eigenständigen innerweltlichen Kultur. Diese Entwicklung setzte sich fort in der *Renaissance*, die zwei Grundeinsichten gegen die Kirchenfrömmigkeit stellte: 1. Die Welt ist schön, und nicht ein Jammertal, das der Mensch zur Bewährung und Läuterung durchschreiten und so schnell wie möglich verlassen soll. 2. Der Mensch, als ein Wesen mit Innerlichkeit, ist wertvoll, und zwar auch als leiblicher Mensch.

In der Neuzeit ist es die *Aufklärung*, die ein spezifisches, von der Kirche gelöstes Normensystem entwickelte. Neu entdeckt wird der Mensch als Individuum-Subjekt, das sich aus den unmündig machenden Mächten absoluter Staat und totalitärer Kirche und ihrer Verknüpfung miteinander befreien soll. Dies kann er, weil er ein Vernunftswesen ist. Ist jeder Mensch ein vernünftiges Individuum, dann muß es selbst denken, autonom. Das schließt ein die Toleranz, weil alle Menschen vernünftige, autonome Wesen sind. Was aber ist am vernünftigsten? Die Mathematik. So wird die gesamte Wirklichkeit mathematisiert (und neue Mathematiken entwickelt: analytische Geometrie, Integral-, Differentialrechnung u.a.). Ist der Mensch vernünftig, dann kann er sich über alle Triebe und Leidenschaften, aber auch durch die constantia über alle Schicksalsschläge erheben. Als Vernunftswesen ist der Mensch auch der Richter über wahr und unwahr. Was vor der Vernunft nicht bestehen kann, muß geleugnet werden. Das bedeutete einen Angriff auf die Kirche und ihren Supra-Naturalismus. Die Leistung der Aufklärung war die Befreiung des Menschen von heteronomen, autoritären Instanzen und die Geburt des autonomen, freien Individuums.

Im *20. Jahrhundert* begründen Max Scheler und Nicolai Hartmann eine materiale und eine Wertethik. Vor allem Hartmann hat die Werte systematisiert und einzeln genau beschrieben. Dabei verankern beide die Werte transzendental, sie besitzen ein ideales An-sich-Sein. Dabei lehrt Hartmann, daß die Werte selbst überzeitlich und übergeschichtlich sind, aber das Wertbewußtsein sich geschichtlich verschiebt.

Im übrigen stellt Scheler für die Ethik wichtige Grundätze auf (M. Scheler, 1964):

- Es gibt eine *Werte-koinonia*. In der Wertewelt stehen die Werte nicht isoliert nebeneinander. Vielmehr gibt es Werte, die sich ergänzen, während andere Gegensätze bilden. Wieder andere sind notwendig, um Werte einzuschränken. Liebe und Freude z. B. ergänzen sich. Liebe und Gerechtigkeit hingegen bilden Gegensätze. Liebe und Weisheit wiederum stehen in einem sich gegenseitig einschränkenden Verhältnis.

- Es gibt eine *Wertehierarchie*. Es gibt höhere und niedere Werte. So ist die Liebe ein höherer Wert als das Leben. Besonders für Wertekollisionen ist diese Kenntnis wichtig. Ich werde mich stets entscheiden für den höheren Wert gegen den niederen Wert.
- Es gibt einen *Rigorismus der Werte*. Immer, wenn er auftritt, führt dies zur Entartung der Werte. Schon wenn sie isoliert auftreten, wird es problematisch. Wenn beispielsweise Augustinus sagt: Liebe - und dann tue, was du willst, ist dies falsch, weil er die Liebe vereinseitigt hat. Liebe kann auch unsittlich handeln. Noch gefährlicher ist es, wenn Werte rigoros durchgesetzt werden. Dann wird der Wert mißbraucht, er entartet, und Menschen werden unter seinen absoluten Anspruch geknechtet. Darum sind Werte nur gesund in der gesunden Mitte und in der koinonia der Werte.

Das *Problem* materialer Werte ist, daß sie zufällig und nicht allgemeingültig sind. Jeder kann eine eigene Wertkonstellation schaffen und begründen. Darum möchte ich einen Wertekosmos vorschlagen, der vom Vordenker des Christentums, *Paulus* von Tarsus, gelehrt wurde (Brief an die Galater 5, 22; Brief an die Epheser 5, 9. 19. 20):

- Liebe, die sich hingibt und in der Tat zugunsten des anderen Individuum-Subjekts sich verleiblicht.
- Freude, die beschwingt und ein heiteres Individualsystem erzeugt.
- Harmonie schafft Ausgleich zwischen den Antagonismen und Konflikten in der Lebenswelt und ermöglicht Versöhnung.
- Ausdauer, der Wert der Dauer, der Perseveration, stabilisiert das System und gibt ihm Konstanz; sie versöhnt die Spannung von statischer Struktur und dynamischem Prozeß, von Auflösung und Reproduktion des Systems.
- Großzügigkeit im Denken ist der Wert des geselligen Umgangs, der es erlaubt, über kleine Mängel hinwegzusehen und den Wert des Gegenüber aufleuchten zu lassen.
- Freundesgesinnung bindet alle Mitglieder des Systems ein in ein freundliches Band, das alle Feindschaften ausschließt.
- Vertrauen ermöglicht eine Grundbefindlichkeit in der Welt, in Beziehungen und Interaktionen sich und anderen zu trauen, vertrauensvoll zu sein.
- Friedenstiften stellt immer neu Harmonien gegen die Entropie auf, die als eine Zeitfunktion Strukturen und Systeme zerfallen läßt.
- Selbstbeherrschung korrespondiert mit Toleranz, Freiheit und Verantwortung und ermöglicht die Harmonie des Systems.
- Hoffnung als eine amor futuri vereinigt Vergangenheit und Zukunft und schafft auf diese Weise den Sicherheits-Unsicherheits-Aus-

gleich; sie ermöglicht uns, die Unsicherheit des Noch-nicht zu ertragen und die Möglichkeiten unserer Handlungserwartung erwartbar zu machen.
- Wahrhaftigkeit schließt ein die Wahrheit wahrer Objekte, die Wahrheit des Diskurses und die Wahrheit meiner Existenz; sie schafft Verläßlichkeit.
- Optimismus und Fröhlichkeit machen das System zu einem fröhlichen und heiteren System von liebevoller Leichtigkeit.

Jesus hat selbst solche Werte vorgelebt. In der Bergpredigt zeigt er, daß Ethik mit der rechten Gesinnung beginnt. Es ist die Gesinnung der Selbstlosigkeit, der Bezogenheit auf den Mitmenschen, den anderen höher zu schätzen als sich selbst bis zur Aufopferung des eigenen Lebens, Mitleiden und Mitfühlen zu können, ohne die eigene Identität zu verlieren, durch Gewaltlosigkeit das widerstrebende Übel zu überwinden, auf das Wachsen und Werden zu achten, den Freunden die Treue zu halten, im Wort und in den Taten wahrhaftig, durchsichtig, mit sich selbst übereinstimmend und darum verletzlich zu sein.

All solche Werte sind ausnahmslos Primärwerte und ermöglichen das Wachstum des Individual-Systems wie auch der sozialen Gruppen. Wer Gemeinwesenarbeit tut, kann in der Einzelfallhilfe und in der Gruppenarbeit auf solche Werte zurückgreifen. In der therapeutischen Beratung brauchen wir eine Wertebegründung und ein Werteziel, um Menschen heilen zu können; und Gruppen brauchen Werte, nach denen sie ihre inneren Strukturen bauen.

4. 5. 2. Integration und Wertevermittlung gegen Individualisierung und Werterelativismus

Heitmeyer hat gezeigt, daß unsere Gesellschaft von der Individualisierung bestimmt wird, die wiederum zu Desintegration und Anomie führt (W. Heitmeyer, 1997, 1: 11 f.). Vor allem die Entwicklung der sozialen Marktwirtschaft zu einem entfesselten Kapitalismus hat folgende Desintegrationen erzeugt:

Inkonsistenz
Einerseits ermöglicht die Individualisierung neue Entscheidungsfreiräume. Dies wird sichtbar durch die Subjektivierung von Werten und Normen und die Ablehnung von Traditionen. Gleichzeitig ermöglicht die ausdifferenzierte Gesellschaft immer neue und vielfältigere Möglichkeiten und durch die Konsum- und Kulturindustrie auch Realisierungen der Lebensgestaltung. Andererseits erzwingt die kapitalistische

Gesellschaft wegen ihrer Konkurrenz- und Konsumwirtschaft ein ähnliches Verhalten des Individuums, der nun seinerseits ein utilitaristisches und kalkulierendes Verhalten entwickelt. Dies führt zu unsolidarischen, egozentrischen Einstellungen. Allerdings zeigt die Netzwerkforschung, daß in den Kleinen Netzen solche anomischen Tendenzen neutralisiert werden (vgl . 8. 2.).

Ungleichzeitigkeit
Durch die Individualisierung entwickelt der Mensch neue Verhaltensweisen und Werte. Diese aber stoßen zusammen mit den wieder erneuerten neokonservativen Verhaltensweisen, die Gemeinschaft und kollektive Solidarität fordern. Individualisierte Zukunftsorientierung und neokonservative Rückwendung erzeugen also eine Ungleichzeitigkeit.

Asymmetrie
Individualisierung gilt für alle Personen der modernen Gesellschaft. Aber die Verwirklichungschancen der Individualisierung sind ungleich verteilt. Dies führt dazu, daß die Inhaber von Statuspositionen ihr bevorrechtigtes Milieu zu verteidigen und zu konservieren trachten, während die unteren sozialen Schichten in die oberen Milieus streben oder resignieren. Die Inhaber der oberen Statuspositionen hingegen stehen im Konflikt, ihrer Individualisierung entsprechend zukunftsorientiert und innovativ zu sein, während sie konservativ ihre Positionen gegen den Druck von unten verteidigen.

Daraus erwachsen drei grundlegende Krisenerscheinungen in der Gesellschaft (W. Heitmeyer, 1997, 1: 11 f.):

- Strukturkrisen, weil die Steuerungsinstanzen immer mehr versagen.
- Regulationskrisen, weil die Gesellschaft ihre eigenen Regeln nicht mehr befolgt. Die Werte unserer Verfassung gelten kaum noch. Die Folge ist Anomie, der Verfall regelnder Normen gerade bei den Eliten.
- Kohäsionskrisen: Die traditionellen Gemeinschaften zerfallen, das bedeutet, die Bindekräfte, die einmal Ideale realisierten, soziale Beziehungen stifteten und das Band waren, das Milieus, Institutionen und Parteien zusammenhielt, lösen sich auf.

Dies alles sind Desintegrationserscheinungen und strukturelle, gesellschaftliche und individuelle Anomien. Eine Zukunftsaufgabe der Gemeinwesenarbeit wäre die Reintegration der Gesellschaft, d. h. eine integrative, wertevermittelnde Gemeinwesenarbeit zu leisten. Welche integrativen und wertevermittelnden Konzepte sind möglich?

Zunächst scheint es so, als sei Wertevermittlung nicht möglich, da ja unsere Gesellschaft durch eine Normenpluralität geprägt ist. Aber J. Friedrichs stellt fest, daß die zunehmende Pluralität der Werte nicht bedeutet, daß es keine neuen Werte und Normen mehr gäbe (J. Friedrichs 1997: 479 f.), sondern es hat sich die Verteilung der Bevölkerung, einzelne Werte zu befürworten oder abzulehnen, verändert. Kleine, zunächst unbedeutende Gruppen, die spezifische Normen vertraten, sind größer geworden, z. B. die Grünen, andere wiederum, wie die christlichen Kirchen mit ihren Werten, haben sich verringert. Dies hat zwei Folgen. Zum einen erhöht sich die Innovation und die persönliche Entfaltung, was nicht nur die Einzelperson, sondern auch die ganze Gesellschaft bereichert. Zum andern nimmt aber auch das abweichende Verhalten zu. Pluralität von Normen und Werten erleichtert ja dem Individuum, sich von Zwängen zu befreien, Regeln zu durchbrechen, aber auch abweichendes Verhalten zu entwickeln. Ist aber eher die Gruppenpluralität ausschlaggebend und nicht die Normenpluralität, ist die Suche nach verpflichtenden Normen berechtigt.

Der erste fundamentale Wert einer Gesellschaft ist wohl die Kohäsion (Zusammenhalt), die ermöglicht wird durch Integration. Dabei stellt sich uns heute die Frage nach einer doppelten Integration: Die Integration der Mehrheitsgesellschaft selbst und und die Integration der Minderheiten in diese Gesellschaft. Je größer die Desintegrationsvorgänge innerhalb der Gesellschaft werden, desto höher werden die Integrationshürden für fremde Minoritäten (W. Heitmeiyer, 1997: 10). In diesem Zusammenhang zeigen Beck und Beck-Gernsheim die Grenzen von drei gängigen Integrationsmodellen (U. Beck, E. Beck-Gernsheim, 1994: 34 f.):

- Die Wertintegration versagt, weil die kulturelle Vielfalt die Grundlagen für eine gemeinsame Wertebasis aufzehrt.
- Die materielle Integration durch die Gemeinsamkeit materieller Interessen versagt wegen der ökonomischen Rezession und der steigenden Armut.
- Die nationale Integration ist nicht möglich, weil das Nationalbewußtsein keine Integration stiften kann, außer es ist ein totalitärer Nationalismus mit einer Zwangsintegrationsideologie.

Andere Integrationsvorschläge sind ebenfalls problematisch. Hondrich vertritt Integrationsmöglichkeiten durch ein Wir-Gefühl und durch Herkunftsbindungen (K. O. Hondrich, 1996), jedoch führen solche Vorstellungen rasch zu einem Verhalten geschlossener Gruppen, das Abschließung nach außen beinhaltet. Rasch wandelt sich dieses Modell zu einem Integrationsmodell „Integration durch Ausschluß" von markierten Minderheitengruppen. Heitmeyer und Sander versuchten eine Integration über die Universalisierung des Marktes herzustellen, basierend auf dem freien Spiel der Kräfte und beruhend auf Deregulation, Liberalisierung und Entstaatlichung (W. Heitmeyer, U. Sander, 1992). Doch werden sofort auch die desintegrativen Wirkungen solch eines Konzeptes sichtbar, weil nämlich große Teile der Bevölkerung, nämlich die verarmten, von der ökonomischen Integration ausgeschlossen werden. Schließlich gibt es das Konzept der Integration durch moralische Erneuerung. Doch wird die Moral sich nicht gegen die Steuerungsmechanismen des Marktes und nicht gegen die Machtbedürfnisse des Staates durchsetzen können. Auch wird eine Gesellschaft, die sich legitimiert durch Wertekonsens in Konflikt geraten mit den Minderheiten anderer Kulturen und anderer Normen. Wir sehen also, wie schwierig die Frage nach den Integrationsmöglichkeiten einer Gesellschaft zu beantworten ist, zumal Integration immer zugleich soziale Kontrolle beinhaltet. Denn zu den Integrationsmodi gehören ja auch Ideologien, Religion und Zugehörigkeiten.

Auch dürfen nicht falsche Erwartungen in die Integration gesetzt werden. Heitmeyer zeigt (W. Heitmeyer, 1997, 2, 26 f.), daß Integration erstens nicht gleichzusetzen ist mit Stabilität, denn eine Gesellschaft kann eine stabile Zweidrittelgesellschaft sein und dennoch desintegriert. Zweitens kann sie nicht gleichgesetzt werden mit Konfliktfreiheit, weil die Gesellschaft mit sozialer Ungleichheit bei gleichzeitigem Konsens über die Regelungsmechanismen besteht. Umgekehrt können Konfliktlosigkeit und Stabilität erzielt werden durch staatliche Gewalt, Unterdrückung, Härte und staatlich verordnete Riten. Solch eine Gesellschaft mag zwar konfliktlos und stabil sein, aber sie ist nicht integriert. Desintegration hingegen muß nicht unbedingt Instabilität mit sich führen. Deshalb schlägt Heitmeyer vor, die dunklen und hellen Seiten von Integration und Desintegration gegenüberzustellen. Integration ist positiv durch die Stabilität und das Gefühl von Sicherheit und Dazugehörigkeit. Negativ ist sie durch Zwang, Rigidität und soziale Kontrolle. Desintegration ist positiv, da sie Wandel, Abweichung vom Traditionellen und Kreativität ermöglicht. Negativ ist sie, weil sie Gewalt provoziert und Minderheiten ausgrenzt.

Integration beinhaltet sowohl die Lebensweltintegration (Sozialintegration) als auch die Systemintegration. Diese doppelte Integration beinhaltet drei Dimensionen (W. Heitmeyer, 1997, 2: 24):

- *Kulturell-expressive Integration.* Sie umfaßt die lebensweltlichen Vergemeinschaftungen durch Zugehörigkeit zu vielfältigen Gruppen, z. B. Klassen, Schichten, Berufsmilieus, Gleichaltrigengruppen, Ge-

meinschaften usw. Solch eine Gruppenzugehörigkeit beinhaltet zugleich die Anerkennung ihrer Traditionen und Verhaltensmuster, ihrer kollektiven Identität, den Loyalitätsbindungen, den Gruppenbeziehungen, der Anerkennung und Befolgung der religiösen und kulturellen Normen und Praktiken.
- *Kommunikativ-interaktive Sozialintegration.* Sie beinhaltet die Teilhabe und Teilnahme an Verständigungsprozessen innerhalb der Gruppe über die Unveränderbarkeit oder Veränderungsnotwendigkeit vorhandener Werte und Normen sowie Verhaltensweisen und Lebensstile.
- *Funktionale Systemintegration.* Das Individuum muß sich nicht nur in die Lebenswelt integrieren, sondern auch in das System. Die Systemintegration schließt ein die individuellen und kollektiven Zugänge und die Teilhabe an den verschiedenen Teilsystemen der Gesellschaft, wie Arbeit, Politik, Recht, Bildung usw. Die ökonomische Integration z. B. wird über den Markt und die sozialen Sicherungssysteme erzielt; die politische Integration erfolgt über das Nationalbewußtsein oder den Verfassungspatriotismus, über Wir-Gefühle und Partizipationsvorgänge.

Verbinden wir lebensweltliche und systemische Integration und Desintegration miteinander, stellt sich folgendes Bild dar (W. Heitmeyer, 1997, 2, 28; M. Vester, 1997, 2, 156). *Lebensweltliche Integration* würde bedeuten, daß die Zugehörigkeit zu Gruppen oder Volkszugehörigkeiten anerkannt werden, es existiert eine enge Kohäsion (innerer Zusammenhalt) zwischen den Individuen durch die Kommunikationen und Interaktionen, die in Familien, Lebensgemeinschaften, Nachbarschaften, Gemeinden, Vereinen, Freizeitgesellungen, berufliche und soziale Milieus stattfinden. Weiterhin gewinnt das Individuum bei der lebensweltlichen Integration seine soziale Identität, bestehend aus den Zugehörigkeiten zum Alter, Geschlecht, zu bestimmten Beziehungskonstellationen und individuellen Biographien.

Die lebensweltliche Integration wird ergänzt durch die *alltagsweltliche Integration*. Im Alltag entwickelt das Individuum sinnstiftende und handlungsordnende Werte, Weltdeutungen, Formen zu denken und zu fühlen, Alltagsethik usw. Dadurch wird möglich: die familiale Sozialisation, die Normenübernahme durch Gleichaltrigengruppen und die lebensweltlichen und arbeitsweltlichen Erfahrungen. Alltagswelt beinhaltet auch, die soziale Identität zu finden durch Wertübernahme und soziale Kontrolle, durch Abgrenzung von anderen Milieus und Schichten und von anderen Kulturgruppen. Auch entwickelt das Individuum Mitgliedschaften in Parteien, Verbänden und Vereinen und die Bindung an staatliche, kulturelle oder religiöse Eliten und verfestigt sich in ihm die Vorstellung von sozialer Gerechtigkeit und Ungleichheit. Wichtig ist dabei die Integration anstelle der Segregation (Absonderung von Menschen aus der Gesellschaft).

Systemintegration dagegen bedeutet Zuordnung zu bestimmten ökonomischen Positionen, wie Abhängigkeiten, aber auch Herrschaftspositionen im Erwerbs- und Verteilungssystem, verbunden mit spezialisierten Ausbildungen und Berufen, die wiederum verschiedene Zugangsmöglichkeiten zu verschiedenen Erwerbsklassen, sozialen Positionen und Lagen ermöglichen. Wichtig ist dabei, daß die soziale Mobilität und die Öffnung zu höheren sozialen Positionen gewahrt bleibt. Zur Systemintegration gehört auch die Integration des Individuums in das politische System. Nötig hierzu ist die gesamtgesellschaftliche Repräsentation der Einzel- und Gruppeninteressen in einer repräsentativen, liberalen Demokratie. Konflikt, Ausgleich und Toleranz bestimmen das Verhältnis der Konfliktpartner, das sind die Medien, die Interessenverbände, die Staatsorgane, Parteien, Gewerkschaften, die Religions- und Kulturgemeinschaften, gegen- und miteinander. Es bilden sich Eliten und Gefolgschaften heraus, wie kulturelle oder politische Eliten, die eine an sie gebundene Anhängerschaft haben. Das Individuum partizipiert am Staat durch aktives und passives Wahlrecht und Wahlbeteiligung. Die politische Herrschaft wird reguliert durch Legitimation, Recht, Gewaltenteilung und Gewaltenkontrolle, plurale Kontrollinstanzen und die Verwaltung.

Lebensweltliche Desintegration dagegen bedeutet Nichtakzeptanz der eigenen Gruppe, Isolation, Vereinsamung des Individuums, das darum Teilnahme und Mitgliedschaft verweigert. *Systemische Desintegration* führt zu Arbeitslosigkeit, Rechtsungleichheit, Verarmung, Minorisierung, Segregation und Isolation.

Welche Bindekräfte lassen sich gegen Überindividualisierung und Wertrelativismus stellen?

Heiner Keupp glaubt, vom amerikanischen *Kommunitarismus* lernen zu können. Zunächst listet er die gängige Individualisierungskritik auf (H. Keupp, 1997, 2, 284 f.): Lasch spricht von einer Kultur des Narzißmus. Keller nennt die Individulisierung einen Ich-Wahn. Nuber meint, der Individualismus erweise sich als eine Egoismusfalle. Mitscherlich vergleicht die individualisierten Menschen mit Einsiedlerkrebsen und Eremiten. Beck schließlich meint, aus dem Tanz ums goldene Kalb (dem Gottesersatz) werde der Tanz um das goldene Selbst. Keupp bemängelt allerdings an diesen Thesen, daß sie nicht empirisch gewonnen worden seien und der Netzwerkforschung nicht standhalten (ebd.302-307).

Was können wir als Heilmittel für einen Überindividualismus und den Werterelativismus finden? Wie können Integration und Wertevermittlung gelingen? Keupp stellt die wichtigen amerikanischen Kommunitarier dar (ebd. 285-291). Der Kommunitarismus glaubt, daß eine liberale, individualisierte Gesellschaft ihre eigene Verfassungsgrundlage zerstört. Denn eine Gesellschaft, die das Individuum und seine eigenen Interessen und einen Liberalismus der Gier zum Mittelpunkt hat und in der das Gemeinwohl verschwindet, verliert den inneren Zusammenhalt. Zunächst habe der Individualismus zwar den Menschen von den unmündig machenden Mächten, nämlich der absoluten Monarchie und der totalitären Kirche befreit, aber heute droht er seine eigene Grundlage aufzuzehren. Darum muß gegen das Individuum die Gemeinschaft gesetzt werden. Sie soll das Individuum von der Vereinzelung, Isolation und Verdrängungskonkurrenz und die Gesellschaft von einer gnadenlosen Konkurrenzwirtschaft heilen. Der Eigennutz muß sich in Gemeinnutz verwandeln.

Damit erneuern die Kommunitarier die Diskussion, die die liberal-demokratische Gesellschaft von Anfang an bestimmt hat. Denn schon immer diskutierte der Liberalismus das Verhältnis von Eigennutz und Gemeinnutz, und er entwickelte seit Naumann einen sozialen Liberalismus. Den Gemeinnutz hat der Liberalismus nie geleugnet, was er jedoch zum Zentrum seines Anliegens machte, war die Vorordnung des Individuums vor die Gemeinschaft.

Walzer und Taylor gehören zu den führenden amerikanischen Kommunitariern. *Michael Walzer* führt die Enttraditionalisierung, Desintegration und soziale Unsicherheit auf die gesellschaftliche Mobilität zurück, die ja eine traditionelle Verwurzelung in einen Ort unmöglich macht (M. Walzer, 1993). Er unterscheidet vier Typen von Mobilität:

- Die geographische Mobilität führt zu häufigem Ortswechsel, wodurch ein Wohn- und Heimatgefühl unmöglich wird.
- Die soziale Mobilität bewirkt, daß immer weniger Menschen den sozialen Ort einnehmen, den die Eltern besetzten. Die Folge davon sind Traditionsabbrüche, wodurch Überzeugungen, Werte und Verhaltensmuster nicht von den Eltern auf die Kinder weitergegeben werden.
- Die Beziehungsmobilität entsteht durch die hohen Trennungs-, Scheidungs- und Wiederverheiratungsraten. Dies bewirkt, daß die Kinder nicht mehr in Erzähltraditionen leben sowie ethnisch und religiös entwurzeln.
- Die politische Mobilität ist bestimmt durch die rasch wechselnden Loyalitätsbindungen gegenüber Politikern und anderen Führungsper-

sonen, Parteien, Verbänden, Kirchen und kommunalen Institutionen. Die Menschen leben frei schwebend in einer Mentalität von Unbeständigkeit, in der sie sich nicht mehr binden.

Diese vier Mobilitäten, meint Walzer, werden vom Liberalismus als Garantie für individuelle Freiheit und das Streben nach Glück bezeichnet. In Wirklichkeit aber führe die vierfache Mobilität zu Unzufriedenheit, Wurzellosigkeit und Unbehaustheit.

Taylor hält es für eine Illusion des Liberalismus, daß alle Einzelinteressen zu einem guten Gesamtinteresse konvergieren würden (Ch. Taylor, 1993). Im Gegenteil sei eine vorhergehende Identifikation mit Gemeinschaftszielen notwendig. Jede Gesellschaft beruhe ja auf der Identifikation des Einzelnen mit dem Gemeinwesen, das so weit gehen müsse, dafür zu sterben. Allerdings, meint Taylor, dürfe die volonté général Rousseaus (die Einheit des Einzelwillens mit dem Gesamtwillen) nicht das Modell für den Kommunitarismus sein. Denn Gemeinsinn zeige sich gerade im Alltag, wenn die Bürger ihre Interessen gegen Diktatoren durchsetzen oder bei Bürgerinitiativen ein Gefühl von Gemeinsamkeit entwickeln. Auch schließt Taylor Konflikt, Streit und eine Politik der Differenzen für die Gesellschaft nicht aus, nur müssen sie durch Spielregeln, Verfahrensgrundsätze und Gesetze gesichert werden. Werte, für die sich demokratisch gesinnte Bürger einsetzen würden, sind nach Taylor folgende (ebd: 14; 17; 18):

- Solidarität. Sie stiftet die sozialen Übereinkünfte und die Gemeinschaft.
- Partizipation. Sie ermöglicht dem Bürger, sich an dem politischen Prozeß zu beteiligen und ihn mitzugestalten.
- Sinn für gegenseitigen Respekt. Rücksichtnahme, Mäßigung, gegenseitige Achtung ermöglichen das Zusammenwirken auch unterschiedlicher Gruppen. Respekt schließt auch die soziale Verantwortung ein, denn soziale Ungleichheit und Armut bedrohen die demokratischen Grundüberzeugungen und den Gemeinsinn, weswegen der Einrichtung des Wohlfahrtsstaates eine zentrale Bedeutung zukommt.

Der Sinn für gegenseitigen Respekt beinhaltet für Taylor vor allem auch die Anerkennung. Für ihn ist Anerkennung ein menschliches Grundbedürfnis und die Voraussetzung, eine persönliche Identität zu entwickeln.

Was die Kommunitarier allerdings übersehen, ist, daß die Individualisierung, ja daß sogar desintegrative Prozesse einen doppelwertigen Charakter haben, daß sie Risiken und Chancen zugleich beinhalten.

Heitmeyer hat gezeigt, daß Integration ja auch Isolation, Ethnozentrismus, Zwang und Kontrolle bedeuten kann, während Desintegration den Wandel und den gesellschaftlichen Fortschritt ermöglicht (W. Heitmeyer, 1997, 2: 27). Darum spricht Keupp von einer kommunitären Individualität (H. Keupp, 1997, 2: 307-309), und ich selbst habe die Spannung zwischen Solidarität und Individualität aufgelöst durch den Begriff der Solidarperson (H. Seibert, W. Noack, 1996: 68).

Vor allem zeigt Keupp, daß die aproirische, deduktive Sozialforschung empirischen Untersuchungen der Netzwerkforschung zuweilen nicht standhält (vgl. H. Keupp, H. Röhrle, 1987; M. Diewald 1991; B. Röhrle 1994). Er nennt folgende soziale Baustellen (H. Keupp, 1997: 302-307):

- Beim Vergleich zwischen Städtern und Landbewohnern zeigt sich, daß die Großstadt keineswegs immer isolationsfördernd ist, sondern daß Städter durchschnittlich mehr und vielfältigere Kontakte zu Verwandten, Freunden, Arbeitskollegen oder Vereinskameraden haben als Menschen auf dem Land.
- Allerdings zeigen die Sozialkontakte nicht mehr die traditionellen Beziehungsmuster. Sie sind keine engräumlichen Gemeinschaften mehr, sondern sie bilden Netzwerke, die den Raum der ganzen Stadt und darüber hinaus umfassen. Sie sind offener und loser verbunden als es die alten Solidargemeinschaften waren, aber sie vermitteln Nähe, Intimität und Hilfe.
- Während früher Familie, naräumliche Verwandtschaft und Nachbarschaft Beziehungen mit hoher Integration schufen, so schränkten sie doch gleichzeitig durch soziale Kontrolle und zu hohe Integration die persönliche Wahlfreiheit ein. In den großstädtischen Netzwerken hingegen besitzt der Mensch ein hohes Maß an Eigenentscheidung, durch die er Freunde und Bekannte nach der Ähnlichkeit der Interessen und nach homogenen Merkmalen frei wählen kann.
- Lebensalter und Lebenslage allerdings differenzieren die Wirkung von städtischen Netzwerken. Alte Menschen und Kinder bevorzugen soziale Nahräume, die für junge Frauen mit Kindern wiederum zwar genutzt werden müssen, die aber auch als die gleichen Einschränkung von Handlungsmöglichkeiten empfunden werden, die sie schon als Mädchen gehabt hatten.
- Urbanisierung und Individualisierung führen auch nicht unbedingt zum Verlust von alltagsweltlichen Hilfen durch Verwandte, Freunde, Nachbarn, Arbeitskollegen usw. Bei schwerwiegenden Problemen suchen Menschen vorwiegend Hilfe bei Familienmitgliedern und Verwandten, jedoch, wenn diese Personen weit entfernt wohnen,

auch bei den entsprechenden Ämtern, wie Gesundheits- und Sozialamt. Im übrigen spielen die vielen Selbsthilfe-Initiativen eine zunehmend tragende Rolle bei der wechselseitigen Hilfe und Unterstützung, wobei Frauen beziehungsfähiger sind als Männer und darum häufiger Beziehungsnetze bauen.
• Die Netzwerkchancen sind indes ungleich verteilt. Personen der höheren sozialen Klassen und Schichten mit höherem Einkommen und höherer Bildung haben mehr Chancen, Netzwerke aufzubauen und für sich zu nutzen als Menschen aus den unteren sozialen Schichten. Sie wählen für persönliche Beziehung, Rat und Hilfe weniger die Verwandtschaft und Nachbarschaft, als vielmehr die Freunde, die über die ganze Stadt verteilt wohnen.
• Die zunehmende Individualisierung muß nicht unbedingt die Solidarbeziehungen zerstören. Allerdings erfolgt heute immer weniger solidarische Hilfe aus Verpflichtung und traditionellen Gemeinschaftsbindungen (wie Kirchen) heraus. Solidarität bedeutet heute weniger eine moralische Verpflichtung, vielmehr wird sie freiwillig gegeben, und sie ist zwangloser, vielseitiger, beweglicher, aber auch begrenzter als früher.

Die Netzwerkforschung zeigt also, daß sich die traditionellen Beziehungs- und Unterstützungsmuster verändert haben. Die Menschen werden nicht mehr in dem Maße wie früher in Familien, Verwandtschaften und Nachbarschaften hineingeboren und durch sie in ihrer Lebensgeschichte gestaltet. Das aber bedeutet nicht, daß der Mensch isoliert und überindividualisiert ist, sondern daß er im Gegenteil oft mehr und vielfältigere Kontakte zu Freunden, Arbeitskollegen und Vereinsfreunden hat als frühere Generationen. Sie sind jedoch gekennzeichnet durch größere Offenheit, Wahlfreiheit und lockerere Bindung. Dies muß der Netzwerkarbeiter berücksichtigen, indem er bei allen Konzepten die offenen oder hausgebundenen Kleingruppen organisiert, unterhält und pflegt.

4. 5. 3. Wertevermittlung im Elternhaus

Erikson hat die psychosoziale Entwicklung des Menschen in acht Phasen gegliedert und jeder ihre sittlichen Werte zugeordnet (E. H. Erikson, 1971: 241-270).
Im ersten Lebensjahr benötigt das Kind quantitative und qualitative Zuwendung und vor allem das Erleben des Konstanten und Kontinuierlichen. Solche Gleichartigkeit der Erscheinungen erwecken im Kind ein rudimentäres Gefühl von Ich-Identität. Gleichzeitig entsteht im Kind

durch die Konstanz und Kontinuität der Bezugspersonen und der materiellen und emotionalen Versorgung ein Bewußtsein von Vertrauen. Die Werte des frühen Kindes, die durch die Eltern vermittelt werden, sind Vertrauen, Antrieb und Hoffnung.

Das zweite und dritte Lebensjahr ist gekennzeichnet durch die Entwicklung des Muskelsystems, seine willkürliche Beherrschung und die Fähigkeit, es anzuspannen und zu entspannen. Ihnen entsprechen die sozialen Modalitäten von Festhalten und Loslassen. Beide können aggressiv und libidinös besetzt werden. Die Muskelentwicklung erlaubt nun dem Kind die freie Beweglichkeit. Es kann sich autonom bewegen und sich eigene Ziele setzen (erste Trotzphase). Die Reinlichkeitserziehung, verknüpft mit dem Erziehungsstil, führt zu einer ersten Gewissensausbildung sowie der Stellungnahme zu Ordnung, Sauberkeit, Zählen, Kontrollieren, Eigentum, Macht und Sexualität. Darum muß die Lenkung des Kindes nicht-autoritär, aber fest und sicherheitsgebend sein. In diesem Fall entsteht im Kind die Autonomie. Die Werte des Kindes zwischen zwei und drei Jahren sind Autonomie, Selbstbeherrschung und Willenskraft.

Im Alter von drei bis sechs Jahren entwickelt das Kind die Initiative. Es beginnt Handlungen, ohne sie vollenden zu können. In diesen Jahren schließt sich der Knabe vorwiegend der Mutter an und konkurriert mit dem Vater, während das Mädchen mehr dem Vater zugetan ist und mit der Mutter konkurriert. Die Eltern werden von den Kindern mit Zärtlichkeit beschenkt, und sie wiederum wollen den Eltern zu Gefallen sein. Die Gefahr dieser Phase ist, wenn die Eltern die Kinder entweder sexuell verführen oder sie mit Zärtlichkeit vernachlässigen. In beiden Fällen kommt es nicht zur sexuellen Prägung des Kindes auf das andere Geschlecht. Je stärker das Kind jedoch auf außerfamiliale Konkurrenzen gelenkt wird, desto konfliktloser verlaufen die innerfamilialen. Das Kind erwirbt im Wettstreit mit den Kindern des Spielplatzes und des Kindergartens die Initiative. Die Werte, die das Kind in diesen Jahren lernen soll, sind Initiative, Richtung und Zweckhaftigkeit.

Zwischen etwa sechs und zwölf Jahren wenden sich Knabe und Mädchen vom gegengeschlechtlichen Elternteil ab und imitieren den gleichgeschlechtlichen oder identifizieren sich sogar mit ihm. Durch solche Imitations- und Identifikationsvorgänge introjiziert das Kind alle Normen, Werte und Verhaltensmuster (sogar Neurosen) der Eltern und der Elterninstanzen, wie Staat, Gesellschaft, Schule usw. und macht sie zu eigenen inneren Werten. Es ist die Zeit, in der der Knabe und das Mädchen ihre soziale Rolle lernen und das Wertesystem ihrer Kultur internalisieren. Wenn dem Kind solche Leistungen gelingen, entwickelt es den Werksinn und die Fähigkeit, angefangene Tätigkeiten auch zu voll-

enden, und zwar mit Freude an der Werkvollendung. Die Werte dieser Phase sind Leistung, Methode und Können.
Mit zwölf bis vierzehn Jahren beginnt die Pubertät. In den folgenden Jahren haben die jungen Leute die Aufgabe, sich von der Elterngeneration zu lösen und eine eigene Identität zu suchen und zu finden. Dazu sind hilfreich die Peer-groups, in denen der junge Mensch Identifikationsangebote findet. Wichtig sind Moratorien, in denen der Jugendliche, räumlich und zeitlich abgesondert vom Alltag, Zeit hat zur Selbstreflektion und Selbstfindung. Gleichzeitig muß der Jugendliche eine dreifache Versöhnungsarbeit leisten.

- Bei der integrativen Versöhnung muß er frühe Kindheitsidentifikationen in seine neue Identität integrieren, sie verändern oder verwerfen.
- Bei der reparativen Versöhnung heilt er die Beziehungen, die durch die Loslösung von der Elterngeneration zerstört worden waren.
- Bei der adaptiven Versöhnung paßt sich der Jugendliche wieder der Gesellschaft an, zu der er während seiner Identitätsdiffusion Abstand genommen hatte.

Die Aufgabe der jungen Leute bis zum Alter von etwa 22 Jahren (bei Studenten bis zum Eintritt in den Beruf) ist also die Findung der Identität durch die Integration vielfältiger Identifikationsangebote. Die Werte dieser Phase sind Identität, Hingabe und Treue.
Zwischen ungefähr 22 und 30 Jahren ist der junge Erwachsene bereit, seine Identität, die er gefunden hat, zu wagen und aufs Spiel zu setzen. Er ist fähig zur Intimität, d. h. zu echten Bindungen und Partnerschaften, denen er treu ist, für die er Opfer eingeht, die er durch Kompromisse aufrecht erhält und denen er sich hingibt. Oft werden die jungen Erwachsenen jetzt Eltern, und nun werden sie in den Kindern nicht nur die für deren Phase entsprechenden Werte erwecken sondern die eigenen vorleben. Es sind Intimität, Bindung und Liebe.
Der große Lebensabschnitt zwischen 30 und ungefähr 65 Jahren ist gekennzeichnet durch die Lebensaufgabe der schöpferischen Lebensentfaltung und Selbstgestaltung, dem Entwurf des eignen Selbstkonzeptes in die Zukunft und die Entwicklung von Produktivität und Schöpfertum. Eltern werden ihren Kindern die Werte dieser Phase vorleben, nämlich zeugende Fähigkeit, Produktivität und Fürsorge.
Im letzten Lebensabschnitt gelangt der Mensch zur Ich-Integrität. Er erkennt, daß sein Leben einmalig und wertvoll war und daß er es ungefähr wieder so leben würde. Er erntet nun die Frucht der sieben vorhergehenden Phasen und gelangt dadurch zur Altersreife. Die Werte dieser Phase, die der alte Mensch den jüngeren Generationen vorlebt, sind Ich-Integrität, Entsagung und Reife.

Die Wertevermittlung durch die Eltern an das Kind muß also phasenspezifisch erfolgen. Diese Wertevermittlung in der psychosozialen Entwicklung des Menschen sollte ergänzt werden durch die Kenntnis der moralischen Stufen (L. Kohlberg, 1976).
In den ersten beiden Lebensjahren ist die Moral des Kindes vorkonventionell und fremdbestimmt. Vorkonventionell bedeutet, daß das Kind noch nicht nach gesellschaftlichen Normen fragt. Fremdbestimmt besagt, daß die Eltern die Quelle moralischer Normen sind. Dabei besteht die Moral des Kindes in der Vermeidung von Strafe. Das Kind tut das Rechte, um sich der überlegenen Macht von Autoritäten zu entziehen. Die Interessen von anderen oder was in anderen Personen innerlich vorgeht, kann das Kind noch nicht begreifen. Ebensowenig kann es die eigenen Interessen von fremden unterscheiden. Überhaupt sieht das Kind mehr auf die Folgen, die sichtbar sind, als auf Interessen. Das Kind ist wahrnehmungsgebunden und erkennt nur die oberflächlichen Erscheinungsformen der Umwelt.
Die 2 - 5-Jährigen besitzen eine präkonventionelle und heteronome Moralität. Auch ihre Moral ist immer noch vorkonventionell, und sie lassen sich ihre Handlungsmaßstäbe von den Eltern, Geschwistern, Spielkameraden usw. geben. Moral besteht darin, die elterlichen Regeln einzuhalten, um belohnt zu werden und der Strafe zu entgehen. Der zentrale Wert in diesem Zusammenhang ist der Gehorsam. Das Kind besitzt noch keine selbstlose Moral. Es berücksichtigt die Interessen anderer Personen nicht, es erkennt sie nicht einmal. Der andere wird nach dem Aussehen beurteilt und nicht nach Motiven und Absichten.
Zwischen 5 und 12 Jahren versucht das Kind, Regeln zu befolgen, aber nur, wenn sie den Interessen von irgend jemandem dienen, seien es fremde oder eigene Bedürfnisse. Dabei muß es gerecht zugehen, fair. Fairneß ist ein gleichwertiger Austausch, ein Handel oder eine Übereinkunft. Das bedeutet, daß das Kind bereits fremde Interessen anerkennen kann. Die Perspektive bleibt jedoch streng individualistisch. Wünsche sind vorrangig zielgerichtet auf die Befriedigung der eigenen Bedürfnisse. Aber auch fremde Bedürfnisse werden anerkannt, wobei es zu Interessenkonflikten kommen kann, die gerecht und fair geregelt werden müssen. Das Kind kann nun zum Gemeinsinn erzogen werden, aber Gemeinschaftsverhalten muß durch Regeln ausgemacht werden, die von beiden Seiten befolgt werden. Die Eltern beispielsweise dürfen nicht Forderungen an die Kinder stellen, die sie selbst nicht erfüllen.
Mit dem Eintritt in die Pubertät ändert sich die Form des moralischen Urteils. Gut zu sein ist für den Jugendlichen wichtig, und das bedeutet, ehrenhafte Absichten zu haben, sich um andere zu sorgen, die Beziehungen zu pflegen (in diesem Alter *ist* das Sein die Beziehung) sowie

Vertrauen, Loyalität, Wertschätzung und Dankbarkeit zu empfinden. Der Einzelne ist abhängig von der Mitgliedschaft in einer Gruppe, die durch face-to-face-Beziehungen konstituiert wird. Die Gruppe indes besteht nur aus solchen Mitgliedern, die so sind wie ich. Personen fremder Gruppen werden nach den Maßstäben der eigenen Gruppe beurteilt oder auch aggressiv verurteilt. So ist der Jugendliche eingebunden in die interpersonalen Beziehungen der eigenen Gruppe und will deren Erwartungen entsprechen. Er will als ein gutes Gruppenmitglied erscheinen, Zuneigung verspüren, die Übereinkünfte einhalten und die eigenen Interessen denen der Gruppe nachordnen, weil sich der Jugendliche in die Lage des anderen versetzen kann.

Erst mit der Entwicklung der Intimität zwischen etwa 22 und 30 Jahren nimmt die Form des moralischen Urteils eine strukturell neue Form an und wird nun vorbildlich für die nachfolgende Generation. Das Gewissen ist zum sozialen Gewissen geworden. Der junge Erwachsene ist bereit, Verantwortung zu übernehmen. Normen müssen befolgt werden, außer sie widersprechen höheren Normen. Sie besitzen dienenden Charakter, und zwar erfüllen sie die Funktion, das soziale System aufrecht zu erhalten und den Zusammenbruch des Systems zu vermeiden (Familie, Geschäft usw.).

Der Erwachsene ist sich der Tatsache bewußt, daß unter den Menschen eine Vielzahl von Meinungen und Werten vertreten wird und daß diese gruppenspezifisch, d. h. historisch und kulturell bedingt sind. Es ist auch richtig, diesen relativen Normen zu folgen, weil sie das Zusammenleben regeln und den Gesellschafts- und Staatsvertrag ausmachen. Allerdings ist es notwendig, daß in der Gesellschaft objektive Werte gelten, die in jeder Gesellschaft gelten müssen, und zwar die Menschenwürde und die sie schützenden Menschenrechte. Darum verpflichtet sich der Erwachsene, Gesetze und Normen zu befolgen, sie zu vertreten und zu verteidigen, um alle Menschen zu schützen. Dabei bindet er sich freiwillig an Familie, Freundschaft und Gesellschaft. Seine Moralität erlaubt ihm, den anderen zu achten, weil er Beziehungen *hat* und sie nicht mehr *ist*. Dadurch wird er fähig zu interpersonalen Beziehungen, nicht mehr von face to face, sondern durch den Austausch innerer Vorgänge. In solch einer verstehenden Moralität ist er Vorbild für die nachfolgende Generation.

Der alte Mensch schließlich richtet sich endgültig nach einer autonomen Ethik. Dabei wählt er solche selbstgewählten Grundsätze und Prinzipien, die zugleich allgemeingültig sind. Darum richtet er sich nach den staatlichen Gesellschaften und den gesellschaftlichen Übereinkünften, jedoch nur, wenn sie mit den überzeitlichen Normen übereinstimmen. Wenn sie gegen sie verstoßen, leistet er Widerstand.

So ist die Familie der Ort, in dem sich Werte entwickeln, reifen und Orientierung geben für die heranwachsenden und die vorbildlichen Personen des Familiensystems. Bei der lebensweltlichen Gemeinwesenarbeit mit Familien ist auf die Wertebegründung und Werteentfaltung aller Familienmitglieder zu achten.

4. 5. 4. Wertevermittlung durch die Schule

Wie die Familie so wird auch die Schule Werte weniger vermitteln durch das, was sie lehrt, als durch das, was sie ist. Es hat sich ja gezeigt, daß das Humanistische Gymnasium mit seiner Werteorientierung die Entartung der Werte im Faschismus nicht verhindern konnte. Und die Werte des Gymnasiums konnten auch die Nachkriegsjugend nicht befriedigen. Darum werden wir für die Schule keine spezielle Wertevermittlung fordern, sondern eine Strukturreform, die sie zu einer „Guten Schule" macht.

4. 5. 4. 1. Die desorganisierte, anomische Schule

Zunächst scheint es so zu sein, als wäre sie keine „Gute Schule", sondern eine desorganisierte, anomische Schule (H. G. Holtappels, S. Hornberg, 1997: 328-367). Die Institutionenkritik bringt folgende Argumente:

Die Bildungsinhalte der Schule beziehen sich zu wenig auf die gesellschaftlichen, lebensweltlichen und alltagsweltlichen Erfahrungen der Schüler, das bedeutet, daß sie die Relevanz des Gelernten nicht einsehen können. Insbesondere werden die Bereiche des politischen und sozialen Lernens vernachlässigt.

Der Tauschwert des Einsatzes von Energie, Zeit, Geld usw., um einen Schulabschluß zu erreichen, lohnt sich nicht mehr, weil der Wert des Schulabschlusses bei den Ausbildungsstellen und auf dem Arbeitsmarkt sinkt.

Auch die Organisation schulischer Lernprozesse ist problematisch. Vier Problemfelder sind vor allem zu nennen:

- Der unflexible Zeitrhythmus erlaubt dem Lehrer nicht, komplexe Lernprozesse in Gang zu bringen.
- Die Monofunktionalität der Schule als Ort kognitiven Lernens erlaubt nicht, die Schule als Lebensraum und jugendlichen Sozialraum zu nutzen, wo die Schüler handwerklich, musisch, kreativ und sportlich tätig werden können.
- Die Aufsplitterung der Fächer, die von Fachlehrern unterrichtet werden, führt zu einer Segmentierung der Wirklichkeit und verhindert fächerübergreifendes Lernen.

- Der Unterricht ist immer noch vorwiegend Frontalunterricht und weniger Arbeitsunterricht. Aber die heterogene Schülerschaft verlangte eigentlich nach Arbeitsunterricht, d. h. die Selbsttätigkeit der Schüler in Lerngruppen.

Schulisches Lernen wird weiterhin den formellen Leistungsnachweisen in der Form von Zensuren und Zeugnissen untergeordnet. Dadurch werden viele Lernleistungen der Schüler einer kontinuierlichen Bewertung und Beurteilung unterworfen. Dies führt zur Leistungsauslese und zu Chancenungleichheit. Denn schlecht bewertete Schüler haben kaum Chancen auf dem Arbeitsmarkt.

Das Schulleben, d. h. alle Handlungen und Kommunikationen, die stattfinden, wird dem vorgegebenen Zeitrhythmus, dem formellen und leistungsbezogenen Unterricht und einer hierarchischen Rollenstruktur unterworfen. Das bewirkt dreierlei:

- Die Mitbestimmung und die Interessenvertretung der Schüler sind sehr begrenzt.
- Der Schulalltag wird geprägt durch kognitive Prozesse. Soziales Lernen und emotionale Intelligenz werden wenig gefragt. Darum sind auch die Beziehungen zwischen Lehrern und Schülern, aber auch zwischen den Schülern durch formale Lern- und Leistungsprozesse vermittelt. Nur selten werden die Netzwerkbeziehungen innerhalb der Klasse oder gar der Schule reflektiert.
- Die Schule als ein geschlossenes System funktioniert isoliert vom sozialen Umfeld. Viele Schulen neigen dazu, sich vom soziokulturellen Umfeld abzukoppeln.

Der Unterricht geschieht oft in Bauten, die in der Zeit der Bildungsexplosion (Ende der 60er und die 70er Jahre) gebaut wurden und wenig den pädagogischen Ansprüchen gerecht werden. Als Zweckbauten errichtet, vermitteln sie den Schülern kaum Gefühle von Geborgenheit und Wohlbefinden.

Allerdings muß gesagt werden, daß nicht alle Schulen dieser Institutionenkritik entsprechen. Es gibt schülerfreundliche Bauten und schülerorientierte Lehrer und Kollegien. Wo aber die Schule desintegrativ und anomisch ist, da weist sie drei Dimensionen der Störung sozialer Ordnung auf:

- Soziale Desintegration. Sie entsteht durch große Klassen und Kollektivbildung. Besonders wo die Leistungsbewertung im Vordergrund steht, entstehen Deklassierungen und Etikettierungen, wird die soziale Zukunft bereits vorwegdeterminiert. Kinder, die dem Leistungs-

druck nicht standhalten, werden desintegriert, verlieren den Sinn ihres (Schüler)lebens und sehen für sich keine Zukunft.
- Restriktive Konformitätszwänge. Sie bedrohen durch ihren Zwang zur Anpassung die Ausbildung der jugendlichen Identität. Denn das Individuum wird dem Kollektiv unter- und eingeordnet. Eine einseitige Betonung der Pflicht- und Akzeptanzwerte stört die Identitätsbalance auf doppelte Weise: Einerseits kann der Schüler seine Interessen und Bedürfnisse nicht befriedigen, und es gelingt ihm nicht, seine Individualität zur Schau zu stellen, und andererseits führt der Konformitätsdruck, verbunden mit sozialer Kontrolle, zur Normenübertretung, was zu Sanktionen führen kann, aber auch das Gewissen von Schülern belastet.
- Ziel-Mittel-Diskrepanz. Während der Schüler Zeit, Energie und Geld für seine Ausbildung aufwendet, auf die Augenblicksbefriedigung verzichtet, stellt die Gesellschaft nicht mehr das Äquivalent, nämlich Wohlstand, Erfolg und Prestige zur Verfügung.

4. 5. 4. 2. Die Gute Schule
Solchen Analysen einer desintegrativen, anomischen Schule sei die „Gute Schule" gegenübergestellt. F. Bohnsack hat versucht, Strukturen einer Guten Schule aufzuzeigen (F. Bohnsack, 1987; 1988). Eine Gute Schule weist folgende Merkmale auf:

Selbstbestimmung gegenüber Systemzwang.
Die Grundfrage, der sich jedes politische und gesellschaftliche System stellen muß, heißt: Primat und Vorrang des Individuums vor allen Kollektiven und Systemen oder der Staat als erster unbewegter Selbstzweck. Die Verfassungsnorm der Bundesrepublik hat sich für die Menschenwürde als begründenden Wert entschieden und damit für den Vorrang des Individuums vor dem Kollektiv. Die Schule müßte diesem Verfassungsauftrag genügen. Tatsächlich wird jedoch der Schüler dem System Schule unterworfen. Denn sie wird bestimmt durch eine abstrakte Welt von Wörtern und Zeichen, die den Schüler zwar für das Studium oder den Beruf befähigen, aber sie kommen in der Lebens- und Alltagswelt des Schülers nur begrenzt vor. Selbstverständlich lernt er Lesen, Schreiben und Rechnen sowie Nützliches fürs Leben; und dies trifft besonders auf die Haupt- und Realschüler zu. Dennoch überwiegt, namentlich am Gymnasium, das abstrakte, alltags- und lebensweltferne Lernen und Wissen. Gleichzeitig ist die Schule ein Bewertungs- und Disziplinierungssystem. Bewertet wird die Fähigkeit des Schülers, sich in einer abstrakten Wörter- und Zahlenwelt sicher bewegen zu können. In Wirklichkeit jedoch entsteht ein Bewertungssystem, verbunden mit

einer Selbstwertbelastung. Denn weil der Schüler nicht bewertet wird nach dem, was er ist, sondern nach dem, was er im Zeichensystem der Schule leistet, versucht er zu konkurrieren, Erfolg zu haben, und er verzweifelt, wenn er versagt. Andere Schüler allerdings reagieren auf Schulversagen mit Verweigerung, Aggression oder gar Delinquenz (H. G. Holtappels, S. Hornberg, 1997: 360-364). Nun hat Henting gezeigt, daß es in hochindustrialisierten Ländern nicht möglich ist, die Schule mit ihren Leistungsqualifikationen abzuschaffen (H. v. Hentig, 1971). Der Systemzwang kann nur eingeschränkt werden, und zwar durch die Förderung der Selbstbestimmung. Sie muß drei Kriterien erfüllen:

- Der Schüler übernimmt für sich selbst Verantwortung, er gestaltet sein Lernen selbst, ist beteiligt an der Auswahl des Unterrichtsstoffes und gestaltet seine Freizeit. Selbstbestimmung ist jedoch begrenzt durch die Verantwortung. Das bedeutet, die eigenen Wünsche, Bedürfnisse und Trägheiten zu überschreiten, um mit den Mitschülern zu kooperieren und sich mit der Schule einstimmig zu fühlen.
- Selbstbestimmung ist zweitens werteorientiert. Denn Selbstbestimmung kann nicht eine Projektion des Selbstkonzeptes ins Nichts sein, sondern sie bedarf der Orientierung an Bestimmungsmaßstäben.
- Schließlich ist Selbstbestimmung ein Weg der Sinnsuche und Identitätsfindung. Die Schule als ein System abstrakter Wörter und Zeichen macht zwar fit für die Hochschule oder den Beruf, aber nicht fürs Leben. Jedoch sind viele Lehrer ja nicht einfach Lakaien des Systems Schule, sondern fragende, suchende und findende Pädagogen, die einem pädagogischen Eros folgen und Zeit finden, den Schülern Sinn zu vermitteln.

Was wir brauchen, ist also nicht die Rücknahme der Institutionalisierung, sondern einen Qualitätswandel der Guten Schule in Richtung auf Selbstbestimmung und pädagogische Interaktion.

Interesse gegenüber Leistung. Die nicht gute Schule setzt auf Leistung und Leistungsmessung und zwingt damit zu Leistungs- und Lerndruck, zu Konkurrenz und Stoffzentrierung. Die Gute Schule wird darum drei Forderungen erfüllen:

- Sie wird die selektierenden Funktionen zugunsten der pädagogischen einschränken. Das bedeutet, daß der Lehrer den Schüler als ein einmaliges, wertvolles Individuum betrachtet, als ein ungeheures Behältnis an Zukunft. Er wird gezwungen sein, Leistungen zu bewerten, aber er kann gute Leistungen belohnen und Schüler mit schlechten Ergebnissen ermutigen.

- Zweitens wird sie den Raum öffnen für schwer benotbare emotionale Intelligenz, für kreative und soziale Lernprozesse. Das bedeutet, daß der Lehrer Raum gibt für Sinnfragen, daß er Gruppenprozesse innerhalb der Klasse bewußt macht, Zeit gibt für Gefühle, Erlebnisse und kreative Initiativen der Schüler.
- Drittens wird sie versuchen, die Schul- und Prüfungsangst zu verringern, z. B. durch den Abbau vergleichender zugunsten individuellfördernder Leistungsbeurteilung. Der Lehrer muß darum den Mut haben, von der Gaußschen Verteilung (wenig gute, viel mittlere, wenig schlechte Noten) abzuweichen und ermutigende sehr gute und gute Noten zu geben, wenn die individuelle Leistung dem entspricht.

Die Gute Schule wird also Arbeits- und Lernprozesse so auswählen, daß sie zugleich der Sinnsuche und Identitätsentwicklung des Schülers entsprechen. Dazu bedarf es einer Entschleunigung des Unterrichtsablaufes. Wesemann hat nachgewiesen, wenn Lehrer und Schüler unter einer Beschleunigung der Zeit stehen, dies die Schüler als Enteignung der Lebenszeit erleben (M. Wesemann, 1985).

Personsein gegenüber Objektsein. Personsein bedeutet, daß der Schüler ein sich selbst bestimmendes, werttragendes Subjekt ist und niemals ein totes, verwaltbares Objekt des Systems Schule. Personsein des Schülers bedeutet in der Guten Schule, daß der Schüler weder ein verwaltetes noch ein belehrtes Objekt ist. Im Frontalunterricht wird die Tendenz verstärkt, das Verhältnis zwischen Lehrer und Schüler durch den Lehrstoff zu vermitteln, daß also die direkte Personal-Beziehung umschlägt in eine Ich-Es-Beziehung. Das Problem ist, daß Schule in allen Kulturen Wissen vermittelt, daß Schüler darum belehrt werden müssen und daß der Lehrer seinen Informationsvorsprung zur Wissensvermittlung benutzt. Auch ist die Schulklasse keine Familie, deren Mitglieder durch Liebe vermittelt werden, sondern eine zufällige, fremde, quartierbezogene, heterogene Gleichaltrigengruppe, die zum Zwecke der Leistung organisiert wurde, und in der der Schüler sich auf das Studium und den Beruf vorbereiten soll. Darum sind alle Vorstellungen von der Schule als Elternt- und Familiensubstitut illusionär. Trotzdem muß die Gute Schule den Vorrang des Schülers vor der Organisation und der Stoffvermittlung beachten. Sie wird darauf achten, daß es dem Schüler möglich ist, seine Grundbedürfnisse nach Angenommensein, Wärme, Dazugehörigkeit, nach Sicherheit, Wert und Würde und nach Lebenssinn zu erfüllen. Darum suchen Jugendliche heute die Geborgenheit in kleinen Gruppen, in denen sie Selbstbestimmung unter Gleichaltrigen finden (K. E. Nipkow, 1984). Die gute Schule kann dies fördern durch Schuljugendzentren, durch Gruppenunterricht, Projektarbeit, Arbeitsgemeinschaften usw.

Lebenslernen gegenüber Schullernen. Die Schule bildet weder für die Alltags- und Lebenswelt noch in vielen Fällen für das Studium und den Beruf aus. Denn viele Fächer, die Schüler lernen müssen, brauchen sie später nicht mehr, weil sie sie nicht als Studium gewählt haben, und viele Studienfächer und Berufe, die die Schüler später wählen, werden an der Schule gar nicht unterrichtet. Darum ist Schullernen, die Segmentierung der Bildung in Fächer und fachspezifische Lehrer mit ihrer spezialisierten Bildung, nicht einmal an die Arbeitswelt angepaßt. Lebenslernen bedeutet darum nicht nur, daß der Unterricht fächerübergreifend angeboten wird, damit er Lebensrelevanz erhält, sondern daß vor allem methodisches Wissen vermittelt wird. Dieses gewinnt der Schüler einmal durch das Lehrervorbild, vor allem aber durch selbständiges und entdeckendes Lernen (R. Messner, 1985).

Schule als Stätte der Bildung gegenüber Funktionär der Arbeitswelt. Die Schule ist seit Wilhelm von Humbold der Ort der Bildung, wo der Heranwachsende durch Erkenntnis des objektiven Geistes in die einzelnen Reiche der Kultur hineinwächst. Sie ist sozusagen eine „pädagogische Provinz", ein Schonraum, in dem Kinder und Jugendliche sich ihre Kultur aneignen, um das Leben, mit Sinn und Kultur ausgerüstet, bestehen zu können. Im Gegensatz dazu hat die Industrie immer wieder gefordert, daß die Schule Kinder fit mache für die industrielle Arbeitswelt. Aber die Gute Schule wird sich ihre Unterrichtinhalte nicht heteronom vorschreiben lassen, sondern autonom selbst auswählen, und zwar eine Auslese aus der Welt, ihre aufbauenden Kräfte.

Was kann die Gemeinwesenarbeit für die Entwicklung einer Guten Schule der Zukunft beitragen? Wer Gemeinwesenarbeit leistet, ist ja kein Lehrer oder gar Schulleiter, und er hat kaum einen Einfluß auf die Schulbehörde. Aber in seiner Netzwerkarbeit kann er auf Eltern, Lehrer, Schulleiter und Schüler einwirken und ihnen die Vision einer Guten Schule vermitteln.

4. 5. 5. Wertevermittlung durch die Gesellschaft: Geteilte Werte als Basis gesellschaftlichen Zusammenhalts

Folgen wir der Individualisierungsthese, dann gibt es nur noch Individualwerte und keine gemeinsam geteilten Werte mehr. Glauben wir dem Kommunitarismus, dann gibt es miteinander geteilte Werte, aber diese sind nur zu erreichen durch eine konservative Rückwendung auf die vorindustriellen Gemeinschaftswerte, die Lebensweise der Gemeinschaft und der sie aufrechterhaltenden Werte. Es soll die Individualisierung rückgängig gemacht, da sie wertelos und substanzlos sei, und in Gemeinschaft zurückverwandelt werden. Gegen eine von Durkheim geforderte organische Solidarität, gegen Parsons Konzept von der sozialen Stabilität, die durch soziale Kontrolle und Sozialisation entsteht und einen Wertekonsens herstellt, dem die Individuen zustimmen, auch gegen die kommunitäre Gemeinschaftsideologie setze ich die Grundwerte unserer Verfassung: den Vorrang des Individuums vor den Gemeinschaften und Systemen, das Individuum mit seinen Interessen, aber auch dem fairen Interessenausgleich, die Freiheit, Gleichheit und Verantwortung. Welches also sind die Werte unserer Verfassung (vgl. G. Nunner-Winkler, 1997: 360-402)? Die Moderne verbietet, Normen transzendent oder durch Autoritäten und Traditionen begründet zu legitimieren, sondern nur auf den vernünftigen Willen aller. Danach scheint es drei gemeinsam geteilte gesellschaftliche Grundwerte zu geben: Freiheit, Gleichheit und das Prinzip der Schadensvermeidung.

Freiheit: Sie begründet sich aus der Vorordnung des Individuums vor den Kollektiven und Systemen (vgl. W. Noack, 1996: 123-131). Weil das Individuum primordial ist, d. h. allen Kollektiven vorausgeht, ist es frei. Diese Freiheit differenziert sich zunächst in die Freiheit von etwas als die emanzipatorische Freiheit und die Freiheit zu etwas als die autonome Freiheit. Weiterhin möchte ich unterscheiden zwischen der einfachen Wahlfreiheit, die zwischen einer Alternative wählen muß (dies sind oftmals sittliche Entscheidungen), die Wahlfreiheit aus der grenzenlosen Fülle der Weltwirklichkeit und schließlich die schöpferische Freiheit, die Neues hervorbringt, was vorher nicht da war. Persönliche Freiheit ist gebunden an die Normen und die Freiheit des Mitmenschen, die politische Freiheit hingegen ist verknüpft mit dem Gemeinwohl. Darum ist Freiheit weder substanzlos und willkürlich noch gemeinschaftszerstörend, sondern sie ist ein integraler Bestandteil der Menschenwürde. Es gibt keine Menschenwürde, wenn der Mensch unfrei ist, und er kann nur Wert und Würde besitzen, wenn diese erhalten und verteidigt werden. Alle Grundrechte dienen der Ausgestaltung und dem Schutz der Menschenwürde und der Freiheit des Menschen. Es ist denkwürdig, daß die meisten Grundrechte Freiheitsrechte sind, da die Gemeinschaftsidee und die Gleichheit nie so bedroht waren wie die individuelle Freiheit. Allerdings ist die Freiheit stets eingeschränkt durch Verantwortung und Sozialität.

Gleichheit: Ist die Freiheit der zentrale liberale Wert, so steht Gleichheit im Mittelpunkt der Demokratie. Gertrud Nunner-Winkler stellt fest, daß in den modernen moralphilosophischen Rekonstruktionen der Gleichheit diese kaum ausdrücklich behandelt, sondern im Verfahren selbst versteckt wird (G. Nunner-Winkler, 1997: 164 f.). So setzt Rawls für moderne demokratische Verfassungsstaaten die Gleichheit einfach voraus, ohne sie zu begründen (Rawls, 1993: 38 f.). Jedoch muß bedacht werden, daß Gleichheit keineswegs ein überzeitlicher und transhistorischer Wert ist, sondern eine Errungenschaft des modernen Verfassungsstaates. M. E. wird die Gleichheit in der absoluten Monarchie vorbereitet, wo der Monarch zwar die feudale Ordnung aufrecht erhielt, gleichzeitig jedoch die Untertanengleichheit erzwang. Als in der Französischen Revolution die Souveränität des Monarchen auf das Volk übertragen wurde und auf diese Weise die Volkssouveränität entstand, wurde aus der Untertanengleichheit die Gleichheit der Bürger. Aber dieser theoretische, verfassungsrechtliche Vorgang setzte sich keineswegs für alle Bürger durch, sondern nur für das Bürgertum, und die Gleichheit aller Menschen wurde immer wieder bestritten. So wurde der Frau ganz allgemein, und in den USA den Schwarzen speziell, die Gleichheit abgesprochen. Die Frau, behauptete man, sei intellektuell und körperlich dem Mann unterlegen, und die Schwarzen seien weniger intelligent als die Weißen. Gleichheit darf also kein Formalprinzip sein, sondern sie muß ein inhaltliches Grundprinzip unseres heutigen Moralverständnisses werden. Es besagt, daß jeder Mensch, unabhängig von allen empirischen Unterschieden, gleich ist, d. h. gleiche Menschenwürde und gleiche Menschen- und Bürgerrechte besitzt. Weil die Gleichheit immer wieder Einschränkungen erfuhr, ist es wichtig, sie inhaltlich bewußt zu betonen: Geschlecht, Hautfarbe, Abstammung, Religion, Schönheit, Intelligenz, Leistungsfähigkeit usw. dürfen keine Rolle spielen. In einer Gemeinwesenarbeit der Zukunft gilt es, gegen Ungleichheiten vorzugehen und Gleichheiten zu schützen und zu verteidigen.

Das Prinzip der Schadensvermeidung: Es schützt die Menschenwürde. Die Lehre von der Menschenwürde geht ja aus von dem Primat des Individuums vor den Kollektiven, und das bedeutet auch die Vorordnung der individuellen Interessen. Die Frage ist nun, wie das Individuum seine Interessen durchsetzen kann. Dies geschieht durch die Bildung von Interessengruppen. Die zweite Frage ist, wie das Individuum und seine Gruppen nicht gleichzeitig andere Individuen und Gruppen in ihren divergierenden Interessen schädigt. Dazu dienen m. E. drei Grundsätze:

- Toleranz, weil jedes Individuum das Recht hat, seine Interessen zu vertreten und durchzusetzen.
- Mäßigung, weil der jetzige Gegner mein potentieller Partner ist. Mäßigung verbietet alle totalitären Ansprüche.

- Einhalten der Spielregeln, wie Minderheitenschutz, Achtung von Mehrheitsbeschlüssen usw.

Moralphilosophisch lassen sich daraus zwei Regeln ableiten (vgl. G. Nunner-Winkler 1997: 386 f.):

- Die universalen Vermeidungspflichten sagen mir: Du sollst nicht! Sie leiten sich aus den universalen Merkmalen des Menschen ab, seiner Verletzlichkeit und der Fähigkeit, andere zu verletzen, und dem Wunsch, nicht verletzt zu werden.
- Die kulturellen Aufforderungspflichten sagen mir: Du sollst! Auch diese Pflichten gründen in universalen Merkmalen des Menschen, nämlich daß der Mensch ein soziales Wesen ist und nur in Kooperation mit anderen Menschen überleben kann. Universell ist der Aufforderungscharakter, kulturabhängig indes sind die Inhalte der Aufforderung. Sie können im Lauf der Geschichte und von Kultur zu Kultur verschieden sein.

Die Gemeinwesenarbeit der Zukunft wird werteorientiert arbeiten und für Freiheit, Gleichheit und Menschenwürde eintreten, auch dort, wo sie nicht mehr sichtbar sind: auch depravierte Alkoholiker, Obdachlose, Strafentlassene, Prostituierte im Sklavenmilieu usw. sind frei und gleich und besitzen Wert und Würde, auch wenn der situierte Bürger sich entrüstet.

4. 6. PRÄVENTION

Sie zielt auf Zukunft, auf Vorbeugung vor nothaften Entwicklungen und die Vorwegnahme einer guten Lebenswelt. Unter 1. 3. habe ich bereits die drei Formen der Prävention dargestellt:

- die primäre Prävention, die sich auf direkte Problemsituationen richtet,
- die sekundäre Prävention, die sich besonders gefährdeter Gruppen annimmt,
- die tertiäre Prävention, die sich auf beliebige Personen und Gruppen richtet.

Prävention bedeutet also, vorbeugende Strategien gegen das Entstehen sozialer Probleme zu entwickeln. Beispielsweise ist unsere werteorientierte Jugendarbeit in Genthin präventiv, weil sie späterer Dissozialisierung vorbeugt. Unsere Aussiedler-Jugendarbeit wiederum fördert die Integra-tion der Kinder und Jugendlichen aus den GUS-Staaten in die neue Kultur, wodurch kriminalisierenden Tendenzen vorgebeugt wird. Vor allem aber sehen wir die Prävention in dem Mesonetzwerk, das unter 3. beschrieben worden ist. Wichtig ist dabei, die Interessen der Bewohner des lokalen Gemeinwesens zu artikulieren, denn nur dann werden wir ihre Aufmerksamkeit und ihre Mitarbeit gewinnen. Es scheint so, als gäbe es heute vier Hauptinteressenkomplexe, die die persönliche Sicherheit garantieren (vgl. J. Jäger, I. Kupske, 1997: 146): Berufstätigkeit und Einkommen, Arbeitsplatzsicherheit, Arbeitsplatzbedingungen und Kriminalitätsrate. Wenn diese Sicherheiten gefährdet sind, entwickeln die Einwohner diffuse Ängste, die sie auf Minderheiten projizieren. Dies können Obdachlose, am Marktplatz sitzende Alkoholkranke, vor allem aber Ausländer oder Übersiedler sein. Um präventiv solch Lokalpathologien engegenwirken zu können, muß die Kommstruktur der institutionellen Sozialarbeit durch eine Gehstruktur abgelöst werden, die die Menschen an ihren Aufenthaltsorten und in ihren Lebenslagen aufsucht. Dies ist möglich durch ein das Gemeinwesen durchdringendes Netzwerk.

Auf der Mikroebene haben wir zwei Interventionsebenen entwickelt (vgl. 3). Zunächst ist jede Gruppenarbeit lebensweltlich, d. h. daß Mitglieder der Gruppen zu Hause besucht werden, wodurch systemische Familienarbeit entsteht (vgl. W. Noack, 1997: 187-193). Diese Primärnetze werden mit den anderen Primärnetzen verbunden. Es werden also Nachbarschaften, Verwandtschaften, Freundschaften, Kollegialitäten usw. erneuert und gestärkt. Das Problem ist jedoch bei diesem Konzept, daß die freiwilligen Helfer, die die Gruppen leiten, nur noch wenig zusätzliche Zeit zu solchen Hausbesuchen und der Netzwerkarbeit haben. Darum versuchen wir ein neues Konzept von Streetworking zu entwickeln. Wir haben zwei Streetworkerinnen angestellt. Eine der jungen Frauen sucht Jugendliche, aber auch Erwachsene an ihren Treffpunkten auf, wo sie in Gruppen umherstehen. Ihre Aufgabe ist es, aus solch isolierten Cliquen fest organisierte und strukturierte Gruppen zu bilden und ihnen Kultur- und Bildungsarbeit anzubieten. Zugleich soll sie die Schulen besuchen und in den Klassen Aufklärungsarbeit leisten, was die Schulleiter durchaus begrüßen. Gleichzeitig besucht sie alle Personen ihrer Gruppen zu Hause, um sie in ihrer Alltagswelt kennenzulernen und ihren Einfluß dort geltend zu machen, wo die Personen sich sicher und zu Hause fühlen. Die zweite Streetworkerin soll ausschließlich Familiennetzwerkarbeit tun; sie ist Homeworkerin. Ihr Aufgabe ist vor allem die Mediation. Diese hat viele Ebenen. Die Geschlechter- und Generationenkonflikte in den Familien müssen mediatisiert werden, aber auch Mieterkonflikte in den Wohnblocks. Mediation ist ebenfalls wichtig zu den anderen Primärnetzen Nachbarschaft, Freundschaft,

Verwandtschaft und Kollegialität. Homeworking schafft jedoch auch kleine Sprachclubs für Aussiedlerkinder und Gesprächsgruppen zur gegenseitigen Aussprache in den Heimen und Nachbarschaftskreise. Genauso ist Mediation zu den Behörden wichtig, um die persönliche Sicherheit zu stärken. Schließlich ist es ihre Aufgabe, alltagsweltliche Hilfen zu organisieren, wie Umzüge, Möbeltranporte, Renovieren von Wohnungen, Autoreparaturen, Krankenhilfe usw. Solch eine Beratung vor Ort hat den Vorteil, daß die Personen, denen die Hilfe gilt, in ihren eigenen Familien und Freundschaften bleiben, wo sie sich sicher fühlen in den Zufluchtsorten, die sie sich geschaffen haben. Vom Dual Streetworking und Homeworking versprechen wir uns verstärkte Hilfe.

Auf der Mesoebene schafft präventive Gemeinwesenarbeit ein Netzwerk von Gruppen und hausbezogenen Kreisen, das möglichst viele Menschen aufnimmt, um ihnen Kommunikationsmöglichkeiten, gute Erlebnisse, Interaktionen und Gefühle der Geborgenheit und Sicherheit zu schenken. Die Gruppenangebote dürfen nicht zu weit von den Wohnstätten entfernt sein, weil oft Wege gescheut werden und namentlich Frauen im Winter ungern im Dunkeln unterwegs sind. Darum ist es wichtig, Gruppen mit kurzen Wegen ins Leben zu rufen. Dies sind Hauskreise, die auch Nachbarschaftskreise oder Freundschaftskreise genannt werden können. Hauskreise sind homogene Gruppen mit fester Gruppenstruktur, in denen Bildungslernen angeboten wird (Kultur, Politik, Gesellschaft, Weltanschauungen, Religion usw.), die Orientierung vermitteln sowie Möglichkeiten der Sinnfindung und Lebensgestaltung. Wichtig ist bei solch einer Bildungsarbeit der Alltagsbezug mit seinen praktischen Hilfen. Solche Hauskreise stärken das Selbstwertgefühl, überwinden das Gefühl, überflüssig zu sein, und geben Lebenssinn und Lebensdynamik.

Auf der Makroebene ist es zunächst wichtig, eigene Räume zu haben, weil sie die Chance bieten, ein Solidaritätsnetz von Hilfen anzubieten. Solidaritätsnetze allerdings besitzen keine Gelegenheitsstruktur, sondern sie unterliegen den Grundsätzen der Kontinuität, Periodizität und Integration. Deshalb können Kinderfreizeitprogramme, Feste und Feiern, Nachbarschaftsfeste, zeitlich begrenzte Bildungs- und Kulturangebote, wie Dichterlesung, Straßentheater usw. nur Integrationspunkte sein. In ihrer Gelegenheitsstruktur werden wir sie nicht als Gemeinwesenarbeit begreifen, sondern, wie gesagt, als Integrationspunkte. Da nun die Gemeinwesenarbeit die Lebenslagen der in dem Wohngebiet lebenden Menschen als Ganzheit erfaßt, schließt sie Freizeit, Arbeit, Wohnung, Wohnumfeld, Schule, Sport, Kultur und Politik mit ein (J. Jäger, I. Kupske, 1997: 146). Dieses Konzept beinhaltet einen multiperspektivischen Ansatz und bezieht sich nicht bloß auf die benachteiligten Gruppen, sondern auf alle Menschen in der Lokalität. Allerdings kann ein einziges Solidaritätsnetz solch eine ganzheitliche Gemeinwesenarbeit nicht leisten. Darum muß es kooperieren mit allen in der Region tätigen professionellen und nicht-professionellen Einrichtungen, Arbeitskreisen, Nachbarschaftshilfen, Behörden usw. (ebd.: 146). Warum beispielsweise soll das Solidaritätsnetz einen eigenen Jugendraum schaffen, wenn ein anderes Kinder- und Jugendhaus nicht ausgelastet ist und froh ist, von uns Besucher zu bekommen? Oder ein aufwendiges Sommerprogramm kann in Zusammenarbeit mehrerer Freizeitstuben viel effektiver veranstaltet werden als würde nur eine die Mühen auf sich nehmen. Schließlich ist die Zusammenarbeit mit den kommunalen und staatlichen Behörden unverzichtbar. Denn sie brauchen unsere Hilfe, weil sie kaum an die Lebens- und Alltagswelt der Menschen herankommen. Auch sind sie nicht in der Lage, auf Augenblicksnöte zu reagieren, wie dies das Dual Homeworker und Streetworker kann. Schließlich brauchen sie unsere Ermutigung, wenn wir ihnen Erfolge mitteilen können, und wir benötigen wiederum ihre vielseitige Unterstützung.

4. 7. BILDUNGSARBEIT

Bildung ist primär zukunftbezogen, denn sie hat es mit Kindern und Jugendlichen zu tun, aber auch mit sich bildenden, sich in die Zukunft hinein entwerfenden Erwachsenen.
Bildung bedeutet zunächst zu unterscheiden zwischen formaler Bildung, die aus Bildungsabschlüssen besteht, wie Realschulabschluß, Abitur, Staatsexamen usw. und der non-formalen Bildung, die schichtenunabhängig ist und die gemessen werden kann am Grad der Interessiertheit. Eine andere wichtige Differenzierung ist die zwischen Schullernen und Lebenslernen bzw. Alltagslernen. Während das Schullernen überwiegend formal-abstrakt und rational ist und eine Überfülle von Wissen anbietet in Regelmäßigkeit und in Langzeitbeeinflussung, ist das Lebenslernen zwar auch rational, aber doch vorrangig emotional, sozial, werteorientiert und alltagsweltlich (vgl. R. Affemann, 1976). Alltagsweltliche Bildung schließt die Fähigkeit ein, Alltagshandlungen zu bewältigen, wie Kochen, Flicken, Haushalt organisieren, ästhetische Gestaltung der Wohnung, Einüben in soziale Rede- und Verhaltensformen usw.
Giesecke schlägt folgende Lernziele für sozialpädagogisches Handeln vor (H. Giesecke, 1992: 69-75): Zunächst muß der Paradigmenwechsel vollzogen werden, der beinhaltet, daß die Person nicht mehr als Objekt von Bildung und Erziehung betrachtet wird, sondern als das Subjekt seines Lebens. Als autopoietisches, selbstreferentielles Subjekt formt der

Mensch seine Persönlichkeit, indem er sich mit seiner sozialen und kulturellen Welt wechselwirkend auseinandersetzt (wenn auch schichtenabhängig in verschiedenen Graden). Im einzelnen sind folgende sozialpädagogische Handlungsformen anzustreben:

- *Unterrichten* ist die klassische Form von Bildung. Es sollte sowohl die Lebenssituation transzendieren und Kenntnisse und Fähigkeiten für künftige Verwendungssituationen bereitstellen als auch Alltagsbildung vermitteln.
- *Infomieren* wird immer aktuell benötigt, damit beabsichtigtes Verhalten oder Handeln fortschreiten oder auch korrigiert werden kann. Dabei müssen diese Informationen richtig sein.
- *Beraten*, so sagt das Wort aus, berät in den Fragen der Alltagswelt und Lebenswelt. Dabei ist die Kompetenz des Beraters gefordert. Oft ist die beste Beratung weniger klientenzentriert als vielmehr eine wirklich kompetente Beratung.
- *Arrangieren* ist die Bereitstellung von Lernsituationen, wie Vorträge, Bastelstunden, kreative Veranstaltungen, soziales Einüben usw. Es bedeutet aber auch, Kinder, Jugendliche und Erwachsene anzuleiten zu einem Arrangement eines befriedigenden, guten Lebens.
- *Animieren* ist das Initiieren von Lernprozessen, wozu auch das Motivieren gehört.

Solche Handlungsformen werden situativ in unterschiedlichen Kombinationen in Betracht kommen. Es bleibt jedoch zu betonen, daß nicht mehr der Erzieher das Subjekt ist, das die Lernziele für den Zögling, der das Objekt der Erziehung ist, aufstellt, sondern durch den Paradigmenwechsel stehen Erzieher und zu Erziehender in einem Subjekt-Subjekt-Verhältnis, welches nicht einfach durch Wissensvermittlung, sondern durch die Beziehung geprägt ist. Das bedeutet, daß das lernende Subjekt die Ziele mitbestimmen darf, daß er in den Bildungsprozeß selbsttätig eingeschlossen ist, während die Kompetenz des Erziehers erhalten bleibt. Dies ist sicherlich wiederum schichtenabhängig in unterschiedlichem Grade zu verwirklichen. Vor allem sollte die Handlungsform „Arrangieren" nicht vernachlässigt werden. Wenn auch die Kinder-, Jugend- und Erwachsenenarbeit heute primär beziehungsorientiert ist, sollte die Programmorientierung nicht vergessen werden. Gute, adressatbezogene Angebote werden von den Besuchern unserer Jugendbegegnungsstätten und unseren Erwachsenenkreisen gern angenommen.
Ich möchte noch einmal auf den Zusammenhang von Bildung und Reifung hinweisen. E. Olbrich und E. Todt haben die Bedeutung des Bildungsniveaus für Selbstwertgefühl, berufsbezogene Einstellungen, Delinquenz und Drogenkonsum von Jugendlichen nachgewiesen (E.

Olbrich, E. Todt, 1984: 131-158). Ist Heilung der Person und ihrer Beziehungen letztlich Wachstum, Entfaltung und Reifung der Person, dann muß Bildung einen wohlabgewogenen, aber zentralen Platz im sozialpädagogischen Handeln einnehmen. Dies erfordert vom sozialen Pädagogen soziale und kulturelle Kompetenz. Die soziale Kompetenz ist nötig, damit man von und mit dem Erzieher lernen kann, die kulturelle Kompetenz hingegen ist nötig, damit man überhaupt etwas von ihm lernen kann. In der heutigen Kinder-, Jugend- und Erwachsenenarbeit wird die kulturelle Bildungskompetenz des sozial Tätigen oft vernachlässigt.

Bildung begleitet den Menschen durch sein ganzes Leben und durch alle sozialen Institutionen hindurch, die er durchläuft. Dies bedeutet, folgenden *Ansprüchen* gerecht zu werden (E. Weber 1977: 65):

- Bildung ist kein in einem bestimmten Lebensabschnitt endgültig zu erwerbendes Gut, sondern eine lebenslange Aufgabe, die immer neues Lernen durch Rezeptivität erfordert.
- Bildung läßt sich weder durch Erzieher noch durch eine bestimmte Schullaufbahn bzw. ein Fachstudium garantieren. Sie können nur förderliche (oder hindernde) Hilfen anbieten. Bildung ist Selbstbildung, die der einzelne in Freiheit verwirklicht.
- Bildung ist kein Vorrecht bestimmter Gruppen, obgleich schichtenspezifische Unterschiede nicht zu übersehen sind. Dessen ungeachtet ist Bildung allgemeine Menschenbildung, die vorberufliches, berufliches und außerberufliches Lernen miteinander verknüpft. Dabei vereinigen sich die Breiten- und die Tiefendimension der Bildung miteinander (K. Jaspers, 1956: 83-88).
- Bildung ist nicht nur ein privates, individuell bereicherndes innerseelisches Geschehen, sondern auch eine res publica, eine gesellschaftliche Sache. In die Bildung muß darum ebenfalls die soziale, gesellschaftliche und politische Dimension der menschlichen Existenzweise einbezogen werden, die ja individual-sozial ist.
- Bildung ist schließlich die Fähigkeit und Bereitschaft zur individuellen und gesellschaftlichen Emanzipation und Mündigkeit. Das beinhaltet sowohl das individuelle als auch das erzieherisch unterstützte Lernen.

Wir können drei grundlegende zeitkulturell bedingte Sichtweisen im *Theoriebildungsprozeß* von Bildung unterscheiden (B. Dewe, G. Franke, W. Huge, 1988: 42-52):

- Die personale Sichtweise (seit der Jahrhundertwende bis in die 50er Jahre)

- Die markt- und institutionsbezogene Sichtweise (seit den 60er Jahren)
- Die lebensweltbezogene Perspektive (seit Mitte der 70er Jahre)

1. *Die personenzentrierte Sichtweise* gründet in der Zeitkultur um 1900, der Weimarer Republik und der Situation nach dem 2. Weltkrieg. Bildung zielte auf den einzelnen ab. Sie ist getränkt von einem kulturpessimistischen Zeitgeist (Schopenhauer, Nietzsche, Spengler). Damit war verbunden die Klage um den Zerfall der Werte, der nur aufgehoben werden könne durch die Bildung der Innerlichkeit. Dazu diente der geisteswissenschaftlich-idealistische Theorieansatz. Bildung ist die Entfaltung der Persönlichkeit. Diese ist nur möglich, wenn das sich bildende Subjekt die kulturellen Wertideen verinnerlicht. Besonders nach dem 2. Weltkrieg legte diese Auffassung von Bildung Wert auf eine neuhumanistische, individuumsbezogene Persönlichkeitsbildung mit dem Ziel, den Menschen vor dem drohenden Ich-Verlust in der Vermassung der Industriegesellschaft zu bewahren (Pädagogische Provinz). Darum sollten die geistig-kulturellen Werte des Bürgertums an die Massengesellschaft weitergegeben werden. Die kulturellen Werte des Bürgertums wiederum beinhalteten folgendes: die Vervollkommnung des Individuums aufgrund der Entfaltung seiner natürlichen Anlagen. Es geht um die Verinnerlichung kultureller Werte als individuelles Bildungserlebnis. Da die arbeitsteilige, entfremdende Arbeitswelt das Individuum zerstört, muß die Welt der Arbeit vergeistigt werden. Der arbeitende Mensch, unabhängig von der sozialen Schicht, gerade aber der Industriearbeiter, soll eine neue, innere Souveränität gegenüber der täglichen abstumpfenden Arbeit erwerben. Mag der Arbeiter in der Arbeitswelt der Entfremdung unterliegen, in der Welt der Freiheit soll sich die Person entfalten, der Bürger mündig und der Mensch aufgeklärt werden.
Nach diesem Konzept ist Bildung humanistische Bildung.

2. *Die markt- und institutionenbezogene Sichtweise* entstand in den 60er Jahren als sog. „realistische Wende" der Bildung. Bildung wandelt sich von einem humanistischen Bildungsbegriff zu einem leistungsorientierten Qualifikationsbegriff. Bildungsarbeit wird nun zweckbestimmt und berufsbezogen; sie soll die Menschen in einer sich rasch wandelnden Arbeitswelt zu effizientem Handeln befähigen. Bildung bedeutete nun zweierlei: Einmal sollte sich der Mensch spezialisiert höherqualifizieren, um den sich ausdifferenzierenden und spezialisierenden Produktionsprozessen zu genügen, und zum anderen bedeutet Bildung, sich das Problemlösungswissen anzueignen, das zur Bewältigung künftig verän-

derter Arbeitsbedingungen nötig ist. Nicht mehr von Bildung ist also die Rede, sondern vom Lernen für bestimmte Zwecke und Qualifikationen; ein Prozeß, der leicht durch die Aufstellung von Curricula steuerbar erschien. Es geht dabei nicht mehr um Sinnhaftigkeit menschlichen Handelns als vielmehr um ein Modell von Handeln, das nach technischen Regeln ausgelegt ist und darum manipuliert werden kann. Die Person wird aufgefaßt als ein Bündel von sozialen Rollen, als Objektgewordensein von sozialen Strukturen. Bildung bedeutet also, fit zu sein für die einzelnen Modernisierungsschübe des exploitativen, d. h. des sich unvorhersehbar vielfältig ausdehnenden oder schrumpfenden Kapitals. Nach dieser Sichtweise ist Bildung polytechnische Erziehung.

3. *Die lebensweltbezogene Sichtweise* seit Mitte der 70er Jahre ist auf der Suche nach dem Teilnehmer (weil die sozialpädagogischen Angebote immer weniger in Anspruch genommen werden). In der Praxis steht im Mittelpunkt das lernende Subjekt und die soziale Interaktion im Lerngeschehen. Der Gegenstand der Bildung wird nicht mehr als gegeben gesetzt oder aus der Natur des Menschen begründet, auch nicht mehr aus Wertsetzungen oder Anforderungen der Industriegesellschaft abgeleitet, sondern durch das Handeln des Menschen gesetzt. Handeln ist aber konkretes Handeln im Alltag. Darum sprechen wir heute von der Alltagswende (H. Tiersch, 1978; ders. 1992; D. Lenzen, 1980; A. Kaiser, 1981) in der Bildung, die Bildung für die Bewältigung von alltäglichen, lebenspraktischen Problemen in den Vordergrund rückt. Der Rückzug auf die Lebenswelt und Alltagswelt erklärt sich aus der Kolonialisierung der Lebenswelt durch das politische und ökonomische System (vgl. J. Habermas, 1981b). Das Individuum zieht sich in seine Lebenswelt zurück und verteidigt sie. Nach diesen Vorstellungen ist Bildung Alltags- und Erfahrungswissen.

Mit der Aufnahme der Alltagswelt in die Bildung ist etwas Neues geschehen. Die bisherigen Konzepte von Bildung schlossen die Alltags- und Erfahrungswelt des Individuums als eigenständige Quelle von Erkenntnis und Rationalität weitgehend aus. Alltagsbildung aber bedeutet, daß nicht mehr eine belehrende und intervenierende Instanz vorhanden ist, deren Regeln die zu Erziehenden befolgen (Sonderwissen), sondern Wissen und Handeln werden miteinander verbunden; es ist Wissen im Handeln. Lebensweltliches Wissen ist darum erstens Laienwissen (das also nicht wissenschaftliche Profession weiterreicht); es ist zweitens Wissen mit Relevanzstruktur, da sie ja auf eine bestimmte subkulturelle Gruppe lebensweltlich bezogen ist; es ist drittens Wissen, das innerhalb des Milieus weitergegeben wird; und es ist viertens als

Orientierungs- und Rechtfertigungswissen in den lebensweltlichen Zusammenhang eingefügt. Es geht also nicht um die Zweckrationalität der instrumentellen Vernunft, sondern um die praktischen Fragen des Alltags. Infolge der Alltagswende der Bildungskonzeption ist Bildung nicht mehr primär wissensbezogen, sondern problembezogen, von der lebensweltlichen Problemlage des Adressaten ausgehend. Bildung ist zwar auch wissensvermittelnd, aber dieses Wissen ist nicht mehr als eine abstrakte Qualifikation zu verstehen, die man erwerben und beliebig verwenden kann, sondern es ist Wissen zur Alltagsbewältigung.

In unserer Gemeinwesenarbeit werden wir alle drei Sichtweisen von Bildung integrieren: Es geht uns in der humanistischen Tradition immer primär um die einzelne Person, das einmalige, wertvolle Individuum, für das Bildung Lebensentfaltung und Sinnfindung beinhaltet. Aber wir werden im Sinne der polytechnischen Erziehung die Menschen auch ermutigen, sich zu qualifizieren; wir werden ihnen Ausbildung vermitteln, damit sie ihren Platz im Produktionsprozeß finden. Und schließlich ist es gemäß dem lebensweltlichen Ansatz für jeden Menschen wichtig, die Lebenswelt und die Alltagswelt zu gestalten und zu bestehen.

5. Die Ästhetisierung der Lebens- und Alltagswelt

Bildung und Ästhetik gehören eigentlich eng zusammen. In der klassischen Bildungstradition diente das Schöne der Erziehung des Menschengeschlechts und der Humanisierung des Menschen. Das wird besonders deutlich in Schillers ästhetischem Humanismus: Der Mensch ist nur da ganz Mensch, wo er mit dem Schönen spielt; denn es ist als eine lebende Gestalt die Bedingung des Menschseins (F. Schiller, 1795). Danach erreicht der Mensch im Schönen den Gipfel des Menschseins und zugleich das Sittlichgute. Aber mit der Entwicklung der industriellen und technischen Welt verschwand das Schöne (vgl. Hölderlins „Mitte des Lebens"). Aus den Hinterhöfen, wo die Proletarier in Elendsquartieren lebten, war es entflohen und im bürgerlichen Biedermeier verzuckert. Den zweckrationalen Systemen wurde das Schöne fremd, die Lebenswelt des kommunikativen Handelns hat es verbannt. Und doch läßt sich das Schöne, das als schönes Spiel zum Menschsein gehört, nicht ganz aufheben. Als das Schöne aus der modernen Kunst verdrängt wurde, zog es ein in die schönen technischen Geräte (die Firma Braun verbindet Ästhetik mit technischer Funktion). Heute redet man von einer Rückkehr des Ästhetischen, von einer Zeit der Ästhetisierung bzw. Anästhetisierung (O. Marquard, 1989). Einerseits ist eine Ästhetisierung der Lebenswelt zu beobachten, andererseits die Anästhetisierung im Fernsehen und im Kommerz.

Wenn in die Lebenswelt das Schöne eingeführt werden soll, brauchen wir Indikatoren dafür. Nach Goodman lassen sich sieben Strukturelemente des Schönen aufstellen (N. Goodman, 1973):

- Eigenwertige Sinnlichkeit. Das Schöne besitzt den Charakter von Wahrnehmung und Handlung. Einerseits bedeutet dies, wieder wahrnehmen zu lernen, und zwar so die Dinge wahrzunehmen als erschienen sie meinen Sinnen zum ersten Mal. Andererseits kann unsere Kommunikation verschönt werden. Die Verknüpfung von Wahrnehmung und Handeln ermöglicht Wahrnehmung des Schönen und kreatives Hervorbringen von Schönem. Vor allem aber erweist sich das Schöne als das Wahrgenommene, das einen eigenen Wert in sich selbst hat und sich aus sich selbst geltend macht, wenn es den Betrachter anrührt.
- Gestaltdynamik. Ästhetische Gebilde sind eingeschlossen in einen Prozeß von fester Struktur und Gestaltauflösung. Dies erzeugt eine

Spannung von Ordnung und Chaos, Stabilität und Energie, Gestaltbildung und Gestaltauflösung.
- Zeichenhaftigkeit. Das Schöne tritt auf in der Form von Zeichen, d. h. in Sprache, Tönen, Bildern und Skulpturen, aber auch nichtsprachlichen Gesten usw. Dabei sprechen wir von Kunst, wenn das schöne Kunstwerk sich auszeichnet durch syntaktische und semantische Dichte, Fülle an formalen Details, Exemplifikation und mehrfache und komplexe Bezugnahme.
- Autoreflexivität. Dies bedeutet, daß das ästhetische Objekt von sich aus im Betrachter Reaktionen und Phantasiereaktionen auslöst. Voraussetzung dazu ist die kommunikative Distanz; ich gehe also eine Beziehung zum ästhetischen Objekt ein und bewahre gleichzeitig die Distanz des Betrachters. Dies ermöglicht eine Vielzahl von Beobachtungen, Wertungen und Interpretationen.
- Sinngeneration. Ein Kunstwerk bedarf der Interpretation, durch die der Sinn dieses ästhetischen Objektes hergestellt wird. Während einerseits das Kunstwerk sich selbst geltend macht, indem es von sich aus auf uns wirkt, bedarf es zugleich unserer Sinndeutung.
- Transinstrumentalität. Ein schönes Objekt, z. B. ein Kunstwerk, unterliegt nicht Zwecken. Zwar darf es in der Industrie als Design und Medium genutzt werden, es verbinden sich also Gebrauchswert und Gestaltwert miteinander, aber es überschreitet den Nutzen. Denn es besitzt Selbstwert.
- Wertevielfalt. Wenn das Kunstwerk von sich aus Reaktionen beim Betrachter auslöst und eine Eigenwertigkeit besitzt, dann enthält das ästhetische Zeichen zugleich Sinnhaftigkeit und Werthaftigkeit. Wenn wir also mit dem schönen Kunstwerk kommunizieren, dann erschließt sich uns seine Sinn- und Werthaftigkeit, aber zugleich trage ich mein Wertesystem an es heran. So entsteht eine Wertevielfalt.

Wert- und sinntragendes Schönes hat vielfache Wirkungen auf die Gesellschaft. Drei möchte ich betonen:

Ästhetisierung als Kompensation in einer entzauberten Welt. Während die Aufklärung zu Recht das Individuum mit seiner autonomen Vernunft entdeckt und der Moderne vermacht hatte, vernachlässigte sie die emotionale Intelligenz (obgleich Kant in seiner Kritik der Urteilskraft in den Kapiteln über die ästhetische Urteilskraft auch das Gefühl seiner transzendentalen, d. h. grenzbestimmenden Kritik unterzog). Darum entstand die Moderne als eine rationale, verstandesmäßig und vernünftig erklärte Wirklichkeit. Durch diesen Vorgang wurde sie jedoch entzaubert. Sie enthielt grundsätzlich keine Geheimnisse mehr und gab keinen Anlaß zum Staunen. Eine von Zauber, Geheimnis und Staunen entleerte Welt erscheint vielen Menschen darum heute nicht mehr lebenswert und reizt selbst den Forscher nicht mehr an, den Weg ins unbetretene Neue zu wagen. Guggenberger unterscheidet drei Quellen, aus denen wissenschaftliche Forschung erwächst (B. Guggenberger, 1993: 146-161):

- Die Curiositas, das bedeutet, die reine, absichtslose, zweckfreie Neugier des Forschers, in das Geheimnis der Wirklichkeit einzudringen.
- Die Relevanz, d. h., die Forschung braucht einen realen Problembezug und einen Mängelanlaß. Sie muß also notwendig und hilfreich sein.
- Die Selbstreferenz der Wissenschaft, worunter wir verstehen, daß die Wissenschaft aufgrund ihrer Such- und Fragelogik autonome Fragestellungen hervorbringt. Sie fragt nicht immer nach Relevanz und Bedeutung für die Gesellschaft, sondern forscht um ihrer selbst willen. Schon Jaspers nannte dies die Universalität der Wissenschaft, die alles, aber auch alles erforscht um des Forschens willen. Wissenschaft ist nach ihm methodisch, universal, grundsätzlich unfertig; ihr ist nichts gleichgültig (darum erforscht sie selbst das Triviale); sie sucht allseitige Zusammenhänge und fragt radikal bis zum Äußersten (K. Jaspers, 1956: 83-88).

Diesen drei Quellen wissenschaftlicher Fragestellung erwachsen drei Themen: Neugierthemen, Problemthemen und Wissenschaftsthemen. Wenn die Wissenschaft auf die Curiositas mit ihren Neugierthemen verzichtet, wird sie aufhören, sich ins Neue hinein zu entwickeln.
Damit es Neugierthemen gibt, muß die Wirklichkeit ästhetisiert werden, braucht sie wieder Geheimnis und Zauber. Allerdings braucht nicht bloß die Wissenschaft als einen Aspekt ihres Forschens das Geheimnis, vor allem der Mensch selbst will nicht in einer kalten, toten, entseelten Welt leben. Die Ästhetisierung der Welt kann der Entzauberung und Entseelung entgegenwirken.
Die Ästhetisierung als sinnhafte und sinnstiftende Antwort auf eine säkulare Welt. Die Aufklärung hat nicht nur die Welt rational durch die Vernunft erklärt und damit entzaubert, sondern sie hat auch der Kunst eine autonome, säkulare Aufgabe zugeordnet. Damit befreite das Aufklärungsdenken sie von der Zweckzuordnung durch die Kirche; sie hörte auf, eine der Kirche dienende Kunst zu sein. Sie wandte sich von der Kirche und damit letztlich von der Transzendenz ab und entschied sich in der Deutschen Klassik und Romantik zunächst für den Menschen und in der Moderne für sich selbst als Kunst für die Kunst. Namentlich in der Deutschen Klassik wird die Kunst zu einem Versuch, in einer entgötterten und sinnentleerten Welt Sinn und Schönheit zu finden.

Ästhetisierung der technischen Welt als Humanisierung der Lebenswelt. Einerseits hat sich die Kunst, als sie sich mit der Ware als schöner Ware verband, zur Käuflichkeit verwandelt. Jedoch hatte Kunst schon immer ihren Markt, und darum sehen wir in der Ästhetisierung der Ware zum technischen Warenkunstwerk durchaus eine Humanisierungsmöglichkeit, daß nämlich mit der schöngestalteten Ware Schönheit in die Lebenswelt und Alltagswelt einzieht und einen ästhetisierenden Einfluß auf den Besitzer der schönen Ware ausübt.

Wert- und sinntragendes Schönes kommunikativ und handelnd in die Lebenswelt einzubeziehen, ist also wichtig, um der Anästhetisierung zu entgehen. Der Umgang mit Kunst ist darum ein gutes Heilmittel gegen die Trivialität. In der Gemeinwesenarbeit bedeutet dies, bei allen Angeboten darauf zu achten, daß die Kunst und das Ästhetische eine wichtige Rolle spielen und daß der Raum, in dem das Angebot stattfindet, schön gestaltet wird.

Viel wichtiger als die Ästhetisierung der Lebenswelt scheint mir aber für die Gemeinwesenarbeit die Ästhetisierung der Alltagswelt zu sein. Schönheit in der Körperpflege, in der Kleidung, in der Wohnwelt, in der Wahl der Luxus- und Konsumgüter beugen vor, an den sozialen Rand gedrängt zu werden oder gar zu kriminalisieren. Schönheit ist nicht unbedingt abhängig von der Menge des Geldes, das zur Verfügung steht. Wenige, aber hochwertige und ästhetische Güter zu besitzen, ist besser als Massenware. In der Gemeinwesenarbeit werden wir deshalb darauf achten, daß eine ästhetische Alltagskultur entsteht.

6. Das Konzept Freundschaft und Versöhnung

Ein Meso-Netzwerk als ein Gesamt-Netzwerk braucht eine Wertegrundlage. Sie muß solcher Art sein, daß jedes Mitglied des Netzes sich mit ihr identifizieren kann. Wir haben für unser Netzwerk die Werte Freundschaft und Versöhnung gewählt.
Freundschaft ist ein alltagsweltlicher Begriff und darum unscharf. Gleichzeitig besitzt er unverminderte Attraktivität. Unschärfe und Attraktivität machen ihn besonders geeignet, von einer großen Zahl von Menschen akzeptiert zu werden. Auch ist er ideologie- und religionsübergreifend, ja, wie Argyle nachgewiesen hat, sogar transkulturell (M. Argyle, 1992: 232-258). Und zwar sind folgende Merkmale kulturübergreifend: das Respektieren der Privatsphäre des anderen, gegenseitiges Vertrauen, Unterstützung in Notlagen und keine Eifersucht auf die sozialen Beziehungen des andern.

6. 1. Versuch eines begriffsgeschichtlichen Überblicks der Freundschaft

Versuchen wir einen begriffsgeschichtlichen Überblick, dann stellt sich uns Freundschaft als ein sich wandelnder Begriff dar (vgl. U. Nötzold-Linden, 1997: 3-12).
Im vorklassischen Griechentum (700-500 v. Chr.) waren Freundschaft und Verwandtschaft noch geradezu synonym. Freunde waren alle, die unter einem Herren den Oikos bildeten. Der Zweck des Oikos waren Schutz, Gastfreundschaft und Gewinnen von Bundesgenossen. Freundschaft war also eine gesellschaftliche Institution zum Zwecke des Überlebens in einer potentiell feindlichen Welt, und Freundschaften waren in der Regel Männerfreundschaften. Frauen sprach man die Fähigkeit zur Freundschaft geradezu ab.
In der Antike (500 v. Chr.- 500 n. Chr.) nahm Freundschaft die Form der Bildung, Geselligkeit, der politischen Ämtersicherung und sozialen Sicherheit an (Platon beispielsweise wurde von Freunden aus der Sklaverei freigekauft). Die Freundschaft gewann darüber hinaus bereits persönliche Züge. Der Eros ist es nach Platon, der Freunde miteinander verbindet.
Im Frühen Mittelalter bis etwa 1100 war Freundschaft innerhalb der mönchischen Kultur vor allem Gottesfreundschaft, was die enge

Freundschaft zwischen Personen ausschloß. Innerhalb der ritterlichen Kultur hingegen war Freundschaft ein Solidarpakt zur Durchsetzung von Interessen, es waren Schwurfreundschaften und Vertragsbündnisse.

Im hohen Mittelalter (etwa 1100 bis 1250) war der vriunt der Schwurgenosse, der ausschließlich Standesgenosse sein mußte, auf den man in Fehde und bei Turnieren rechnen konnte. Vriunt konnte auch die Frau im Rahmen der Minne-Kultur sein als die huldvolle Frau, die Freundlichkeit gewährt, aber keine Sexualität.

Im Späten Mittelalter und zum Beginn der Neuzeit (1300-1600) diente Freundschaft primär der Positions- und Ämtersicherung. Man suchte die Freundschaft Höhergestellter. Persönliche Freundschaften gab es daneben auch, doch waren sie beschränkt auf die Gebildeten. Unter ihnen bildete sich auch schon der Begriff des Intimus heraus, des Busenfreundes. Freundschaft als duale Personalbeziehung konnte erst entstehen, als durch die Innenweltentdeckung sich das Bewußtsein von der Individualität und Autonomie der Person bildete.

Während der Aufklärung, der Deutschen Klassik und Romantik (1600- ungefähr 1815) entwickelte sich das Konzept von Individualfreundschaften als Freundschaftskult (Höhepunkte sind Empfindsamkeit, Klassik und Romantik). Freundschaft verschmolz geradezu mit dem Begriff der Humanität. Indem sich der Mensch von den unmündigmachenden Mächten Kirche und Staat löste und mündig wurde (vgl. Kant), brauchte er neue, personale Bindungen, die ihm Halt und Sicherheit gaben.

Im 19. und 20. Jahrhundert schließlich kam die Freundschaft als persönliche Wahlbeziehung auf. Dabei entstand aufgrund des Individualisierungsdruckes eine differenzierte Freundschaft, d.h. der Mensch brauchte in der hochdifferenzierten und hochkomplexen Gesellschaft auch differenzierte, und damit notwendigerweise auch oftmals kurzfristigere und wechselnde, auf alle Fälle segmentierte Freundschaften.

Dieser Geschichtsvergleich zeigt uns, daß der Freundschaftsbegriff abhängig ist von der Art und dem Grad der gesellschaftlichen Komplexität und Differenzierung. Wo die Freundschaft personale und individuelle Züge annimmt, bestehen ausdifferenzierte Gesellschaften mit persönlicher Freiheit. Jede Epoche bringt also den Freundschaftsbegriff hervor, der den Gesellschaftserfordernissen entspricht. Vor allem haben Freundschaften zu allen Zeiten einen vorwiegend lebenspraktischen Bezug gehabt. Sowohl in den Mikro- als auch den Makrostrukturen der Gesellschaft ermöglichte sie Zusammenhalt, Vernetzung und Progression der Gesellschaft. Besonders müssen wir sie im Verbund mit anderen Primärnetzen betrachten, wie Ehe, Familie, Verwandtschaft, Nachbarschaft und Arbeits- und Freizeitwelt. In der Weise und in dem Maße, wie sie sich ändern, nimmt auch die Freundschaft immer neue kompensatorische oder erweiterte Formen an.

6. 2. MERKMALE DER FREUNDSCHAFT

Welche Merkmale können wir heute der Freundschaft geben? Da Freundschaft ein diffuser, alltagsweltlicher Begriff ist, werden wir viele einschränkende und polare Aussagen machen müssen (vgl. U. Nötzold-Linden u. a., 1997: 3-70):
Freundschaft ist eine persönliche und damit zugleich eine private Beziehung. Als private Beziehung ist sie nicht öffentlich und nicht institutionell, wie beispielsweise die Ehe es ist. Und doch hat sie eine gesellschaftliche Funktion. Sie ist eine institutionalisierte Nicht-Institution. Als persönliche Beziehung ist sie frei gewählt und kann begonnen und beendet werden. Sie ist ein freier Entwurf, denn niemand kann zur Freundschaft gezwungen werden, obwohl es gesellschaftlich anrüchig ist, keine Freunde zu haben. Aber prinzipiell herrscht Freiheit, ob, mit wem und auf welche Weise ich befreundet sein will. Es besteht also Freiheit in der Ausrichtung von Individuum zu Individuum nach dem Grundsatz der Affinität. Form, Ausgestaltung und Funktionalität der Beziehung werden in einem Reich der Freiheit ausgestaltet.
Freundschaft ist eine dyadische, triadische und zugleich multiplexe Beziehung. Zunächst ist die Freundschaft *dyadisch*. Sie gestaltet sich in einer jeweils besonderen Dyade, d. h. Zweier-Konstellation. Der Ort ihres Entstehens, ihrer Ausgestaltung und manchmal auch ihres Endes ist die Interaktionssphäre. Als dyadische Beziehung, die frei gewählt wird, ist sie in der Regel symmetrisch und nur selten asymmetrisch. Der Freund wird eher nach dem Gesichtspunkt der Ähnlichkeit gewählt und weniger als Ergänzung eines eigenen Mangels. Symmetrie schließt die Anerkennung der Gleichwertigkeit und beidseitiger Einflußmöglichkeiten ein. Denn wenn die Freundschaft auch persönlich und privat ist, so schließt sie doch zwei Personen ein mit beidseitigen Einflußmöglichkeiten, Interessen, Zeitgestaltungen, Lebens- und Alltagswelten usw. Aber bei aller Verschiedenheit der Individuen muß in der Freundschaft eine gegenseitige Bezogenheit bestehen, die einen reziproken Austausch ermöglicht. Dieser beinhaltet, sich einfühlend aneinander zu orientieren, solidarische und kooperative Handlungen aufeinander abzustimmen und sich gegenseitig zu bereichern. Reziprozität bedeutet vor allem, daß die Einflußnahme beidseitig ist. Freundschaft darf nicht als einlinige Beziehung von mir zum Freund aufgefaßt werden, sondern er wird ge-

nauso auf mich Einfluß nehmen und manchmal auch Kontrolle ausüben.
Gleichzeitig ist Freundschaft *triadisch*. Die Triangulationsvorstellung (D. Friebus-Gergely, 1997:28 f.) geht davon aus, daß die primären Dyaden wie die enge Mutter-Kind-Symbiose erweitert werden müssen, damit die Person reifen kann. Bei dyadischen Beziehungen wird versucht, die enge symbiotische Beziehung zu erhalten. Alles Dritte wird ausgeschlossen, da es die Dualität stört und zu Loyalitätskonflikten führt. Der Freund jedoch ist der Dritte, der eine triadische Struktur ermöglicht. Die Familiendyaden werden also zum Freund hin, zum Dritten, überschritten. Schon im frühen Kindesalter erscheint das Dritte als Übergangsposition zwischen zwei Gefühlspositionen, das sowohl erlaubt, sich mit dem Dritten eins zu fühlen, wobei innere und äußere Realiät verschmolzen werden, als auch sich als eigenes Individuum abzugrenzen und zu fühlen. Dies sind Teddybären, Kuscheltiere usw., die alles zu verstehen scheinen, Zorn vertragen und trösten. Das Kind kann dieses Dritte lieben, hassen, mit ihm verfahren, wie die Eltern mit einem selbst umgehen - und es eines Tages vergessen. All diese ambivalenten Gefühle gegenüber der Mutter-Kind- oder Vater-Kind-Dyade können auf das Übergangsobjekt übertragen werden (H. Kämpfer, 1988: 20 f.).
Eine wichtige triadische Funktion der Freundschaft für die Ehe betont Insa Schöningh (I. Schöningh, 1996: 67-72). Soziale Beziehungen, besonders Freundinnen und Freunde, spielen eine Vermittlerrolle zwischen dem Paar und der Gesellschaft. Darüber hinaus gehören Freunde genauso wie Eltern, Geschwister und andere Verwandte zum Paar-System und gestalten dies entscheidend mit. Diese Gestaltung ist vielfältig. Freundschaften als Drittes sind ja reziprok: Das Paar muß den andern akzeptieren, und der andere muß das Paar und seine Verwandten sowie weitere Freundinnen und Freunde akzeptieren. Dies verhindert manchmal das Zustandekommen von Freundschaften, denn die Bindungen an die Verwandtschaft oder die Partner-Dyade können stärker sein als die Absicht einer neuen Freundschaft. Kommt eine Freundschaft zustande, entscheidet es sich, ob das Paar diese Freundschaft gemeinsam pflegt oder nur einer von beiden. Letzteres kann zu Eifersuchtsreaktionen führen. Auf alle Fälle entwickelt sich zwischen dem Paar und dem Freund bzw. der Freundin ein reger kommunikativer und aktionaler Austausch, der die Partnerschaft bereichert. Auch bei Ehekrisen ist der Freund/die Freundin Ratgeber und Helfer. Dabei haben sicher verschiedene Freunde unterschiedliche Stärken und Schwächen. Man sucht dann jene Freunde zur Hilfe, die ähnliche Erfahrungen gemacht haben. Der Freundeskreis kann auf diese Weise sogar wachsen, weil man Menschen mit gleichem Schicksal findet, die einem raten können. Es sind

aber auch negative Entwicklungen denkbar. Manchmal verbinden sich das Opfer und und der Freund als Retter gegen den Täter. Die Triade nimmt die Struktur der Drama-Triade an, weil Opfer und Retter in der Regel gegengeschlechtlich sind und sexuelle Beziehungen eingehen, um (unbewußt) den Täter zu strafen (vgl. R. Rogoll, 1980: 55). Umgekehrt können Freunde nicht nur Helfer in Krisen sein, sondern die Krise kann zum Verlust von Freunden führen, denen die konfliktuelle Dyade zu anstrengend ist. Es ist also nicht nur Unterstützung, sondern auch Rückzug denkbar. Grundsätzlich scheint es vier Alternativen zu geben:

- Ein Partner hat jeweils individuelle Freundschaften, aber die Partner haben keine gemeinsamen.
- Es gibt sowohl individuelle als auch gemeinsame Freunde.
- Es gibt nur gemeinsame Freunde.
- Es gibt gar keine Freunde.

Freunde, da sie in der Regel altershomogen sind, also der gleichen Peergroup angehören, sind als solche gleichen Möglichkeiten und Einschränkungen ausgesetzt, was sie zu bereichernden Gesprächspartnern macht. Sie haben gleiche Norm- und Wertvorstellungen, da sie sich diese ja frei gewählt haben nach dem Maßstab der Gleichheit.
Schließlich ist Freundschaft zugleich eine *multiplexe* Beziehung. Der Mensch hat ja in der Regel mehrere Freunde gleichzeitig, mit denen er Freundschaft teilen muß. M. E. ist die Identität des Menschen segmentiert, z. B. in die Teilidentitäten von Arbeit, Sozialem, der Geschlechterrollen, der Weltanschauung, Kunst, Religion, der Alltagspraxis usw. Zwar integriert die Person diese Teilidentitäten zu einer Gesamtidentität, wodurch sie zu einer integrierten Person wird, aber andererseits bedeuten sie Grundformen der Zuwendung zur geistigen, gesellschaftlichen, politischen Welt, zu Freizeit und Alltag. Und oftmals sind für die verschiedenen Segmente verschiedene Freunde zuständig. Nicht immer ist der, mit dem ich jogge, auch mein geistiger Austauschpartner. Hinzu kommt, daß wir heute die Identität nicht nur in Teilidentitäten aufgegliedert sehen dürfen, sondern als eine Patchwork-Identität, eine zusammengestückelte, nicht-integrierte Identität, zerfallend in Identitätsteilchen, für die dauernd neue Freunde gebraucht und gesucht werden. Multiplexität kann deshalb auch bedeuten, daß Freundschaften interessengesteuert, kurzfristig und wechselnd sind. Allerdings erscheinen uns solche Patch-work-Freundschaften als nicht erstrebenswert.
Freundschaft ist im weiteren multilokal und temporal. Wie Netzwerkanalysen gezeigt haben (vgl 8. 2.), leben Freunde auf die ganze Stadt verteilt und nicht räumlich nahe. Durch die gesellschaftliche horizontale Mobilität werden Freunde über weite Entfernungen getrennt. Den-

noch bestehen die Freundschaften multilokal weiter, weil Post, Fax, E-Mail und vor allem das Telefon sowie die Mobilität durch Bahn, Flugzeug und Auto Kommunikation auch über weite Entfernungen ermöglichen. Räumliche Trennung bedeutet heute also nicht mehr unbedingt das Ende der Freundschaft. Im Gegenteil, die selteneren Besuche intensivieren die Zeiten des Beisammenseins.

Temporal erweist sich die Freundschaft nicht nur dadurch, daß sie begonnen und beendet werden kann (im Gegensatz zur Verwandtschaft), womit ein Element der Freiheit gegeben ist. Temporal bedeutet zum anderen, daß es Freundschaften gibt, die in Zeitinseln existieren. Solche temporalen Inseln können durch geplante Besuche gepflegt werden, sie können aber auch zufällig sein. Oft vergehen Jahre, bis Freunde sich zufällig wiedersehen, und dennoch erneuert sich augenblicklich die alte Freundschaft. Temporal schließlich ist Freundschaft dadurch, daß sie prozessual in der Zeit verläuft. Freundschaften haben oft eine lange Geschichte. Sie beginnen vielleicht in der frühen Kindheit, haben ihre Höhen und Tiefen, intensive Zeiten und Unterbrechungen, und vor allem haben sie Zukunft.

Freundschaft ist altershomogen. Zwar gibt es Freundschaften zwischen alten und jungen Menschen, wobei oft die Beziehung wenig symmetrisch ist und einen besonderen Charakter besitzt, dennoch sind die meisten Freundschaften altershomogen, wobei Kinderfreundschaften Homogenität innerhalb von 2 Jahren empfinden; Erwachsenenfreundschaften hingegen betrachten Altershomogenität im Zeitraum von Jahrzehnten. Die Altershomogenität erlaubt uns, zwischen Kinder-, Jugend- und Erwachsenenfreundschaften zu differenzieren.

Kinderfreundschaften sind im frühen Alter bis etwa 5 Jahren weitgehend unilateral-asymmetrisch; das Kind betrachtet den Freund aus der eigenen Perspektive heraus und beurteilt ihn allein aufgrund seiner Rollen. Ältere Kinder können allerdings bereits symmetrische Beziehungen (sich mögen, für einander da sein, sich verstehen, sich vertrauen), z. B. zu den Eltern aufbauen (M. Keller, 1996). Dabei entwickeln sich zunehmend gegenseitige Bezogenheit, einfühlendes Verhalten in der Orientierung auf den Freund, solidarische Abstimmung gemeinsamen Handelns, Achtung, Respektierung und Unterstützung des Freundes. Jüngere Kinder definieren Freundschaft aufgrund konkreten Verhaltens und wahrnehmbarer Handlungen: Ein Freund ist jemand, der gut mit einem spielt und Spielzeug und andere Kindergüter mit einem teilt. Es gibt auch Gefühle der Zuneigung, doch bleibt die Beziehung noch stark unilateral geprägt, denn ein Verstehen des Inneren des Freundes ist noch nicht möglich. Die Beziehung beschränkt sich auf die Beurteilung der Handlungen und Rollen des anderen. Und darin muß der Freund verläßlich sein.

Erst in der *Adoleszenz* entwickelt sich ein Verständnis für den anderen und eine Reflexion der Beziehung. Nicht nur gemeinsame Interessen, sondern auch gemeinsame Einstellungen sind wichtig. Die Verläßlichkeit des Freundes aus der Kindheit, der Geheimnisse bewahren kann, wächst weiter zu Vertrauen und Intimität als Bedingungen für eine vorbehaltlose Kommunikation (L. Krapmann 1991). Allerdings dient die Kommunikation zwischen 14 und etwa 22 Jahren weniger dem Verstehen des anderen als der eigenen Identitätsfindung. Der andere ist gleichsam der Spiegel, in dem der Betrachter Möglichkeiten seiner Identität anschauen kann (R. Oerter, L. Montada, 1995: 302 ff.). Freundschaft dient also der Identitätsfindung, der emotionalen Stabilisierung und dem weltanschaulichen Austausch. Erst nach der Identitätsfindung gelangt die Freundschaft in der Phase der Intimität zum inneren Austausch, bei dem völlige Symmetrie herrscht und sich das gegenseitige Innere offenbart. Gleichgeschlechtliche wie auch gegengeschlechtliche Freundschaften spielen im Zusammenhang mit der Identitätsfindung und der Entwicklung von Intimität eine große Rolle.

Erwachsenenfreundschaften unterscheiden sich von den Kinder- und Jugendfreundschaften durch drei Merkmale (I. Schöningh, 1996: 59):

- Die Identitätsfindung und die Bewußtseinsbildung haben einen vorläufigen Abschluß gefunden.
- Die Beziehungen und Tätigkeiten werden erweitert und differenziert, vornehmlich durch die Arbeitswelt.
- Neue Intim-Verhältnisse entstehen.

Während im Jugendalter der junge Mensch noch keine Familie und keinen Beruf hat, verliert die Freundschaft mit der Entwicklung der Intimität und der Partner- und Familienbildung ihren privilegierten Platz. Sie dient nicht mehr der Identitätsfindung, der Selbstspiegelung im andern, um sich selbst zu erkennen und zu finden. Jetzt im Erwachsenenalter ist es die Aufgabe, den Elterneinfluß und die Ansprüche der bisherigen Freunde einzuschränken, um Platz für neue Beziehungen zu haben. Die Zeit, die vorher mit den Freunden verbracht und was mit ihnen geteilt wurde, gehört nun dem Partner. Dies kann Freundschaftskrisen erzeugen. Die Funktion der Freundschaft im Erwachsenenalter läßt sich strukturdynamisch wie folgt beschreiben (J. W. L. Wagner, L.-B. Alisch, 1994): Erwachsenenfreundschaften besitzen eine dreifache Zustandsdimension:

- Intimität, die Wissen übereinander, Nähe, Emotionalität und Vertrauen einschließt.
- Intensität, die eine gewisse zeitbezogene Ausschließlichkeit beansprucht.

- Exklusivität, die eine strukturdynamische Differenzierung in altershomogene Freundschaften erlaubt.

Freundschaft ist geschlechterhomogen. Diese These müssen wir allerdings einschränken und differenzieren. Wenn sich auch sehr häufig Freundschaften differenzieren in Frauen- und Männerfreundschaften, so dürfen gegengeschlechtliche Freundschaften nicht ausgeschlossen werden. Heterosexuelle Freundschaften werden in der Literatur wohl deswegen weitgehend ausgeschlossen, weil Freundschaft nicht sexuell sein dürfe. Daß gleichgeschlechtliche Freundschaft frei sei von erotischen Gefühlen, dürfte psychoanalytisch bezweifelt werden. Umgekehrt haben Untersuchungen gezeigt, daß die männliche oder weibliche Person ihre geschlechtliche Identität nicht nur durch die Spiegelung in dem gleichgeschlechtlichen Gegenüber findet, sondern auch in gegengeschlechtlichen Beziehungen (A. E. Auhagen, D. Friedrich, 1994). Und gerade in der modernen populären Kultur spiegelt sich das Bestreben, Freundschaft und Sexualität miteinander zu verknüpfen. Auch ich sehe in der Verknüpfung von Freundschaft und Sexualität die ideale Ehe. Ansprüche an die Freundschaft und an die sexuelle Partnerschaft ergänzen sich zu einem synergetischen Effekt.

Sehr häufig allerdings werden die Freundschaften gleichgeschlechtlich sein. In diesem Zusammenhang fällt auf, daß in der Soziologie Freundschaft wenig behandelt worden ist (P. O'Connor, 1992), da sie keine gesellschaftliche Institution ist, sondern der Privatheit zuzurechnen sei. Und Frauenfreundschaften sind noch weniger erforscht. Vor allem galt die Frau traditionell als freundschaftsunfähig (trotz der Gegenbeispiele der Frauenfreundschaften in der Romantik), da sich Freundschaft nur aus der Individualität entwickle. Die Frauen aber lebten, so das Vorurteil, in einer homogenen Welt von Familie und Verwandtschaft und hätten darum keine Identität entwickelt und deshalb kein Interesse an Freundschaften (so noch F. H. Tenbruck, 1964). In Wirklichkeit jedoch bilden Freundinnen für Frauen das soziale Netzwerk, welches das komplizierte Leben in den Anforderungen der Doppel- und Vielfachrollen (Beruf, Erziehung der Kinder, Familie, Ehefrau, Haushalt usw.) erst ermöglicht (B. Dorst, 1993). Deborah Belle und Verena Kast haben in diesem Zusammenhang gezeigt (D. Belle, 1982; V. Kast, 1992), daß Frauen ein großes Engagement in der Freundschaft zeigen, daß sie in nahen, vertrauensvollen Beziehungen auch instrumentelle Hilfe bei anderen Frauen zur Bewältigung ihrer Lebensaufgabe suchen und finden, aber auch, daß sie aus solchen Unterstützungsleistungen für die Freundin selbst eine große Befriedigung ziehen. Auch korrespondiert der Grad der erhaltenen täglichen Hilfe, verbunden mit der Möglichkeit, die eigenen Gefühle auszudrücken, mit einem Gefühl erhöhter Selbstschätzung und persönlicher Kompetenz. Je ausgeprägter diese Korrelation ist, um so mehr sind die Frauen überzeugt, das Leben und den Alltag bewältigen zu können und um so weniger zeigen sich Symptome von Depression und Angst. Belle und Kast weisen aber auch auf die Kosten solch einer vernetzten Lebenssituation hin, nämlich die Gefahr der psychischen Ansteckung, wenn sich neurotische Strukturen der Freundin durch die intensive Beziehung übertragen. - Auch andere empirische Studien zeigen, daß beim Fehlen eines Freundinnennetzes die seelische Stabilität der Frau gefährdet ist (M. Huber, I. Rehling, 1994). Andererseits scheint die Auswirkung des Geschlechts auf die Freundschaftsmuster nicht gravierend zu sein. Männerfreundschaften gelten eher als aktivitätsbezogen, während Frauenfreundschaften als emotionsbezogen charakterisiert werden. Aber Schütze und Lang stellen bei ihren empirischen Studien keine wesentlichen Geschlechtsunterschiede in der Struktur und Funktion der Freundschaft fest (Y. Schütze, F. R. Lang, 1993).

Freundschaft ist ein offenes, differenziertes Verhältnis. U. Nötzoldt-Linden spricht darum von der „differenzierten Freundschaft". Denn Freundschaft beinhaltet keine Universalbeziehungen (was auf sehr enge Freundschaften durchaus zutrifft), sondern jedes Freundschaftsziel wirkt sowohl begrenzend als auch ermöglichend. So werden in einer Frauenfreundschaft, die sich um das Arrangement der Alltagswelt zentriert, andere Informations-, Nähe-, Austausch-, Solidarverhältnisse und Raum-Zeitstrukturen verwirklicht als in einer Sportsfreundschaft zwischen Männern. Auch sind die Austauschinteressen deutlich anders strukturiert bei gemeinsamen, freundschaftlichen, sozialen Engagements als in der Freundschaft zwischen Nichten und Neffen, Cousins und Cousinen. Freundschaftsthemen sind offen und darum von den Beteiligten erweiterbar und variierbar; sie lassen sich mit anderen Beziehungsformen verknüpfen, oder man vermeidet auch Themen. Immer jedoch unterscheidet sich Freundschaft von Interessengleichheit dadurch, daß bei aller Differenziertheit und Fragmentierung der Freundschaft immer das Ganze des Freundes gehen wird. Ein Beispiel für die Differenziertheit von Freundschaft bietet uns O'Connor. Er unterscheidet (P. O'Connor, 1992) zwischen sechs Freundschaftsmustern:

- Intime Vertraute,
- Dyadische Freundschaften,
- Gruppenbezogene soziale Beziehungen,
- Institutionalisiertes Kümmern um andere,
- Verwandtschaftsbeziehungen als Freundschaft,

- Freundschaft als Reflex von Klassenpositionen.

Freundschaft ist eingebettet in ein soziales Netzwerk von dem her sie ihren Sinn entfaltet. Sie ist keine isolierte Dyade in einem abstrakten gesellschaftfreien Raum. Vielmehr ist sie ein integraler Bestandteil eines umfassenden Beziehungsnetzes von Verwandtschaft, anderen Freunden, Nachbarn, Arbeitsplatzkollegen und Freizeitbeziehungen unterschiedlichster Art und Struktur. Von hier aus erfährt die Freundschaft ihre Bereicherung und ihre Einschränkungen. Auch unsre Freundschaftsinitiative (vgl. 3. 13.) ist ein Netzwerk von Freundschaft.

6. 3. Ressourcen in der Freundschaftsbeziehung

Aufgrund der Individualisierung und des Wandels der Familie und der Paarbeziehung scheint es so zu sein, daß die Menschen neue Beziehungsformen suchen, die Nähe, Vertrauen, Verläßlichkeit, Geborgenheit und Selbsterkenntnis ermöglichen und wodurch beide Beziehungspartner ihre Einzigartigkeit erkennen und sich gegenseitig das Selbstwertgefühl stabilisieren. Freundschaftsbeziehungen können solche intensiven Beziehungen sein. Freundschaft kann viele menschliche Beziehungsbedürfnisse erfüllen, ohne institutionell einzuengen. Voraussetzung dafür ist allerdings, daß beide Freunde beziehungs- und freundschaftsfähig sind. In diesem Fall ist die Freundschaft eine der Beziehungen, die am wenigsten gestört werden kann, weil sie nicht ausschließlich und ausschließend ist, weil sie nicht für alle Beziehungsbedürfnisse da sein will, weil sie ein freiwilliger Entschluß ist und weil Nähe und Distanz immer wieder neu bestimmt werden können.

U. Nötzoldt-Linden versucht, der Freundschaft folgende Ressourcen zu erschließen (U. Nötzoldt-Linden, 1997: 7-11):

Sozialität
Was freundschaftliche Sozialität ausmacht, sind Freiwilligkeit und gleichgewichtiger Austausch. Freiwilligkeit bedeutet nicht Beliebigkeit oder egoistische Interessenwahl, sondern sie entsteht durch eine soziale Entscheidungsarbeit. Sie bestimmt darüber, mit wem, in welchen Beziehungen und in welcher Intensität ich Kontakt wünsche, wie lange sie dauern soll und mit welchen Mitteln sie aufrechterhalten wird. Es bildet sich auch ein System von differenzierten Freiheitsgraden heraus, das ständig neu ausgehandelt werden muß, in dem Sinne, daß die persönliche Identität und Individualität erhalten bleibt und gleichzeitig soziale

intersubjektive Bezogenheit möglich ist. Damit wirkt Freundschaft erzieherisch und charakterbildend. Gleichzeitig besteht die Sozialität der Freundschaft in einer gegenseitigen Bezogenheit, die wohl in der Regel als symmetrisch angestrebt wird, die aber auch asymmetrisch sein kann. Symmetrische Reziprozität ermöglicht einen gegenseitigen Austausch über lange Zeit hinweg, durch den möglich wird, sich aneinander zu orientieren, die gemeinsamen Handlungen solidarisch und kooperativ aufeinander abzustimmen und sich gegenseitig positiv zu beeinflussen (symmetrische reziproke Erziehungsarbeit). Freundschaftsbeziehungen können aber auch asymmetrisch sein, denn der Freund ist oft anders als ich und gegensätzlich. Dann können Konkurrenzen entstehen und sogar Ungleichheitsrelationen, wie Macht und Dominanzstreben, wie wir es oft in politisierten Cliquen finden. Wenn solche Asymmetrien nicht im Sinne der wechselseitigen Bereicherung fruchtbar verarbeitet werden, muß eine solche entartete Freundschaft beendet werden. Asymmetrien in der Freundschaften können aber auch der Bereicherung dienen, den verdrängten Schatten zu integrieren und zu realisieren; am Freund kann gelernt werden, das Nichtgelebte zu leben.

Wissen, Nähe, Bindung
Beziehungen beruhen immer auf einem gewissen Grad von Wissen übereinander. Totale Einsicht in das Innere des Gegenüber ist nicht möglich und m. E. auch nicht erwünscht, denn auch in der Freundschaft bleibt das Recht auf Autonomie, Individualität, Selbstsein und Intimität erhalten. Es handelt sich also immer um einen Grad von Wissen übereinander, der immer neu bestimmt und abgestimmt wird und der beidseitig ist. Dieses Wissen übereinander ist offen und ehrlich, kongruent und durchsichtig, weil man sich vor dem Freund nicht zu schützen braucht. Solche Offenheit im Wissen übereinander bildet, wie U. Nötzoldt-Linden feststellt (ebd.: 8), Selbstreflexion, Empathie, Engagement, Zurückhaltung, Mut und Phantasie zur eigenen Darstellung, Toleranz und Akzeptanz eines anderen Standpunktes, und schließlich entsteht Gewißheit über die Selbstbefindlichkeit, Sozialkompetenz und Beziehungsfähigkeit.

Nähe wird gestiftet durch die Häufigkeit und Stärke von guten Beziehungen. Das Gegenteil von Nähe ist Distanz. Beide stehen in einem komplementären Verhältnis zueinander. Im Extremfall führt Nähe zum Selbstverlust, Distanz dagegen zur Selbstisolation. Darum muß Freundschaft stets die Eigenständigkeit und das Selbstsein des anderen respektieren und gleichzeitig Identifikation und Solidarität anstreben. Der Grad von Nähe und Distanz muß durch Kommunikation, gemeinsame

Erlebnisse und Engagements immer neu gefunden werden; sie werden auch zeitlich verschieden intensiv sein. Freundschaft ist ein Näheverhältnis, das Distanz beinhaltet. Und je intensiver sich die Nähe entwickelt, desto größer kann auch das Konfliktpotential werden, weil Nähe auch offenbart, wo die verletzlichen Stellen einer Person sind. Wissensaustauch und Nähe schaffen Gemeinsamkeit, Gleichheit und Bindung. Diese Bindung verbietet gegenseitigen egoistischen Mißbrauch, denn die Freunde bleiben gebunden an die autonome Entscheidungsfähigkeit des jeweils anderen. Bindung schafft ein Klima von Beziehungen und gemeinsamen Erlebnissen und Handlungen, in dem angstfrei Bindung und Trennung gelebt werden können.

Emotionalität
Freundschaften setzen einerseits Gefühle voraus, andererseits erzeugen sie Emotionen. Dabei stellt sie eine Herausforderung dar, sich mit der beidseitigen Emotionalität auseinanderzusetzen, denn Gefühle sind ja sowohl sympathisch als auch antipathisch. Gefühle werden also in der Freundschaft kultiviert, wobei die Privatheit auch fordert, Gefühle zu verbergen. Man teilt also nicht alle Gefühle mit dem Freund. Dennoch ermöglichen die Gefühle in der Freundschaft die Entwicklung einer Gefühlswelt, in der viele Seiten der Emotionalität geteilt, ausprobiert und immer wieder neu entwickelt werden. Erotische Momente spielen dabei immer wieder eine farbige, attraktive Rolle. Wichtig ist allerdings, daß in der Freundschaft Gefühle nicht gespielt werden, sondern echt sind. Echtheit und Offenheit ermöglichen einen schützenden Beziehungsrahmen, in dem Antipathie, Neid, Mißgunst und Eifersucht, aber genauso Sympathie, Freude, Zuneigung und Zufriedenheit ausgelebt werden können. Allerdings können sich aggressive und libidinöse Gefühle auch miteinander mischen, was die Freundschaft sehr belastet, weil Ambivalenzen entstehen.
Wichtig ist es auch, daß der Mensch in mehreren und verschiedenen Freundschaften zugleich lebt. Je mehr jemand in unterschiedliche Freundschaften eingebunden ist, desto reicher wird auch seine Emotionalität entwickelt sein und desto komplexer können sich soziale Sicherheit, Emotionalität und Identität herausbilden.

Vertrauen
Eine Primärbeziehung, wie die Freundschaft es ist, besteht in Vertrauensbeziehungen. Freundschaften beruhen einerseits auf dem Vertrauen, andererseits bringt es aufgrund des offenen Wissens übereinander Freundschaft hervor. Der Grad des Vertrauens ist in jeder Freundschaft verschieden und muß darum durch Übereinkunft immer neu ausbalanciert werden. Dabei ist es nötig, dem Freund einen Vertrauensvorschuß

zu geben, was, besonders am Beginn einer Freundschaft, ein Risiko einschließt, weil es ja keine Garantie für den Bestand der Beziehung und keine Sicherheit für das geteilte Wissen übereinander gibt (Freundschaft ist nicht staatlich oder gesellschaftlich geschützt, wie etwa die Ehe und Familie). Dieses von dem einen Freund zum anderen hin geschenkte Vertrauen beruht auf der Zuversicht des gegenseitigen Wohlwollens und der Erwartung, daß der andere dem Freund nicht schaden wird und sein Wissen über ihn nicht mißbraucht, sondern daß er der Freundschaft des Freundes sicher sein und sich auf ihn verlassen kann. Solch ein Vertrauen begünstigt Selbstvertrauen, soziale Kompetenz, Verschwiegenheit, Verständnis, Offenheit, Verpflichtung und Hingabefähigkeit.

Solidarität
Solidarität als eine prosoziale Handlung für einen anderen bedeutet, daß eine Person für eine andere Sensitivität, Wertschätzung und Verantwortung entwickelt, ohne die eigenen Interessen zu vernachlässigen. Symmetrie kann in diesem Zusammenhang auch bedeuten, die Interessen des Freundes so zu verfolgen, als wären sie die eigenen. Solidarität in der Freundschaft erzeugt Kooperation, Teilen, Helfen, Bereitschaft zum Altruismus und Respektierung der Privatheit des Freundes. So wird die Solidarität immer wieder herausfordern, die Symmetrie zwischen der Achtsamkeit für den anderen und für sich selbst auszubalancieren, was bedeuten kann, persönliche Interessen dem Freund zu opfern, aber auch gegen den Freund zu behaupten.

Personale und soziale Sicherheit
Sicherheit bedeutet für ein Individuum, geschützt und geborgen zu sein, ein einsichtiges Lebenskonzept und Handlungskompetenzen zu besitzen und anzuwenden. Sicherheit gibt es niemals völlig; Leben ist immer mit Unsicherheit behaftet. Freundschaft kann Sicherheit steigern. Durch sie werden innere Sicherheit, Selbst- und Identitätssicherheit, wie auch äußere Sicherheit und freundschaftliche Hilfe in Krisen- und Notlagen vermittelt. Sicherheit wird auch erhöht durch das symmetrische Geben und Nehmen, wodurch Freunde sich gegenseitig Orientierung und Lebenssicherung schenken. Solche Sicherheit muß immer wieder neu hergestellt werden in einer gleichgewichtigen Kooperation, in der die gegenseitigen Autonomien gewahrt bleiben und in der sich die Freunde gegenseitig innere und äußere Sicherheit vermitteln.

Versöhnung und Tröstung
U. Nötzoldt-Linden sagt über die Freundschaft grundsätzlich aus, daß sie ebenso zur Integration und Differenzierung der Psyche sowie zur

Grundausstattung und Anregung des Selbst beitragen kann, wie aber auch mit Kränkungen, Entwertungen und depersonalisierenden Wirkungen gerechnet werden muß (ebd.: 5). Weil Freundschaft immer wieder neu ausgehandelt wird, weil die Emotionen immer wieder sowohl libidinös als auch aggressiv gemischt sind, weil Eigeninteressen und Freundesinteressen kollidieren, weil freundschaftliche Nähe und Notwendigkeit der identitätssichernden Distanz miteinander in Konflikt geraten, weil symmetrischer, aber auch asymmetrischer Austausch die Freundschaft bestimmen, darum beinhaltet Freundschaft auch immer wieder Versöhnung.

Freunde können auch trösten. Des Trostes bedürfen wir von Anfang an (H. Seibert, 1997: 71-90). Unmittelbar nach der Geburt, jener sterbensgleichen Urerfahrung des Menschen, wird das eben geborene Kind der Mutter aufs Herz gelegt; es wird ge-stillt, damit es still werden kann; es erfährt die tröstende Urgebärde der Umarmung, es erlebt Tröstung im Umhülltsein von der mütterlichen Wärme und Nähe. Seitdem trägt jeder Mensch eine Sehnsucht nach Tröstung in sich. Kinder suchen Trost nicht nur bei Mutter oder Vater, bei einem Geschwisterteil, sondern oft auch beim Freund. Jugendfreundschaften dienen oftmals dem Trösten, wenn ein Freund Kummer hat. Und noch Erwachsene suchen Trost oft eher beim Freund als bei Verwandten. Trösten ist eine Ur-Beziehung, bei der Freunde in eine tiefste Beziehung zueinander treten, die die Urbeziehung der Mutter zum Neugeborenen erneuert, die stillt und stille macht. In der Freundschaft nimmt Trösten eine urfunktionale Schlüsselstellung ein.

Freundschaft besitzt im Leben des Menschen ein so starkes Gewicht, daß sie sogar als hilfreicher angesehen wird als Verwandtschaften (W. Bierhoff, E. Buck, 1984). Darum kann sie als Wertegrundlage für ein soziales Netzwerk dienen. Denn Freundschaft durchwebt das Netzwerk mit Prosozialität.

6. 4. VERSÖHNUNG

Versöhnung ist wie die Freundschaft ein zentraler sozialer Wert, der dafür einsteht, daß Brüche, Feindschaften, vorurteilsgeprägte Ablehnungen usw. geheilt werden. Ich möchte drei Formen der Versöhnung unterscheiden:

Die Versöhnung mit meiner Biographie (integrative Versöhnung). Erikson hatte noch gemeint, die Identität bilde sich, wenn der junge Erwach-

sene frühe Kindheitsidentifikationen übernimmt und in die Identität integriert oder sie verändert oder sie endgültig verdrängt. Hierdurch entstehe ein Gefühl von Ich-Identität, von innerer Gleichheit und Kontinuität (E. H. Erikson, 1971: 256). Aber die heutige Biographie und Identität ist keine Standardbiographie und darum auch keine Normal-Identität mehr (R. Münchmeier, M. Berthold, 1990: 32-35), sondern eine verschwimmende. Die Kinder nehmen früh an den Erwachsenenprivilegien teil, die Jugendlichen sind, wenn sie studieren, noch lange von den Eltern abhängig (Sozialadoleszenz), die Mädchen heiraten spät und stehen vor dem Konflikt der Mehrfachbelastung (Frau, Mutter, Erwerbstätige, Hausfrau, Beziehungsarbeit Leistende usw.), die Erwachsenenidentität zersplittert in Identitätssegmente durch Umschulungen, Höherqualifikationen, lebenslanges Lernen, Berufswechsel usw., und schließlich weitet sich die Wahl der Lebensstile in der pluralen Gesellschaft aus. So ist es eine wichtige Aufgabe, bei aller Segmentierung und Zersplitterung der Identität doch die vielen Identitätssplitter miteinander zu versöhnen und sie zu integrieren zu einer integrierten Identität.
Schwieriger wird die Versöhnung mit einer Biographie, wenn diese konfliktuell und problematisch war, wenn belastende Kindheitserlebnisse und schwere Verletzungen während der Lebenszeit sich durch Verdrängung der Integration entziehen wollen. Wichtig ist es, sich nicht nur das angenehme, sondern auch das Unwichtige und das Abgelehnte und Belastende bewußt zu machen und es in die Identität zu integrieren.

Die Versöhnung mit Konfliktpersonen (reparative Versöhnung). In der Praxis habe ich immer wieder erlebt, daß Neurosen im innersten Kern Unversöhnlichkeiten mit einer Konfliktperson beinhalteten, meist mit dem Vater und der Mutter oder auch Geschwistern oder Ehepartnern. Wenn die Versöhnung gelang, löste sich die Neurose allmählich auf. Versöhnung allerdings erfolgt, wie ich meine, in drei Stufen:

- Ich baue eine neue Beziehung zur Konfliktperson auf (Briefe schreiben, Telefonieren, Besuche machen).
- Ich achte darauf, nicht in infantile Unterwerfungsverhältnisse zurückzukehren und nicht frühkindliche Abhängigkeitsverhältnisse zu erneuern.
- Ich bin in der Lage, ohne Groll an die Konfliktperson zu denken. Ich lebe mein Leben in Selbstverantwortung, und die Konfliktperson führt ihr Leben, für das sie verantwortlich ist und nicht ich.

Versöhnung hat also eine heilende Wirkung, während Unversöhnlichkeit eine neurotische Struktur erzeugt, die folgendermaßen beschrieben werden kann: Die Konfliktperson wird geliebt und gehaßt zugleich. Um die Person, die aus gesellschaftlichen Gründen geliebt werden muß, wie den Vater, die Mutter, Geschwister oder den Ehepartner, trotz der Verletzungen weiterhin lieben zu können, richtet der leidende Mensch die Libido (die liebende, soziale, schöpferische Energie) auf die zu liebende Person, während er die Aggression auf sich selbst lenkt im Sinne eines Todestriebes. Selbstzerstörung ist darum der Kern vieler Neurosen.

Versöhnung mit der Gesellschaft (adaptive Versöhnung). Aufsteigend von den kleinen Netzen zu den Makronetzen der Gesellschaft (vgl. P. Friese, 1989: 40-44) stellt sich die adaptive Versöhnung als eine Versöhnung auf allen Stufen der Gesellschaft dar:

- Individuum: Das Individuum versöhnt sich mit seiner Familie, den vielfältigen Gruppen seines Gemeinwesens und schließlich mit der Gesellschaft selbst.
- Familie: Als intimste Kleingruppe der Gesellschaft entscheidet sie, ob die Gesellschaft eine Friedenskultur entwickeln kann oder ob sie aggressive, unversöhnte Kinder in die Gesellschaft entläßt.
- Gruppe: Zwischen den sozialen Gruppen innerhalb einer Gesellschaft kommt es durch Vorurteilsbildung zu Konflikten, die oft zu Gewalttätigkeiten gegeneinander führen. Versöhnung zwischen den Gruppen schafft in dem Gemeinwesen ein Friedensklima.
- Netzwerk: Die Familie als kleines Netz steht in Verbindung zu den familienüberschreitenden Netzen Verwandtschaft, Nachbarschaft, Freundschaft und Kollegialität. Die Versöhnung zwischen all diesen Netzen und die Verwirklichung eines Netzes von kommunikativem Handeln heilt die Überindividualisierung und Cocoonisierung und vermittelt dem Individuum selbst in den großen Städten ein Gefühl von Geborgenheit, Sicherheit und Dazugehörigkeit.
- Lokales Gemeinwesen: Die verschiedenen sozialen Gruppen mit ihren unterschiedlichen, teils sich ergänzenden, teils antagonistischen Interessen bedürfen der Befriedung. Es sind religiöse, politische und weltanschauliche Vorurteile sowie egozentrische Gruppeninteressen, die den Frieden stören. Wenn eine integrative, katalytische Gemeinwesenarbeit Versöhnung schaffen kann, leistet sie Friedensarbeit.
- Gesellschaft: Unsere Gesellschaft ist geprägt durch fünf Grundwerte: die Menschenrechte, den Rechtsstaat, den Liberalismus, die Demokratie und den Sozialstaat. Die Menschenrechte dienen dazu, die Menschenwürde zu schützen und durchzusetzen. Der Rechtsstaat macht den Staat berechenbar und schützt den Bürger vor dem Staat. Der Liberalismus ordnet das Individuum allen Kollektiven vor und gibt ihnen einen dienenden Charakter. Die Demokratie erlaubt die

Teilnahme aller am gesellschaftlichen und politischen Prozeß. Und der Sozialstaat schließlich sorgt für soziale Gerechtigkeit. Es gilt, diese Werte zu begreifen, zu verinnerlichen, durchzusetzen und zu verteidigen, denn sie werden sowohl vom Staat als auch von der Bevölkerung gefährdet. Mag unsere Gesellschaft auch mangelhaft und kritisierbar sein, es gibt keine bessere.

Gemeinwesenarbeit versucht darum, auf allen sozialen Ebenen Freundschaft, Frieden und Versöhnung zu schaffen.

7. Ergebnis

Wenn ein soziales Netzwerk ein Wohnquartier, d. h. einen Stadtteil, eine kleine Stadt oder einen Dorfverbund durchdringt, dann „sucht sie der Stadt Bestes". Und einer Stadt Bestes zu suchen, bedeutet nicht einfach, den einzelnen Menschen aufzusuchen und zu betreuen, sondern ein ganzes Gemeinwesen mit einem Netzwerk von Hilfe zu durchdringen, um auf diese Weise ein integrales Element der lokalen Gesellschaft zu werden. Auf diesem Wege wird das Wohlbefinden der Menschen den Frieden schaffen und nicht die Polizei. Und die Ortshygiene wird durch die Zufriedenheit der hier lebenden Menschen erzeugt und nicht durch Behörden. Das Netzwerk wird durch die Mediation zwischen ihrer Identität und dem Gemeinwesen ein integrativer Bestandteil der Öffentlichkeit. Es wird gefragt und benötigt. Indem es sich für das Gemeinwesen öffnet, ist es offen für die Menschen, die es schätzen und lieben gelernt haben.

Literatur

Affemann, R., Der Mensch als Maß der Schule, Stuttgart 1976.
Aich, P., Bujard, O., Soziale Arbeit, Köln 1972.
Argyle, M., Soziale Beziehungen. Sozialpsychologie: Eine Einführung, Berlin 1992.
Auhagen, A. E., Friedrich, D., Sublimal sexual attraction in cross-sex friedships, Bielefeld 1994.
Badscheider, T., Friedensforschung und Geschlechterverhältnis. Zur Begründung feministischer Fragestellungen in der kritischen Friedensforschung, Marburg 1993.
Beck, U., Risikogesellschaft. Auf dem Weg in eine andere Moderne, Frankfurt. a. M. 1986.
Beck, U., Beck-Gernsheim, E. (Hrsg.), Riskante Freiheiten, Frankfurt a. M. 1994.
Becker, G., Simon T. (Hrsg.), Handbuch aufsuchender Jugend- und Sozialarbeit, Weinheim 1995.
Becker, G., Zur Implementation von Streetwork. 10 Schritte zur Entstehung eines Projektes, in: Becker, G., Simon T. (Hrsg.), Handbuch aufsuchender Jugend- und Sozialarbeit, Weinheim 1995, 51-69.
Beer, U., Geschlecht, Struktur, Geschichte. Soziale Konstitution des Geschlechterverhältnisses, Frankfurt a. M. 1991.
Belle, D., Lives in Stress. Women and Depression, Beverly Hills 1982.
Bertels, L., Gemeinschaftsformen in der modernen Stadt, Opladen 1990.
Bierhoff, W., Buck, E., Vertrauen und soziale Interaktion, Marburg 1984.
Boer, J., Utermann, K., Gemeinwesenarbeit, Stuttgart 1970.
Bohnsack, F., Strukturen einer „guten" Schule heute, in: K. Ermert (Hrsg.), „Gute Schule" - was ist das? Aufgaben und Möglichkeiten der Lehrerfortbildung, Rehburg-Loccum 1987, 51-113.
Bohnsack, F. Strukturen einer guten Schule heute - Versuch einer normativen Begründung, in: Hessisches Institut für Bildungsplanung und Schulentwicklung (Hrsg.), Beiträge aus dem Arbeitskreis „Qualität von Schule", 5 (1988), 23-30.
Boulet, J., Krauss, E. J., Oelschlägel, D., Gemeinwesenarbeit - eine Grundlegung, Bielefeld 1980.
Brock, L., Brüche im Umbruch der Weltpolitik, in: Hessische Stiftung Friedens- und Konfliktforschung, 4 (1993), 1-12.
Bronfenbrenner, U., Die Ökologie der menschlichen Entwicklung, Stuttgart 1981.
Brehmer, I. (Hrsg.), Mütterlichkeit als Profession, Pfaffenweiler 1990.
Brückner, M., Frauenprojekte zwischen geistiger Mütterlichkeit und feministischer Arbeit, in: Neue Praxis 6 (1992), 524-536.

Diewald, M., Soziale Beziehungen: Verlust oder Liberalisierung? Soziale Unterstützung in informellen Netzwerken, Berlin 1991.

Deutsches Institut für Wirtschaftsforschung, zit. in: Volksstimme 304 (1997), 1.

Dewe, B., Franke, G., Huge, W., Theorien der Erwachsenenbildung, München 1988.

Dorst, B., Die Bedeutung von Frauenfreundschaften im weiblichen Lebenszusammenhang, Gruppendynamik 24 (1993), 153-163.

Eckert, R., Hahn, A., Wolf, M., Die ersten Jahre junger Ehen. Verständigung durch Illusionen? Frankfurt a. M. 1989.

Erikson, E. H., Kindheit und Gesellschaft, Stuttgart 4. Aufl. 1971.

Esser, J., v. Kietzell, D., Ketelhut, B., Rompell, J., Frieden vor Ort, Münster 1996.

Exner, H., Reithmayer, F., Anmerkungen zu Maturanas Versuch einer Ethik, in: H. R. Fischer (Hrsg.), Autopoiesis: Eine Theorie im Brennpunkt der Kritik, Heidelberg 1991, 137-156.

Firestone, J., Shelton, B. A., A comparism of women's and men's leisure time, Subtile effects of the double day, in: Leisure Sciences 16 (1994), 45-60.

Foerster, v., H., Sicht und Einsicht, Braunschweig 1985.

Foucault, M., Überwachen und Strafen. Die Geburt des Gefängnisses, Frankfurt a. M. 1977.

Friebus-Gergely, D., Freundschaftsbeziehungen und Familienbeziehungen - ein Gegensatz? In: Ethik und Sozialwissenschaften 1 (1997), 28 f.

Friedrichs, J., Stadtsoziologie, Opladen 1995.

Friedrichs, J., Normenpluralität und abweichendes Verhalten, in: W. Heitmeyer (Hrsg.), Was treibt die Gesellschaft auseinander? Frankfurt a. M. 1997, 473-505.

Friese, P., Milieuarbeit, Begriffe und Methoden, in: K. Ebbe, P. Friese (Hrsg.), Milieuarbeit, Stuttgart 1989.

Fromm, E., Gesellschaft und Seele - Sozialpsychologie und psychoanalytische Praxis, München 1996.

Galtung, J., Prinzipien ökologischen Überlebens, in: G. Altner, B. Mettler-Maibom, U. E. Simonis, E. U. v. Weizsäcker (Hrsg.), Jahrbuch Ökologie, München 1991, 47-53.

Giesecke, H., Erziehung oder Lernhilfe? Zur Strategie sozialpädagogischen Handelns, in: F. G. Vahsen (Hrsg.), Paradigmenwechsel in der Sozialpädagogik, Bielefeld 1992.

Goodman, N., Sprachen der Kunst. Ein Ansatz einer Symboltheorie, Frankfurt a. M. 1973.

Guggenberger, B., Die politische Aktualität des Ästhetischen, in: Leviathan 21 (1993), 146-151.

Gutschmid, G., Zehn Jahre Erziehungsgeld - Was hat es den Frauen gebracht? In: Sozialmagazin 9 (1996), 45-50.

Habermas, J., Theorie des kommunikativen Handelns, Frankfurt a. M. 1981.

Haubl, R., „Welcome to the pleasure dome". Einkaufen als Zeitvertreib, in: H. A. Hartmann, R. Haubl (Hrsg.), Freizeit in der Erlebnisgesellschaft: Amusement zwischen Selbstverwirklichung und Kommerz, Opladen 1996, 199-224.

Haug, F., Knabenspiele und Menschheitsarbeit - Geschlechterverhältnisse als Produktionsverhältnisse, in: Ethik und Sozialwissenschaften 2 (1993), 215-224.

Heiler, F., Der Katholizismus, München 1923.

Heitmeier, W., Olk, T. (Hrsg.), Individualisierung von Jugend, Weinheim 1990.

Heitmeyer, W., Auf dem Weg in eine desintegrierte Gesellschaft, in: W. Heitmeyer (Hrsg.), Was treibt die Gesellschaft auseinander? Frankfurt a. M. 1997, 7-26.

Heitmeyer, W., Gibt es eine Radikalisierung des Integrationsproblems? In: W. Heitmeyer (Hrsg.), Was hält die Gesellschaft zusammen? Frankfurt a. M. 1997, 23-65.

Heitmeyer, W., Sander, U., Individualisierung und Verunsicherung, in: J. Mansel (Hrsg.), Reaktionen Jugendlicher auf gesellschaftliche Bedrohung, Weinheim/München 1992, 38-58.

Hellrich, G., Die Lebenswelt Wahnsinniger, Freiburg i. Br. 1990.

Hentig, v., H., Cuernavaca, Stuttgart 1971.

Herlyn, U., Wohnen im Hochhaus, Stuttgart 1970.

Hernes, H. M., Einführung, in: H. M. Hernes (Hrsg.), Frauenzeit - gebundene Zeit, Bielefeld 1988, 1-12.

Herzog-Dürck, J., Lebenskrise und Selbstfindung, Freiburg i. Br. 1978.

Hinte, W., Karas, F., Studienbuch Gruppen- und Gemeinwesenarbeit, Neuwied 1989.

Hinte, W., Springer, W., Personale Kompetenzen und professionelles Handeln, in: Neue Praxis 6 (1987).

Hinte, W., Gruppenarbeit und Einzelfallhilfe: Zur Entwicklung eines anderen Profils, in: C. Mühlfeld, H. Oppel, H. Weber-Falkensammer, W. R. Wendt (Hrsg.), Soziale Gruppenarbeit, Neuwied 1990.

Hinte, W., Professionelle Kompetenz: ein vernachlässigtes Kapitel in der Gemeinwesenarbeit, in: Soziale Arbeit 8 (1991), 254-258.

Hinte, W., Sollen Sozialarbeiter hexen? In: sozial extra 9 (1991).

Hinte, W., Von der Stadtteilarbeit zum Stadtteilmanagement, in: Blätter der Wohlfahrtspflege - Deutsche Zeitschrift für Sozialarbeit 5 (1992), 119-122.

Hinte, W., Intermediäre Instanzen in der Gemeinwesenarbeit: die mit den Wölfen tanzen, in: M. Bitzan, T. Klöck, Jahrbuch Gemeinwesenarbeit 5, München 1994, 77-89.

Holtappels, H. G., Hornberg, S., Schulische Desorganisation und Devianz, in: W. Heitmeyer (Hrsg.), Was treibt die Gesellschaft auseinander? Frankfurt a. M. 1997, 328-367.

Hondrich, K. O., Die Nicht-Hintergehbarkeit von Wir-Gefühlen, in: W. Heitmeyer, R. Dollase (Hrsg.), Die bedrängte Toleranz, Frankfurt a. M. 1996, 100-119.

Huber, J., Wer soll das alles ändern? Berlin 1980.

Huber, M., Rehling, I., Dein ist mein halbes Herz. Was Freundinnen einander bedeuten, Frankfurt a. M. 1994.

Husserl, E., Die Krisis der europäischen Wissenschaft und die transzendentale Phänomenologie, Husserliana 6, Den Haag 2.Aufl 1962.

Husserl, E., Ideen zu einer reinen Phänomenologie und phänomenologischen Philosophie, Husserliana 3/1, Den Haag 1976.

Jacobs, H., Armut als Unterversorgung? Zum Verständnis von Armut in der deutschen Armutsforschung, in: Nachrichtendienst des deutschen Vereins für öffentliche und private Fürsorge, 11 (1993), 423-429.

Jaspers, K., Vom Ursprung und Ziel der Geschichte, München 1956.

Jäger, J., Kupske, I., Gemeinwesenarbeit in neuen Wohngebieten, in: Soziale Arbeit 5 (1997), 146-152.

Jäger, U., Kriege in der Zweidrittel-Welt. Ein Thema im Unterricht? In: Pädagogik 9 (1993), 24-27.

Jensen, B. J., Soziale Netzwerke, in: K. Ebbe, P. Friese, Milieuarbeit, Stuttgart 1989, 76-92.

Jurczyk, K., Rerrich, M. S., Lebensführung weiblich - Lebensführung männlich. Macht diese Unterscheidung heute noch Sinn? In: K. Jurczyk, M. S. Rerrich (Hrsg.), Die Arbeit des Alltags, Freiburg 1993, 279-310.

Kämpfer, H., Freundschaft: Zur Entwicklung des Wunsches nach einem/einer Dritten, in: Wege zum Menschen 40 (1988), 19-24.

Kant, I., Kritik der praktischen Vernunft, K. Vorländer (Hrsg.), Immanuel Kant, Sämtliche Werke, Bd.2, Leipzig 1922.

Kaiser, A., Alltagswende in der Pädagogik, in: Pädagogische Rundschau (1981), 111-121.

Kaldor, M., Der imaginäre Krieg. Eine Geschichte des Ost-West-Konfliktes, Hamburg 1992.

Karas, F., Hinte, W., Grundprogramm Gemeinwesenarbeit, Wuppertal 1978.

Kast, V., Die beste Freundin, Stuttgart 1992.

Keller, M., Moralische Sensibilität: Entwicklung in Freundschaft und Familie, Weinheim 1996.

Ketelhut, B., Frauenarmut in der Bundesrepublik Deutschland, in: Gleichstellungsstelle Norderstedt und Frauenhaus Norderstedt. Das Phänomen der Unsichtbarkeit. Dokumentation der Veranstaltung am 2. Juni 1992, Norderstedt 1993, 4-12.

Keupp, H., Soziale Netzwerke - Eine Metapher des gesellschaftlichen Umbruchs? In: H. Keupp, B. Röhrle (Hrsg.), Soziale Netzwerke, Frankfurt a. M. 1987, 11-53.

Keupp, H., Die Suche nach Gemeinschaft zwischen Stammesdenken und kommunitärer Individualität, in: W. Heitmeyer (Hrsg.), Was hält die Gesellschaft zusammen? Frankfurt a. M. 1997, 279-312.

Kieselbach, Th., Wacker, A. (Hrsg.), Bewältigung von Arbeitslosigkeit im sozialen Kontext. Programme, Initiativen, Evaluationen, Weinheim 1991.

Klass, I., Stadtteilarbeit in der Trabantenstadt, in: G. Becker, T. Simon (Hrsg.), Handbuch aufsuchender Jugend- und Sozialarbeit, Weinheim 1995, 119-132.

Klenk, B., Häberlein,V., Das Stuttgarter Konzept stadtteilorientierter Mobiler Jugendarbeit, in: G. Becker, T. Simon (Hrsg.), Handbuch aufsuchender Jugend- und Sozialarbeit, Weinheim 1995, 144-159.

Kohlberg, L., Collectet papers on moral development and moral education, Cambridge/Mass. 1976.

Krafeld, F. J., Grundsätze einer akzeptierenden Jugendarbeit mit rechten Jugendlichen, in: A. Scherr (Hrsg.), Jugendarbeit mit rechten Jugendlichen, Bielefeld 1992, 37-45.

Krapmann, L., Sozialisation in der Gruppe der Gleichaltrigen, in: K. Hurrelmann, D. Ulrich (Hrsg.), Handbuch der Sozialforschung, Weinheim 1991.

Kraus, H., Amerikanische Methoden der Gemeinschaftshilfe, in: Soziale Welt 2 (1955), 184-192.

Krell, L., Fiedler, L., Deutsche Literaturgeschichte, Bamberg 1960.

Lattke, H., Sozialarbeit und Erziehung, Freiburg 1955.

Lehn, T., Oelschlägel, D. (Hrsg.), Gemeinwesenarbeit als Arbeitsprinzip - Dokumentation eines Seminars im Sommersemester 1981.

Lenzen, D. (Hrsg.), Pädagogik und Alltag, Stuttgart 1980.

Lowy, L., Case Management in der Sozialarbeit, in: Brennpunkte Sozialer Arbeit: Soziale Einzelhilfe, Frankfurt a. M. 1988.

Luhmann, N., Soziale Systeme. Grundriß einer allgemeinen Theorie, Frankfurt a. M. 4. Aufl. 1991.

Marquard, O., Aesthetica und Anaesthetica. Philosophische Überlegungen, Paderborn 1989.

Maturana, H., Varela, F., Der Baum der Erkenntnis, Bern 1987.

Messner, R., Zur Wiederbelebung eigenständigen Lernens, in: H. Rauschenberger (Hrsg.), Unterricht als Zivilisationsform, Wien 1985, 10-128.

Mitscherlich, A., Die Unwirtlichkeit unserer Städte, Frankfurt a.M. 1974.

Mohrlok, M., Neubauer, R., Schönfelder, W., Let's organize! Gemeinwesenarbeit und Community Organisation im Vergleich, München 1993.

Müller, C. W., Nimmermann, P., Stadtplanung und Gemeinwesenarbeit, München 1971.

Münchmeier, R., Berthold R., Offene Sozialarbeit - Allgemeine Lebensberatung: Was ist das? In: M. Berthold (Hrsg.), Offene Sozialarbeit in der Diakonie, Stuttgart 1990.

Nipkow, K. E., Sinnlosigkeit und „neue Religiosität" im Erleben der Jugendlichen als pädagogische Herausforderung, in: F. Bohnsack (Hrsg.), Sinnlosigkeit und Sinnperspektive, Frankfurt a. M. 1984, 90-115.

Noack, W., Die Sozialpathologien der Gesellschaft und ihre Herausforderung an die Gemeinde, in: Spes Christiana 6 (1997), 116-131.

Noack, W., Die Familie als selbstreferentielles, autopoietisches System, in: Soziale Arbeit 6 (1997), 187-193.

Noack, W., Die NS-Ideologie, Frankfurt a. M. 1996.

Noack, W., Integrative, katalytische Gemeinwesenarbeit als Netzwerk, in: Soziale Arbeit 4 (1998), 110-120.

Noack, W., Das Dual von Streetworking und Homeworking. Ein neues Konzept von Straßensozialarbeit, in: Sozialmagazin, Die Zeitschrift für Soziale Arbeit 7/8 (1998), 28-34.

Nötzoldt-Linden, U., Freundschaftsbeziehungen versus Familienbeziehungen: Versuch einer Begriffsbestimmung zur „Freundschaft", in: Ethik und Sozialwissenschaften 1 (1997), 3-12.

O'Connor, P., Friendships between Women. A Critical Review, New York 1992.

Nunner-Winkler, G., Zurück zu Durkheim? Geteilte Werte als Basis gesellschaftlichen Zusammenhalts, in: W. Heitmeyer (Hrsg.), Was hält die Gesellschaft zusammen? Frankfurt a. M. 1997, 360-402.

Oerter, R., Montada, L. (Hrsg.), Entwicklungspsychologie, 3. Aufl. Weinheim 1995.

Olbrich, E., Todt, E., Probleme des Jugendalters. Neuere Sichtweisen, Berlin 1984.

Opaschowski, H. W., Pädagogik der freien Lebenszeit, Opladen 3. Aufl. 1996.

Pappi, F. U., Melbeck, Ch., Die sozialen Beziehungen städtischer Bevölkerungen, in: J. Friedrichs (Hrsg.), Soziologische Stadtforschung, Opladen 1988.

Pfeil, E., Zur Kritik der Nachbarschaftsidee, in: Archiv für Kommunalwissenschaften 2 (1963), 39-54.

Pfeil, E., Die Familie im Gefüge der Großstadt. Zur Sozialtopographie der Stadt, Hamburg 1965.

Pfeil, E., Großstadtforschung. Entwicklung und gegenwärtiger Stand, Hannover 1972.

Pinl, C., Das faule Geschlecht: Wie Männer es schaffen, die Frauen für sich arbeiten zu lassen, Frankfurt a. M. 1994.

Presse- und Informationsdienst der Bundesregierung, Ein starkes Duo, in: Journal für Deutschland 2/3 (1998), 3.

Ralws, J., Gerechtigkeit als Fairneß: politisch und nicht metaphysisch, in: A. Honneth (Hrsg.), Kommunitarismus. Eine Debatte über die moralischen Grundlagen moderner Gesellschaften, Frankfurt a. M. 1993.

Rastetter, D., Sexualität und Herrschaft in Organisationen, Opladen 1994.

Reinhardt, R., Das Modell organisationaler Lernfähigkeit und die Gestaltung lernfähiger Organisationen, Frankfurt a. M. 1993.

Rerrich, M. S., Gemeinsame Lebensführung: Wie Berufstätige einen Alltag mit ihren Familien herstellen, in: K. Jurczyk, M. S. Jerrich (Hrsg.), Die Arbeit des Alltags, Freiburg 1993, 310-333.

Richter, H.-E., Eltern, Kind und Neurosen, Hamburg 1969.

Richter, I., Die Kooperation der Institutionen in der Gemeinwesenarbeit am Beispiel einer Fallstudie, Diplomarbeit Friedensau 1996.

Röhrle, B., Soziale Netzwerke und soziale Unterstützung, Weinheim 1994.

Rogers, C. R., Der neue Mensch, Stuttgart 4. Aufl. 1991.

Rogoll, R., Nimm dich, wie du bist, Freiburg i. Br. 8. Aufl. 1980.

Rosin, D., Als Partner leben. Ehebegleitung eine Möglichkeit der Erwachsenenbildung, Luzern 1977.

Ross, M., G., Gemeinwesenarbeit - Theorie, Prinzipien, Praxis, Freiburg 1971.

Ruddick, S., Mütterliches Denken. Für eine Politik der Gewaltlosigkeit, Frankfurt a. M. 1993.

Rüschendorf, R., Dörfliche Gemeinwesenarbeit verläßt das Feld der Sozialarbeit, in: M. Bitzan, T. Klöck, Jahrbuch Gemeinwesenarbeit 5, München 1994, 184-195.

Sachße, Ch., Mütterlichkeit als Beruf, 2. Aufl. Frankfurt a. M. 1994.

Sartre, J. P., Drei Essays, Zürich 1960.

Scheler, M., Der Formalismus in der Ethik und die materiale Wertethik, orig. 1913, 4. Aufl. Bern 1954.

Schenk, H., Frauen kommen ohne Waffen, Feminismus und Pazifismus, München 1983.

Schiller, Fr., Ueber die ästhetische Erziehung, 10. Brief.

Schöningh, I., Ehen und ihre Freundschaften: Niemand heiratet für sich allein, Opladen 1996.

Schütze, Y., Lang, F. R., Freundschaft, Alter und und Geschlecht, ZfSS 22 (1993), 209-220.

Seibert, H., Noack, W., Die Krise der Sozialarbeit und ihre autopoietische Chance, Berlin 1996.

Seibert, H., Trösten, in: Suin de Boutemard, B., Abschiede, Lindenfels 1997.

Siegelberg, J., Kriege Juli 1991 bis Juni 1992, in: H.-M. Birckenbach, U. Jäger, Ch. Wellmann (Hrsg.), Jahrbuch Frieden 1993, München 1992, 66 f.

Simon, T., Gesellschaftliche Rahmenbedingungen und fachliche Anforderungen für aufsuchende Formen der Sozial- und Jugendarbeit, in: G. Becker, T. Simon (Hrsg.), Handbuch aufsuchender Jugend- und Sozialarbeit, Weinheim 1995, 33-50.

Sozialmagazin, INFO, Gleichheit wird gewollt, in: Sozialmagazin 9 (1996), 8 f.

Suin de Boutemard, B., Professionalisierung und Alltagstheorie, in: F. Barth (Hrsg.), Gemeindepädagogische Profile, Darmstadt 1995, 211-235.

Springer, W., Stadtteil und Eigensinn. Sozial extra 2/3 (1987), 12-14.

Stadtteilbüro Malstatt, Von der Not im Wohlstand arm zu sein, in: M. Bitzan, T. Klöck, Jahrbuch Gemeinwesenarbeit 5, München 1994, 261-263.

Steffan, W. (Hrsg.), Straßensozialarbeit, Weinheim 1989.

Taylor, Ch., Wieviel Gemeinschaft braucht die Demokratie? In: Transit 5 (1993), 5-20.

Tenbruck, F. H., Freundschaft. Ein Beitrag zu einer Soziologie der persönlichen Beziehungen, KZfSS 16 (1964), 431-456.

Thiele, F., Unser Tun und Lassen, Konstanz 1984.

Tiersch, H., Alltagshandeln und Sozialpädagogik, in: Neue Praxis 1 (1978).

Tiersch, H., Lebensweltorientierte soziale Arbeit. Aufgaben der Praxis im sozialen Wandel, Weinheim 1992.

Thoman, Ch., Klärungshilfe, Hamburg 1985.

Thomann, Ch., Schulz v. Thun, F., Klärungshilfe, Hamburg 1993.

Ueberweg, F., Grundriß der Geschichte der Philosophie, Bd. 1, Berlin 1926.

Vester, M., Kapitalistische Modernisierung und gesellschaftliche (Des-)Integration. Kulturelle und soziale Ungleichheit als Problem von Milieus und

Eliten, in: W. Heitmeyer (Hrsg.), Was hält die Gesellschaft zusammen? Frankfurt a. M. 1997, 149-206.

Wagner, J. W. L., Alisch, L.B., Verlaufsprozesse bei Kinderfreundschaften, o. O. 1994.

Walzer, M., Kritik und Gemeinsinn, Frankfurt a. M. 1993.

Weber, E., Pädagogik, Donauwörth 1977.

Wellman, B., Carrington, A., Hall, P., Network as Personal Communities, in: B. Wellman, S. D. Berkowitz (Hrsg.), Social Structures. A Network Approach, Cambridge 1988, 130-184.

Wendt, W. R., Geschichte der sozialen Arbeit, Stuttgart 2. Aufl. 1985.

Wendt W. R., Gemeinwesenarbeit. Ein Kapitel zu ihrer Entwicklung und zu ihrem gegenwärtigen Stand, in: K. Ebbe, P. Friese, Milieuarbeit, Stuttgart 1989.

Wendt, W. R., Ökosozial denken und handeln, Freiburg i. Br. 1990.

Wesemann, M., Strukturen des Lehrerarbeitsplatzes, Essen 1985.

Der Autor

Dr. Winfried Noack arbeitet nach einem Studium der Theologie, Germanistik, Geschichte, Geographie und Philosophie und nach dem Erwerb der Lehrbefähigung und Prüfungserlaubnis für Psychologie, Sozialwissenschaften, Politikwissenschaften und Religion als Professor für Sozialwesen und Angewandte Theologie an der Theologischen Hochschule Friedensau.